일본　정치사회의
‘우경화’와 포퓰리즘

일본 정치사회의 '우경화'와 포퓰리즘

초판 1쇄 발행   2021년 4월 23일

지은이	이종국
펴낸이	윤관백
펴낸곳	㈜도서출판 선인

등 록	제5-77호(1998.11.4)
주 소	서울시 마포구 마포대로 4다길 4(마포동 324-1) 곳마루 B/D 1층
전 화	02)718-6252 / 6257
팩 스	02)718-6253
E-mail	sunin72@chol.com

정가   23,000원
ISBN   979-11-6068-473-5   93300

· 잘못된 책은 바꿔 드립니다.
· www.suninbook.com

* 이 저서는 2017년 정부(교육부) 재원으로 한국연구재단의
  지원을 받아 수행된 연구임(NRF-2017S1A6A4A01022749).

일본 정치사회의 '우경화'와 포퓰리즘

이종국

도서출판 선인

이 책은 냉전종식 이후 현대 일본의 정치사회의 변화를 관찰하면서 구상되었다. 일본은 어디로 가고 있는가? 일본의 정치사회는 정체성의 위기를 어떻게 극복할 것인가? 등등의 의문을 가지면서 변화하는 일본을 보았다.

냉전기 동안 일본은 전후 냉전구조 속에서 고도성장을 이룩하여 경제성장에 성공하였다. 즉 일본은 냉전의 수혜자였으며, 자유주의 진영에 속하여 민주주의, 자유주의, 시장경제를 중심으로 성장한 국가였다. 그러므로 냉전기의 일본의 국익은 미국과의 관계 강화 속에서 경제성장을 하는 것이었다.

그러나 냉전종식 이후 새로운 환경에 직면하였다. 과거와는 달리 서방국가들 사이에 공통의 이익을 추구하던 상황과는 다른 국면에 직면하였다. 글로벌 시대에 접어들어 각국은 국익의 개념을 재정의하여야 하는 상황에 직면하였다. 일본도 역시 국익 개념을 재정의하기 위하여, 미일관계 속에서 경제와 안보 분야를 중심으로 노력하였다. 그 결과 일본 보수정치인들에 의해 일본의 미래 구상과 비전들이 나오게 되었다. 바로 일본의 국익을 재조정하면서 자신들의 정체성을 어떻게 할 것인가 고민하였다. 다시 말하면 국익을 재정의하면서 가치의 문제를 고민하고 어떠한 국가를 만들어 갈 것인가를 정치가들이 고민한 것이다.

　　일본의 정치사회에서는 두 가지 현상이 눈에 띄었다. 하나는, 국제사회에서 글로벌화가 진행되면서, 일본에서는 국제주의와 국가주의가 논의되기 시작하였다. 이러한 분위기 속에서 냉전종식 이후 냉전기에 잠시 잊혀졌던 '가치'의 문제가 일본에서 논의 되자, 일본 정치사회에서 우파 정치인들이 새로운 정책전환을 하기 시작하였다.

　　다른 하나는, 탈냉전 이후 특히 2000년대에 접어들어 일본의 일부 정치인들에 의해 민주주의의 중요성을 지적하면서, 기존의 정치세력을 비판하면서 자신들의 선명성을 주장하기 시작하였다. 그들은 선거를 통해 포퓰리즘적인 행동으로 지지를 얻으면서 새로운 주장들을 전개하였다. 이러한 현상은 포퓰리즘 정당의 출현과 성장을 가지고 왔다. 그들의 등장은 리버럴한 정치질서에 대한 도전 혹은 민주주의의 존립을 위험하게 하는 것 등으로 이해되었다. 일본에서도 점점 확산하고 있는 이러한 포퓰리즘적인 정치지도자들의 행동은 지지자들에 의한 위험한 배외주의적인 행동 그리고 선동적인 정치활동의 장소를 제공하여 일본의 전후 민주주의를 위협하고 있다.

　　이 책에서는 다음과 같은 설명을 통하여 현대 일본의 정치사회를 이해하려고 하였다. 고이즈미 정권 이후 전개되는 경제정책, 외교안보정책은 일본 자신에게 뿐만 아니라 주변 국가에게도 영향을 비쳐 협력과 갈등이 반복되면서 현대 동아시아 국제정치의 논의의 장을 풍요롭게 하였다. 즉 정책의 분야에서 일본이 전개하는 정책들은 서로 다른 이념과 인식의 차이로, 일본이 국가와 사회의 변화하는 하나의 현상을 제공하여 국내정치의 갈등 요인이 되기도 하지만, 국제적으로는 다른 국가들의 이념과 정책의 차이로 대립과 갈등이 재현되는 경우도 발생하였다. 여기서 일본이 전개하는 정책들의 이념들을 상세히 보면서 이것이 가져오는 대립축이 어떠한 형태로 구성되어 변화하는가에 관심을 기울였다. 예를 들면, 고이즈미 정권, 민주당 정권 3년 3개월, 그리고 7년 8개월 이상 계속된 아베 정권을 대상으로 각 시기를 나누어서 21세기에 전개되는 일본의 국가비전과 정치사회의 향방을 설명하였다.

그리고 이론적으로는 신자유주의, 포퓰리즘, 우경화 등과 같은 중심 주제를 설명하였다. 왜 냉전종식 이후 일본은 자민당 보수정치에서 한발 더 나가, 우파적인 정책전환을 서두르면서 국정운영을 우파적인 정치인들이 전개하였는가? 그리고 일본에서 정치인들의 정치이념이 어떻게 재구성되어 갔는지 그 과정을 국내정치의 문맥에서 살펴보았다. 예를 들면 고이즈미 총리가 강한 지도력이 필요하였던 것은 무엇 때문이었는가? 어떠한 제도의 변화였는가? 그리고 일본정치의 변화와 함께 일본의 국가와 사회는 어디로 가고 있는지를 설명하였다.

이 책의 전체 구성은 서론과 세 개의 부로 이루어져 있다. 그리고 서론에서는 연구 방법과 여러 가지 기본 개념들을 설명하였다. 이어서 제1, 2, 3부에서는 각 부의 내용을 구성하는 요소들을 구체적으로 설명하였다.

서론에서는 우경화와 포퓰리즘 관련 설명을 통하여 본 연구의 연구 목적을 달성하기 위하여 노력하였다. 본 연구는 21세기 일본은 어디로 가고 있는가? 과거 '잃어버린 20년'을 극복하고 현재 일본이 정치경제의 안정과 경제성장을 진행하고 있는 상황에서, 일본이 향후 어떠한 국가진로를 모색하고 국가목표를 이룩하려고 하는지를 분석하기 위한 기초 연구이다. 그러므로 일본의 국가목표와 국가진로를 분석하기 위해서, 최근 일본에서 진행되고 있는 정치와 사회 현상의 핵심을 이해하여야 한다. 바로 '우경화'와 포퓰리즘 현상이 점점 확대되고 있는 일본의 정치사회가 연구의 대상이자 분석 내용임을 지적하였다.

제1부에서는 고이즈미 정권기의 일본의 정치사회를 설명하였다. 고이즈미 정권기에 대한 정권의 성격과 이념을 살펴보고, 그리고 고이즈미 정권기에 진행된 국내정책과 국제정치를 우경화와 포퓰리즘의 시각에서 그 내용 및 영향을 설명하였다. 마지막으로, 고이즈미 정권이 일본형 '포퓰리즘'에 해당하는 정권이라는 것을 비판적으로 평가하면서, 당시의 혼란스러운 자민당 정치 세력의 형성과 변동을 보았다. 여기서 중요한 내용은, 왜 고이즈미 정권이 일본정치를 변화시키면서 일본형 포퓰리즘과 같은 방법을 선택하였을까에 대한 의문이었다. 즉 ① 고이즈미 정권기 일본 국내에서 '적'을 공격하는 부정적인 포퓰리즘이 등장하는 배경을 이해하고, ② 이것을 통하여 고이즈미 총리는 자신의 정치적·정책적 목표를 달성하기 위하여 어떤 노력을 하였는가, ③ 고이즈미 정권의 포퓰리즘에 대한 설명을 하였다.

제2부에서는 일본의 중의원 선거에서 정권 교체를 달성한 민주당 정권의 탄생과 정책정당으로서의 운영 그리고 민주당의 실정으로 이루어지

는 과정을 설명하였다 그리고 민주당에 의한 정권교체가 일본정치의 우경화를 강화하고 그것을 재촉하는 요인이 되기도 하였는지를 보았다. 첫째, 민주당 정권의 탄생과 정권 교체의 의미에 대하여 역사적 문맥에서 그 과정을 설명하였다. 여기서 민주당 정권은 자민당과 양당 경쟁 구도 속에서 정권을 획득하였다. 2009년 총선거 이후 민주당의 성장은 야권통합 아래서 가능하였으며, 당내의 분열과 신당 창당은 민주당에게 부정적인 영향을 가져왔음을 설명하였다. 둘째, 민주당 정권의 역사 문제와 관련된 정책은 한일관계에서 적극적으로 신뢰관계를 구축하려고 노력하였음을 지적하였다. 그 예로 민주당의 매니페스토에 따르면 한일관계의 재구축은 대한 정책을 추진하기 위한 신호였음을 알 수 있었다. 셋째, 민주당 정권 아래서 진행된 과거사 문제, 야스쿠니 문제, 영토 문제 등을 중심으로 민주당 정권의 정책 변화를 지적하였다. 제2부에서 강조하고 싶은 것은, 점점 강해지는 보수·우익정치가들의 정책전환에 맞서 민주당이 어떻게 민주화의 좌표축인 자유화와 포괄성에 관심을 기울였는지를 설명하였다. 그리고 민주당이 양대정당제 아래 처음으로 정권 교체를 실현하고 일본정치의 민주화를 위해 어떠한 정책들을 전개하였는가를 중심으로 서술하였다.

제3부에서는 아베 정권의 정치와 사회를 분석하였다. 주요 내용은 첫째, 아베 정권의 역사인식에 관하여 역사적 문맥과 이론이라는 관점에서 아베 정권의 역사정책 변화의 과정을 서술하였다. 여기서 아베 총리의 역사정통성 수립 과정을 면밀하게 검토하여 국내 보수·우익 정치세력과의 관계를 설명하였다. 둘째, 아베 정권은 '탈전후(脫戰後) 내셔널리즘'을 중시하고 있음을 지적하였다. 그리고 그것은 전전 일본 제국주의가 저지른 침

략전쟁에 대하여 인정하지도 않으면서 반성도 하지 않겠다는 것이다. 그러나 아베의 탈전후 내셔널리즘은 전후 보수정치인들과 다른 모습을 가지고 있다고 설명한다. 아베의 내셔널리즘은 글로벌화가 진행되는 과정에서 나타나는 폐해들을 비판하지 않고, 오히려 글로벌화와 신자유주의 개혁에 친화적인 모습을 보이고 있다. 셋째로, 아베 정권은 일본의 전통, 가족, 국가 재건론을 주장하는 신보수주의의 입장을 취하고 있음을 강조한다. 마지막으로, 아베 총리는 신국가주의 사상을 주장하였다. 이상과 같이 아베 정권의 정치와 사회를 분석하여 21세기 일본이 지향하는 진로의 향방을 예측하였다.

일본은 어떻게 변화하였는가? 21세기 접어들어 일본의 정치사회에서 두드러진 현상은 국가주의의 강화, 국제 협조주의 약화, 역사수정주의자들 등장, 평화 국가로부터 후퇴, 평화헌법의 공동화 등이다. 이러한 현상들은 일본 정치사회가 과거와는 다른 방향으로 가고 있음을 말해주고 있다. 이러한 것을 우리가 '위기'라고 한다면 이러한 위기에 대한 대응 방법으로 무엇이 있을까? 이것은 일본의 전후 리버럴이 주장하였던 평화헌법의 유지, 즉 일본의 비무장화와 미일동맹의 비군사화를 정책목표로 삼을 것이다. 그러나 일본의 보수우익 정치인들은 새로운 국가의 국제역할론을 강조하면서 보통국가론을 주장하고 있다.

이 책은 2017년 한국연구재단의 연구사업 일환으로 진행된 것이다. 처음 제출된 주제는 "일본 정치사회의 우경화와 포퓰리즘 연구"라는 주제로, 현대 일본 정치사회의 변화를 사회과학적으로 설명하고 싶었다.

저자는 그동안 한국연구재단의 여러 가지 형태의 연구사업에 참가하여 공동연구자로 많은 기회와 혜택을 입었다. 그 결과 연구자로 기초를 다질 수 있는 자료수집과 분석을 통한 연구서 발간이라는 과정을 거쳐 연구자로서 임무를 수행하였다. 이번 저술 출판의 경우도 과거 수행한 연구사업의 경험을 바탕으로 새로운 저서를 통한 선도연구를 할 수 있는 기회가 되었다. 다시 한 번 한국연구재단의 관계자 여러분께 감사드리며, 심사과정에서 부족한 초록과 연구계획서를 평가해주신 전문가 선생님들께도 감사 인사를 드린다.

그리고 저자가 동국대학교에 소속하면서 연구와 강의를 할 수 있게 기회를 주신 정치외교학과의 교수님들께 감사를 드립니다. 또한 동국대 대학원 수업에 참가해준 대학원 제자들에게도 감사의 뜻을 전하고 싶다. 그들은 수업시간 활발한 발표와 토론 그리고 질문을 통하여 저자와 함께 노력하는 지혜를 통하여 학습의 효과를 극대화할 수 있게 해주었다. 또한 동아시아 각국(중국, 태국, 네팔 등)에서 유학 온 대학원생들의 문제의식을 통하여, 동아시아 각국이 안고 있는 문제들을 토론할 수 있는 기회를 가졌다는 점에서 그들에게 감사하게 생각한다.

2018년 도쿄에서 연구하는 동안 본 주제와 관련된 연구를 하고 있는 히라이와 슌지, 나카기타 코지, 미즈시마 지로, 요시다 도루 교수 등 많은 선후배 교수들과 일본에 체류하는 동안 연구실을 제공해준 도쿄대 사회과학연구소의 그레고리 노블, 우노 시게키 교수와 특히 일본의 민주당 정권에 대한 연구에 대해 조언해준 마에다 유키오 교수에게도 감사 인사를 드린다.

끝으로, 코로나 이후 심각한 출판업계의 어려움 속에서도 한국연구재단의 연구사업으로 진행된 본 연구를 출판하게 해주신 도서출판 선인 윤관백 사장님께도 감사드립니다. 그리고 출판사의 편집부 여러분께도 감사의 인사를 드립니다.

아무쪼록 여러 가지로 부족한 이 책이 현대 일본의 정치사회를 이해하는 데 조금이나마 도움이 되기를 바라며, 앞으로도 현대 일본 정치사회의 변화를 이해하기 위하여 노력하겠습니다.

2021년 4월 21일
이 종 국

제3부　아베 정권기의 정치와 사회

서론: 문제 제기

본 연구는 21세기 일본은 어디로 가고 있는가? 과거 '잃어버린 20년'을 극복하고 현재 일본이 정치경제의 안정과 경제성장을 진행하고 있는 상황에서, 일본이 향후 어떠한 국가진로를 모색하고 국가목표를 이룩하려고 하는지를 분석하기 위한 기초연구이다.

일본의 국가목표와 국가진로를 분석하기 위해서는, 최근 일본에서 진행되고 있는 정치와 사회 현상의 핵심을 이해하여야 할 것이다. 바로 '우경화'와 포퓰리즘 현상이 점점 확대되고 있는 것에 대한 분석이 필요하다. 특히 아베 총리가 장기 정권을 유지했으며, 계속 스가 정권으로 이어진 상황 속에서 이러한 현상은 강화되었다. 동시에 일본의 보수정치인과 지도층들은 '역사수정주의'와 '국익중심주의'를 기초로 여러 제도와 정책들을 그러한 방향으로 전환시켜 나갔다.

이러한 현상에 우리는 일본의 정치사회의 변화에 대한 미시적인 연구가 충분히 진행되고 있지 않다. 물론 우경화 혹은 우익에 관한 연구는 학술적으로 진행되기는 하였으나, 우경화와 포퓰리즘, 내셔널리즘의 동학을 동시에 진행한 연구는 이루어지지 않았다. 그러므로 본 연구는 이러한 학술

적인 간극을 메우는 것에 공헌할 것이다. 일본의 우경화는 냉전종식 이후 일본이 새로운 국가진로를 고민하고 있는 상황에서 연구되었다. 예를 들면 일본 우익연구 등이 대표적이다. 그러나 지금은 시간적·공간적으로 21세기 일본의 국가진로를 고민하는 과정에서 보다 진전된 일본 정치사회의 연구가 진행될 필요성이 요구되고 있다. 그러므로 본 연구에서 중요시 하고 있는 우경화와 포퓰리즘에 관한 연구는 언론계에서는 많이 이야기 되었으나 학술적으로는 충분한 연구가 이루어 지지 않았다. 일본의 정당정치의 재편과정에서 나타난 '일본유신회(維新の会)'라는 정당이 언론에서 주목을 받기는 하였으나, 학술적으로 왜 이러한 현상이 나타나고 있는지 충분히 연구 되지 않았다. 이러한 상황에서 이 연구는 일본의 우경화와 포퓰리즘을 이해하기 위해 비교적 관점에서 개념정리를 새롭게 하면서 일본의 정치사회를 분석하였다.

이상과 같은 필요성에 따라 한국학계와 일본학계가 어떠한 연구를 진행하고 있는지 비교하면서 본 저술을 진행하였다. 그동안 우리 학계는 일본의 정치사회의 변화에 대해 외교 안보적인 차원에서 많은 관심을 기울였으나, 보다 근본적인 문제에 대한 기초연구가 부족한 상황이었다. 본 연구에서는 21세기 접어들어 변화하는 일본을 미시적으로 분석하여 주요 행위자들이 어떻게 변화하고 있는가를 연구할 것이다. 이러한 연구는 한국의 학계에도 기여하여 학제적인 연구가 더욱 활성화 될 수 있는 계기를 마련할 것이다.

현재 일본에서 진행되는 현상을 표면적으로 보면, 잘 보이지 않는 경우가 많다. 이러한 부분을 본 연구를 통하여 일본이 주장하는 논리와 정체성 강화가 어느 방향으로 진행되고 있는지 설명할 것이다. 그리고 일본의 국가

진로 내지 국가전략이 어떠한 문제인식 아래 진행되고 있는가를 설명할 것이다. 일본 정치사회의 이러한 변화를 바르게 이해하여 일본의 언론계나 편향된 미디어에 의해 만들어진 이미지를 바르게 이해하는 것이 중요하다.

지난 아베 정권에서는 이러한 급진적인 여론에 정치권이 끌려들어 국내정책뿐만 아니라 이웃국가들에게도 부정적인 영향을 미쳤으며, 국가 간의 분쟁을 야기하는 급진적인 배외주의 내셔널리스트들이 존재하였다. 현재 일본 젊은이들은 급진적인 내셔널리즘으로 흐르는 경향이 점점 증가하고 있다. 일본을 둘러싼 국내외적인 변화 속에서 일본의 불안 심리는 일본의 우경화를 가속화시키고 있으며, 다른 한편에서는 국민통합을 강화한다는 명분 아래 국가주의적인 목소리가 강화되는 상황에 있다. 이러한 움직임은 우리뿐만 아니라 우방국들에게도 그 영향을 끼쳐 동북아시아의 안정과 평화에 부정적인 영향을 미칠 것이다. 본 연구에서 다루게 될 우경화, 포퓰리즘, 내셔널리즘이라는 3가지 개념은 현재 쟁점이 되고 있는 야스쿠니 참배, 역사왜곡, 헌법개정, 영토 문제 등 여러 가지 쟁점들과 깊이 관련되어 있다. 21세기 일본의 국가진로는 이와 같은 쟁점들의 방향과 매우 밀접하게 관련되어 있다. 그러므로 본 연구는 그동안의 선행연구들을 계속 이어서 연구한다는 '후속연구'로 자리 매김하며 학문적 공헌을 할 것이다.

선행 연구와 연구방법론

기존의 연구는 대체로 냉전종식 이후 변화하는 일본을 체계적으로 연구를 진행하였으나, 2000년 이후 변화하는 일본의 정치사회를 이해하는 데 충분하지 못하므로 그 보완이 필요하다. 그러므로 본 연구는 그동안 진행된 선행연구들의 연구사적 의의와 그 내용들을 참고하면서, 다음과 같은 3가지 분야를 보다 체계적으로 연구할 것이다.

먼저, 현재 일본정치 현상에서 포퓰리즘적인 상황이 점점 강화되고 있음을 밝힐 것이다. 그동안 국내 학계에서 자민당 연구는 어느 정도 연구 축적이 진행되었다. 특히『자민당 정권과 전후체제의 변용』이라는 박철희 교수의 연구[1])는 자민당 정권의 탄생부터 시작된 자민당 정치의 중요한 과제들의 설명을 통하여 정계개편과 전후체제의 대전환이 이르는 과정을 잘 분석한 연구이다. 이러한 선행연구들은 자민당 정치의 시작, 과정, 쇠락의 동학을 잘 설명해주어 그 정권이 가지고 있는 특징을 잘 설명해주고 있다.

그러나 전후체제의 해체와 함께 진행된 일본의 '새로운' 성격의 정치 현상이라고 할 수 있는 포퓰리즘적인 특징을 설명하는 데 한계가 있다. 그러므로 여기서는 고이즈미 정권 이후 진행된 일본정치 지도자들의 포퓰리즘적인 정치수법이 어떻게 일본의 정치사회를 변화시켜 나가고 있는지에 관심을 기울일 것이다.

예를 들면, 2001년 4월 발족한 고이즈미 정권이 여러 가지 점에서 일본정치를 변화시켰다. 그것이 어떻게 가능하였는지를 설명하려면, 포퓰리즘적 정치방법인 그의 미디어 전략과 선과 악의 2원화 전략, 언어의 표현 방식 등을 설명하여야 할 것이다. 그리고 일본에서 자민당 보수정치의 후퇴와 함께 정치개혁이 진행되는 가운데 포퓰리즘적인 정치행태가 진행되었다. 일본은 이론 없는 포퓰리즘을 특히 고이즈미 정권은 '부정적인'(상대

---

1) 박철희,『자민당정권과 전후체제의 변용』(서울대학교 출판문화원, 2011).

방을 적대시하는) 포퓰리즘을 통하여 정치적 혹은 정책적 목표를 달성하기 위하여 2원론에 집착하면서 자신의 정책을 전개하였다. 이러한 모습은 과거 레이건이 신자유주의 신보수주의의 사상적 체계를 가지고 등장한 것과는 사뭇 다른 모습이라고 볼 수 있다. 그 이후 일본에서 포퓰리즘의 재현은 하시모토 도루(橋下徹)에 의해 '일본유신회(日本維新の会)'가 포퓰리즘적인 모습을 보이면서, 2012년 총선거에서 기성 정당인 자민당과 민주당을 비판하면서 약진하는 모습을 보이기 시작하였다. 또한 그들은 각종 선거에서 기존 정당들을 비판하는 것은 물론 '배외주의'적인 주장을 거듭하였다. 특히 하시모토는 재일한국인에 대한 차별 언사와 '위안부'에 대한 모독적인 발언을 하여 자신의 존재감을 보이는 선거 전략을 구사하였다. 이러한 정치 스타일은 무당파 층의 지지를 얻어내는 데 성공하였으나 많은 문제를 야기했다.

아베 정권에서는 더욱 포퓰리즘적인 모습이 강화되었으므로, 보수·우익 성향의 포퓰리스트가 점점 증가한 상황을 설명할 것이며, 그들이 아베 정권의 정치문화적인 측면을 비판한 것이 아니라 아베 정권의 정책들을 지지하는 방향으로 갔음을 실증적으로 제시할 것이다. 그러므로 21세기 일본의 포퓰리즘은 리버럴한 가치나 민주주의의 원리를 적극적으로 받아들이기보다는 정치지도자의 지도력을 지지하면서 기존정당에게 긴장감을 주려하였다고 평가할 수 있다.

둘째로, 2001년 이후 왜 일본에서 '우경화'가 점점 강화되었는가에 관한 원인과 과정, 제도 등을 연구할 것이다. 선행연구로 김호섭 교수 외[2]

---

2) 김호섭 외, 『일본의 우익 연구』(중심, 2000).

『일본의 우익 연구』는 공동으로 진행되어, 냉전종식 이후 세계질서의 전환기에 일본의 국내 정치사회의 우경화의 변화를 시의 적절하게 연구하였다. 이 연구는 일본의 우경화 연구에 대한 대표적인 연구이다. 먼저, 우익의 역사적 전개와 개념에 관하여 설명하여 전후 우익사상을 이해하는 데 지식을 제공하였으며, 그리고 일본의 현대정치인들의 우익성향을 구체적으로 정리하여 일본정계의 구성원들이 어떠한 사상적 스펙트럼을 가지고 있는가를 보여주었다. 또한 1990년대 이후 일본사회에서 나타나는 역사수정주의와 우경화의 실체를 분석하여 일본사회가 지닌 심각성을 지적하였다. 더 나아가 일본의 우경화 실태와 원인을 분석한 후 일본의 안보정책의 전환과정을 정책적인 차원에서 분석하였다.

그리고 이채수 교수[3]의 『일본우익의 활동과 사상연구』가 있다. 이 연구는 일본의 우익단체나 우익사상 분석을 통해 일본의 우익들의 본질을 규명한 연구서로 높이 평가할 수 있다. 특히 1990년대의 걸프전쟁과 미국 중심질서의 형성기에 일본에서 우익들의 동향을 파악하여, 일본의 신보수주의자들의 정책전환이 어떻게 진행되었는가를 잘 설명하였다. 또한 동북아 역사재단의 기획연구[4]로 『일본 우익의 어제와 오늘』에서는 일본 우익의 전체상을 역사적으로 재검토하면서 21세기 일본이 어디로 갈 것인가를 전망하였다. 특히 이 연구는 1990년대 이후 분출된 야스쿠니 문제, 국가·국기의 법제화 문제, 신가이드라인 관련법과 헌법개정 문제, 역사인식 등과 관련된 논의는 21세기 일본의 진로를 결정하는 데 중요한 영향을 미칠 것

---

3) 이채수, 『일본우익의 활동과 사상연구』(고려대학교 출판부, 2008).
4) 동북아 역사재단, 『일본 우익의 어제와 오늘』(동북아 역사재단, 2008).

이라고 분석하였다. 이러한 연구는 그동안 일본의 우익에 관한 학문적이고 체계적인 연구가 부족한 상황에서 우익의 역사적인 연원과 흐름을 종합적으로 연구한 것으로 학문적 기여를 하였다고 평가할 수 있다. 본 연구에서는 이상과 같은 연구사적인 연구 상황을 고려하면서, 특히 고이즈미 정권 이후의 정치사회의 현실적인 상황을 체계적으로 분석할 것이다. 그리고 일본의 고이즈미 정부 이후 등장한 역사수정주의자들은 자국 중심적으로 역사를 인식하여, 한국과 중국과 갈등을 초래하였다. 또한 2002년 9월 고이즈미 전 총리의 평양방문 이후 일본 여론은 납치 문제로 우경화하기 시작하였으며, 배외주의가 강하게 진행되면서 일본의 진보적인 학자들은 침묵으로 일관하였다. 이러한 현상은 일본에서 새로운 형태의 민족주의가 나타나고 있음을 보여주는 것이다.

그리고 아베 총리는 '탈전후(脫戰後) 내셔널리즘'을 중시하였다. 그것은 전전 일본 제국주의가 저지른 침략전쟁에 대하여 인정하지 않고 반성도 하지 않는 특징을 가지고 있다.

그러나 아베의 '탈전후 내셔널리즘'은 전후 보수정치인들과는 다른 모습을 지니고 있다. 아베의 내셔널리즘은 글로벌화가 진행되는 과정에서 나타나는 폐해들에 대한 비판은 하지 않고 오히려 글로벌화와 신자유주의 개혁에 친화적인 모습을 보이고 있다. 둘째로, 일본의 전통, 가족, 국가재건론을 주장하는 신보수주의가 있다. 셋째로, 아베 총리는 신국가주의 사상을 주장하고 있다. 구체적으로는 아름다운 나라 일본을 만들기 위해서 교육기본법 개정, 개헌절차법 제정 등을 주장하면서, 전후로부터 새로운 자주를 주장하고 있다.[5]

고이즈미 총리 이후 진행되는 일본의 우경화는 리버럴로부터 우파로

권력이 이동하면서 동시에 정책적 변화를 수반하는 의미[6](나가키타, 『自民党政治の變容』, 5쪽)로 이해하고자 한다.

본 연구에서는 많은 선행연구들이 최근 변화하는 일본 정치사회의 우경화와 포퓰리즘을 반영하는 데 제한적이었으므로, 위와 같은 문제인식과 선행연구의 검토를 통하여 우경화와 그 정책이 신자유주의와 내셔널리즘과 함께 어떻게 일본을 변화시키고 있는가를 검토할 것이다. 이러한 3가지 요소가 일본의 우경화와 포퓰리즘을 강화한다고 가정하고, 본 연구를 통해 우리는 일본이 과거와는 달라지고 있다는 사실을 보여줄 것이다.

그리고 최근 자민당의 '우경화'가 진행되는 상황 아래서 변화 그리고 역사의 각 국면을 확인하는 작업 필요하며, 일본의 여야 정당들이 스스로 이념과 조직을 만들고 변화하는 과정 속에서 장기적으로 정권을 담당하면서 그들이 스스로 어떻게 변화하였는지를 볼 필요가 있다.

역사와 이론적 시각

최근 유럽의 정치 상황이 불안정하면서 기존의 정당들이 어려운 상황에 직면하고 있다. 현재 학계에서나 매스컴에서 이러한 현상을 포퓰리즘이라는 개념으로 설명하고 논의하고 있다. 기존의 민주주의에 대한 문제 제기이기도 하고, 현실정치에 대한 반감의 표시로 일반 대중들의 지지를 받고

---

5) 安倍晋三, 『新しい国へ』(文藝春秋, 2013).
6) 中北浩爾, 『自民党政治の變容』(NHK出版, 2014), 5쪽.

있는 것도 사실이다. 특히 현재 유럽에서는 냉전기에 진행된 유럽통합이라는 역사적 사실을 뒤로하고 EU의 분열이라고 표현되는 현상들이 여기저기에서 나타나고 있다. 영국의 EU로부터의 탈퇴는 바로 유럽에서 나타나고 있는 기존의 정치에 대한 반대 의사의 정점에 이르게 되었다. 그리고 일본에서도 냉전종식 이후 일본의 정치사회는 과거와는 다른 방향으로 진행되었다. 자민당은 구 보수주의를 넘어서 새로운 보수우파적인 이데올로기로 자신들의 정체성을 재정립해 나가고 있다. 그리고 일본의 정치사회는 우경화의 흐름으로 이어지고 있으며, 이를 배경으로 고이즈미 포퓰리즘, 하시모토와 같은 포퓰리스트, 그리고 아베와 같은 우익 정치가가 자신들의 개혁과 정책을 실현하면서 일본사회를 전후 민주주의로부터 후퇴시키고 있다.

역사적인 문맥 속에서 고이즈미 정부 이후의 일본의 정치사회를 분석하였다. 즉 역사적인 위상들을 설명하면서 21세기 일본 정치사회를 설명하였다. 전후정치의 흐름이라는 역사적인 문맥에 따라 그리고 각 지도자들을 요구하는 어떠한 역사적인 바람이 있었는가를 설명한다. 일본의 전후정치는 일반적으로 이익유도정치에 의해서 설명되었다. 즉 정치 과정에서 정치가와 관료 그리고 이익단체들이 자기에게 유리한 이익을 실현하기 위하여 노력하였다. 이러한 이익유도 정치는 자민당 정치가들에게 익숙한 것이었으며 '족의원(族議員)'이라는 용어가 생길 정도로 정치가 가지고 있는 의미는 이익을 대변하는 활동이라고 여겨졌다. 그러나 정치는 이익만을 위하는 것이 아니다. 정치가들과 관료들은 개인의 사적인 이익뿐만 아니라 자신이 속한 지역이나 국가 그리고 조직 개인적으로 이념과 자신의 꿈과 이상을 위해서 활동을 하고 있다. 즉 일정한 '공공의 이익'을 위하여 자신의 아이디어를 실현하기도 하고 기획하기도 한다. 21세기에 접어들어 일본정치뿐만 아니라 국제적으로 이러한 '공공의 이익'에 관심을 가지면서 그것을 위한 정치가 점점 그 관심의 대상이 되고 있다.[7]

우리가 직면하고 있는 여러 가지 정치현상들은 바로 이러한 이익과 아이디어로부터 나타나는 것이며, 그러한 요인들을 관찰하는 작업은 두 가지의 요인이 서로 영향을 미치는 범위 내에 있을 것으로 생각된다. 이것이 바로 현대 일본정치를 이해하고 관찰하는 중요한 방법이 될 것이다.

고이즈미 정권 이후 전개되는 경제정책, 외교안보정책은 일본 자신에게 뿐만 아니라 주변 국가에게도 영향을 비쳐 협력과 갈등이 반복되면서 현대 동아시아 국제정치의 논의의 장을 풍요롭게 하였다. 즉 정책의 분야에서는 일본이 전개하는 정책들이 가지고 있는 이념과 인식의 차이로, 일본 자신에게 국가와 사회의 변화하는 하나의 현상을 제공하여 국내정치의 갈등 요인이 되기도 하지만, 국제적으로는 다른 국가들의 이념과 정책의 차이로 대립과 갈등이 재현되는 경우도 발생하였다. 그러므로 여기서 일본이 전개하는 정책들의 이념들을 상세히 보면서 이것이 가져오는 대립축이 어떠한 형태로 구성되어 변화하는가에 관심을 기울일 것이다. 고이즈미 정권, 민주당 정권 3년 3개월, 그리고 7년 8개월 이상 계속된 아베 정권을 대상으로 각 시기를 나누어서 21세기에 전개되는 일본의 국가비전과 정치사회의 향방을 설명하였다.

그리고 이론적으로는 신자유주의, 포퓰리즘, 우경화 등과 같은 중심 주제를 설명한다. 왜 일본정치에서 강력한 지도력을 가진 총리가 탄생하지 못하였는가? 예를 들면 고이즈미 총리가 강한 지도력이 필요하였던 것은

---

7) 内山融, 『小泉政権―'パトスの首相'は何を変えたのか』(中央公論新社, 2007), 170쪽.

무엇 때문이었는가? 어떠한 제도의 변화였는가? 그리고 일본정치의 변화와 함께 일본의 국가와 사회는 어디로 가고 있는지를 설명하였다.

일본정치에 있어서 이념의 대립축

전후 일본정치외교의 이념 축을 둘러싸고 여러 가지 논의가 진행되었다. 그중에서 현실정치를 이해하는 데 시사점을 제공한 우치야마의 설명[8]을 소개하면 다음과 같다. 그는 경제정책에는 두 가지 축이 있음을 설명하고 있다. 먼저 경제적 자유주의로 경제발전을 이룩하기 위하여 자원의 배분을 시장 메커니즘에 맡기고 정부의 역할은 최소한으로 억제한다는 것이다. 그리고 일본형 중상주의[9]는 산업정책의 형태로 정부가 시장에 개입하여 자원배분이나 기업의 행동에 영향을 미치면서 대외적으로는 국내시장의 보호, 육성을 주장하고 있다. 전후 일본의 정치경제는 이러한 두 가지의 경제정책에 의해 고도성장을 이룩하고, 90년대 이후에는 국제적인 금융위기로 많은 영향을 받게 되었다.

다음으로 외교와 안전보장 정책에 있어서는, 냉전기 일본 국제정치에서 많이 설명된 구조로 90년대 냉전종식 이후의 일본의 외교와 안전보장을 설명하는 데도 아직 유효하므로 다시 외교와 안전보장 정책의 대립축을

---

[8] 内山, 위의 책, 171~173쪽.
[9] 일본형 중상주의는 일본정부가 취약한 분야를 정부가 보호하려는 것으로 1955년 이후 자민당이 추진한 경제정책의 핵심이었다.

사용할 것이다.

우치야마가 설명하고 있는 정책이념의 대립축을 보면, 먼저 제1축은
미국과 동맹을 맺을 것인가 자립의 길로 갈 것인가의 선택과 관련된 것이
다. 즉 미일안보조약을 견지하면서 대미협조노선으로 가는 것이고, 자립의
길은 미국으로부터의 자립하여 외교와 안전보장을 전개하려는 것이다.

〈외교 – 안전보장 대립축〉

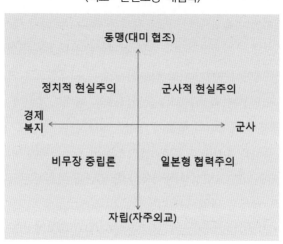

※우치야마(2007), 172쪽 참조.

그리고 제2의 축은 경제와 복지를 중시할 것인가 혹은 군사를 우선할
것인가와 관련된 것이다. 복지와 경제를 선택하면 최소한의 군사력으로 하
고 자원을 경제나 복지에 투입하겠는 것이다. 그리고 후자는 군사력 증강
과 재군비를 지향하고 안전보장 분야에서의 대국화를 지향하는 논리이다.

이처럼 일본의 외교와 안전보장 정책은 집권 여당과 정부가 서로 다른 대립축을 통하여 각자의 논리를 강화하면서 정책실현을 위해 노력하고 있다. 특히 자민당이 전개한 전후의 정치외교는 특히 위에서 설명하고 있는 대립축들을 중심으로 전개되었다.

전후 정치외교의 역사적인 전개를 살펴보면 경제복지, 외교 안전보장 문제에 있어서 정치적 현실주의, 군사적 현실주의, 평화국가(비무장 중립론), 일본형 코포르티즘 등을 중요 이념으로 각 정당들은 정책과 이념을 제시하면서 유권자에게 다가갔다. 대체로 제3기로 나누어 설명하는데, 제1기는 전후 직후부터 50년대까지의 시기로, 정책면에서 뿐만 아니라 사회 전반적으로 보혁(保革)의 대립이 시작하던 시기였다. 경제적으로 요시다는 경제적 자유주의를 하토야마는 일본형 중상주의를 지지하였다. 제2차 요시다 내각은 균형예산의 실현 등 자유주의적인 정책을 내용으로 하면서 경제정책의 자유화를 진행하였다. 그 이후 총리가 된 하토야마는 요시다에 대한 대항 의식도 강하여 중상주의적인 정책을 추진하였다. 그리고 기시 총리도 이러한 경향을 지지하였다.

그리고 제2기는 1960년부터 시작하여 80년대까지 계속되었다. 자민당 정권의 황금기에 해당하는 시기로, 이케다 하야토(池田勇人) 총리는 '관용과 인내'를 주장하며 국민소득배양 정책을 주장하였다. 그는 노선대립이 심각한 안전보장 정책은 뒤로하고 경제정책을 주요 쟁점으로 하는 정책을 전개하였다.

그 결과 외교와 안전보장 정책에 있어서 자민당 내의 대립구조는 잠복상태로 들어감으로써, 정치적 현실주의의 입장에서 요시다 독트린이 보수본류의 정치사상으로 정착하였다. 이때부터 일본은 철저하게 미국의 방위정책에 의존하면서 대미협조외교를 기본방침으로 하였다. 당시 혁신세력은 비무장 중립론을 주장하였지만, 자민당이 전개하는 고도성장 정책 아래서는 많은 국민의 지지를 받기 어려웠다.

경제정책에서도 경제적 자유주의와 일본형 중상주의 사이의 이념적 대립은 잠복상태로 들어가고 하토야마와 기시에 의해서 진행된 산업정책이 중심을 이루었다. 당시 자민당이 전개한 경제정책은 이념상의 대립보다는 경제성장에서 얻은 이익을 어떻게 분배하느냐에 관심이 기울여졌다. 당시 자민당 정치가들은 자신의 지역구를 중심으로 이익을 분배하면서 이익유도정치를 진행하였다.

이 시기에는 정치적 현실주의와 일본형 중상주의 기반 아래 보수본류의 사상이 지배적으로 되었다. 이렇게 하여 이익의 정치가 아이디어의 정치를 압도하였으며, 자민당 장기정권이 계속되게 되었다(內山, 175~176쪽).

제1기와 제2기는 정치적인 현실주의와 일본형 중상주의를 기조로 하는 시기로 자민당의 보수 본류의 사상이 지배적인 시기였다. 이 시기는 아이디어보다는 이익정치가 우선시되고 이익유도정치가 최고의 전성기를 누린 시기였다.

제3기는 1980년대 후반부터 90년대 전반에 이르는 시기로 일본이 직면한 경제환경과 국제환경의 변화가 급격하게 이루어진 시기였다. 경제정책에서 과거와 같이 이익유도정치가 일본 정치사회에 부정적인 영향을 미치는 가운데 신자유주의적인 개혁이 요구되는 상황이었다. 구체적인 요인을 보면, 먼저 미일 간 경제마찰이 심각해졌다. 당시 미국으로부터 외압이 가해지는 가운데 수입확대와 내수 확대를 위하여 정치경제 구조의 개혁이 요구되었다. 둘째로 90년대 초 버블 붕괴와 함께 공공사업을 중심으로 한 경기부양책이 효과가 없는 가운데 재정적자가 쌓여가자 진정한 구조개혁이 필요하다는 인식이 확산되어 갔다. 셋째로 글로벌화로 단기자본이 국경을 넘어 활발해졌지만 일본의 지위를 유지하기 위해서 구조개혁이 절실하였다. 마지막으로 냉전종식 후 보수 진영 내의 대립이 나타남과 동시에 자민당의 지지기반도 분열되기 시작하였다(內山, 177쪽). 이렇게 보면 이 시기는 일본형 중상주의와 경제적 자유주의의 대립축이 그대로 나타나고 있음을 알 수 있다.

외교와 안전보장 분야에서도 새로운 현상이 나타났다. 먼저 냉전종식과 함께 미일안보체제의 수정이 가해져야 했다. 기존의 동맹체제를 수정하면서 향후 미일동맹관계에서 일본의 안전보장 전략을 적극적으로 하여야 한다는 논의가 나오기 시작하였다. 둘째로 1990년 이라크의 쿠웨이트 침공 후 걸프전에서 일본은 국제적인 공헌을 하여야 하는 상황에 직면하였다. 이러한 상황은 일본의 안전보장면에서의 국제적인 공헌 관련 논의를 제기하였다. 마지막으로 오자와 이치로(小沢一郎)에 의한 신당 결성은 안전보장 문제에서 일본의 역할론에 관한 논의를 쟁점화시켰다. 이러한 일본의 외교와 안전보장 분야에서의 새로운 쟁점들의 방향은 군사적 현실주의에 해당하는 것이었다. 그리고 비무장 중립론이 소멸하였으므로 지금까지의 정치적 현실주의와 새로운 대항축인 군사적 현실주의의 중요한 대립축을 이루게 되었다.

일반적으로 전후 일본정치에서 자민당 정치의 대항축을 설명할 때, '자유 대 민주' 그리고 '보수 대 진보'라는 대립축을 가지고 설명한다.[10]

---

10) 田中直毅, 『日本政治の構想』(日本經濟新聞社, 1994), 387쪽.

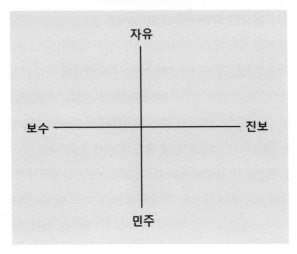

〈일본정치의 대항축〉

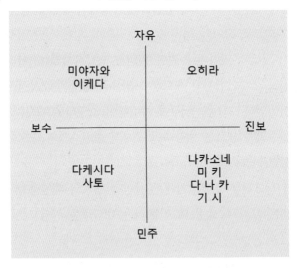

〈자민당 이념 분포도〉

이러한 일본정치의 대항축은 호소카와 정권 이전까지 대체로 유지되었으며, 자민당 내부의 이념[11]을 이해하는 데 지속적인 설명력을 가지고 있었다.

이러한 일본정치의 대항축은 기본적으로 어느 정도 유지되었으나, 1990년대 이후가 되면 보수 내부에서 조금씩 변화가 생겨났다. 자민당 보수 내부에서 '전통파'와 '국제파'로 분리되는 현상이 보이기 시작하였다. 그리고 자민당 내부의 리버럴파들이 국제환경의 변화에 따라 야당의 리버럴 세력들과 수렴하는 현상도 보이기 시작하였다. 그 이후 자민당 리버럴들은 정권의 운영도 직접 담당하였지만 단명하는 정권에 머물렀다. 이러한 여·야 리버럴의 권력 강화와 확대가 계속되는 가운데, 자민당 전통파들은 위기의식을 느끼고 우파세력을 규합하면서 새로운 전환을 모색하였다.

포퓰리즘이란 무엇인가?

그럼 포퓰리즘이 무엇인가? 일본에서는 탈냉전 이후 특히 2000년대에 접어들어 일부 정치인들에 의해 민주주의를 중요성을 지적하면서 그들은 기존의 정치세력을 비판하면서 자신들의 선명성을 주장하였다. 이러한 현상은 일본만이 아니라 유럽에서도 진행되고 있었다. 최근 몇 년 사이에 진행된 유럽 국가들의 선거 동향을 보면 대중영합주의적인 정당들이 기존 정당들의 지지를 넘어 새로운 주장을 하기에 이르렀다. 포퓰리즘 정당의 출

---

11) 위의 책, 388쪽.

현과 성장에 대해 대체로 리버럴한 정치질서에 대한 도전 혹은 민주주의의 존립을 위험하게 하는 것 등으로 이해하면서 염려하고 있다. 즉 포퓰리즘 정당의 정치지도자들의 행동과 지지자들의 위험한 배외주의적인 행동 그리고 선동적인 정치활동 등은 민주주의를 위협하고 있다고 연구자들은 지적하고 있다.

이러한 현상이 나타나는 지역의 연구자들의 연구를 소개하면, 일본에서 대중영합주의 혹은 인기위주의 정치 등으로 주목을 끌고 있는 포퓰리즘에 대하여 여러 학자들이 설명하고 있다. 대표적으로 오타케 히데오(大嶽秀夫), 미즈시마 지로(水島次郎), 요시다 도루(吉田徹) 등의 연구가 진행되었다.

이러한 일련의 연구자들의 연구는, 포퓰리즘 현상의 전파가 일본에서도 진행되고 있으며 기존 정당을 비판하면서 등장하는 포퓰리즘 정당이 일본의 현대정치에 영향을 미치고 있다고 지적하고 있다. 그리고 그들의 공통점은 일본도 유럽과 같은 현상이 점점 강해지면서 국가의 정책방향에도 영향을 미치고 있다고 염려하고 있다. 먼저, 오타케 히데오(大嶽秀夫)의 연구[12]는 포퓰리즘을 "정치지도자에 의한 정당이나 의회를 우회하여 유권자에게 직접 호소하는 정치수법"이라고 설명하고 있다. 그리고 보통 사람들과 엘리트, 선한 것과 악한 것, 우리 편과 적이라는 2원론을 전제로 지도자는 보통 사람들 중의 한 사람이라는 것을 강조하면서, 보통 사람들 편에서서 그들을 지도하고 적과 싸우는 영웅의 역할을 연출하고 있다고 설명한다. 즉 '극장형' 정치 스타일이라는 것이다. 오타케가 설명하는 고이즈미

---

12) 大嶽秀夫, 『日本型ポピュウリズム: 政治への期待と幻滅』(中央公論新社, 2003); 大嶽秀夫, 『小泉純一郎ポピュウリズムの研究』(東洋経済新報社, 2006).

포퓰리즘의 특징은, 20세기 미국정치에서 성공한 레이건 대통령과 비교하면서 일본의 포퓰리즘을 설명하고 있다. 텔레비전을 통해서 대중에게 어필한 점이 비슷하다는 것이다. 그러나 고이즈미는 신자유주의와 신보수주의와 같은 사상적인 체계성은 없다고 지적하면서 소박한 효율주의만 이었다고 평가한다. 그리고 레이건의 포퓰리즘은 국민들에게 자신감을 준 포퓰리즘이었지만, 고이즈미는 '적'을 공격하는 '부정적인' 포퓰리즘이었다고 비판하였다. 그리고 포퓰리즘 정치의 부산물인 다나카 마키코(田中眞紀子)에 대한 설명도 고이즈미의 포퓰리즘을 이해하는 사례가 될 것이다. 그들의 정치행태는 전략도 의도도 그리고 자각조차 없는 최악의 사례로 철저히 비판받았다. 이러한 상황에서 그러면 일본형 포퓰리즘의 등장 배경을 어떻게 이해할 것인가 어려운 작업이지만, 당시의 뉴스 스테이션이나 와이드 쇼 같은 소재는 중요한 자료가 될 것이다.

그리고 미즈시마 지로(水島次郎)의 연구[13]는 포퓰리즘이란 민주주의에 내재하는 모순을 단적으로 드러낸 것이 아닌가? 왜냐하면 현대 민주주의를 지탱하고 있는 리버럴의 가치, 민주주의의 원리를 추구하면 할수록 그것은 포퓰리즘을 정통성을 인정하기 때문이라고 문제 제기 하고 있다. 그래서 현대 민주주의는 스스로가 만든 막다른 골목에서 헤매고 있는 것이 아닌지 의문을 제기하고 있다. 그리고 그는 포퓰리즘 정당은 기존 정당을 비판하면서 외국인이나 이민의 존재를 문제 삼는 배외주의적인 주장, 유럽연합에 대한 비판, 미디어의 활용하여 사람들에게 직접 호소하는 정치스타

---

[13] 水島次郎, 『ポピュリズムとは何か: 民主主義の敵か, 改革のきぼうか』(中央公論新社, 2017).

일로 기성 정치와 다른 존재감을 보이고 있다고 설명하고 있다. 또한 2016년 이후 영국에서 유럽연합 탈퇴를 묻는 국민투표에서 탈퇴 찬성표가 과반수를 차지하여 것은 유럽과 세계를 놀라게 하였다. 즉 유럽연합으로부터의 '독립'을 주장한 포퓰리즘 정당인 영국독립당의 주장이 국민투표라는 형태로 결과를 보여주었다. 이것은 무엇을 의미하는가? 향후 기성 정당을 위협하는 정도로 영국 독립당이 존재감을 계속 보인다면 포퓰리즘 현상은 더욱 확산될 것이다. 그의 연구는 최근 현저한 정치현상이라고 할 수 있는 포퓰리즘을 사례로 삼아 그 해명을 시도하고 있다는 점에서 선행적인 연구의 모범을 보이고 있다. 이러한 연구에도 불구하고 유럽 중심적인 포퓰리즘 해석에 치우치고 있어 여기서는 비교정치적인 시각을 가지면서 일본에서 나타나고 있는 포퓰리즘에 치중할 것이다. 예를 들면 오사카 지역을 중심으로 전개되었던 하시모토 도루(橋下徹)가 이끌었던 '오사카 유신회(大阪維新の會)'가 2012년 총선거에서 자민당과 민주당을 비판하면서 약진하였다. 그리고 2015년 오사카도(大阪都)의 구상의 찬반을 묻는 주민투표에서 패배하여 하시모토의 정계은퇴를 초래한 일련의 현상을 전형적인 포퓰리즘의 하나의 형태라고 볼 것이다. 현재도 오사카 지역을 중심으로 유신의 존재감이 강하다는 점을 염두에 두면서 포퓰리즘 시대를 맞이한 현재 일본의 정치사회 현상을 설명할 것이다.

포퓰리즘과 우경화

일본에 있어서 포퓰리즘 현상은 일본 정치사회의 우경화와 밀접한 관련성을 가지고 있다. 포퓰리즘과 같은 정치수법을 이용하는 정치인들은 대체로 국내정치적으로는 보수·우경화라는 정치사회의 흐름 속에서 그들의 역사인식과 현실정치를 개혁하는 과정에서 나타나고 있다. 그리고 국제적으로는 글로벌화와 신자유주의 정책들을 전개하는 과정 속에서 포퓰리즘 정책과 일본의 정체성, 그리고 배외주의 등등의 형태로 나타나고 있다.

먼저, 고이즈미 준이치로(小泉俊一郎) 전 총리는 자신의 이미지를 강하게 하려고 노력한 인물로, 그는 전형적으로 포퓰리스트적인 수법을 사용한 정치가였다. 자민당 내에서 자신의 정치기반을 구축하기보다는 오히려 일반 국민들에게 호소하는 수법을 사용하였다. 특히 자민당 총재선거에서 이러한 수법을 사용한 고이즈미는 국민적인 인기를 얻었고, 각종 선거에서 자객을 투입하여 자신의 정치에 반기를 드는 사람들을 낙선시키기도 하였다. 그러므로 그는 항상 자신의 정책을 실현시키기 위하여 여론을 의식하여 여론에 호소하면서 지지를 호소하였고, 자신의 정책에 반대하는 정치인들에게는 대립구도를 만들어 압력을 가하였다. 이렇게 보면 고이즈미의 포퓰리스트적인 수법은 미디어 전략, 선악의 2차원 구도, 언어표현 양식 등에서 확실히 확인할 수 있었으며 미디어를 적극적으로 활용하여 전략적 우위를 확보하면서 효과를 보았다. 그는 1990년대 전반 자신의 정치개혁과 정계개편 과정에서 언론을 활용하여 자신이 직접 언론에 등장하면서 어느 정도 효과를 보였다.[14]

그리고 선악의 대립구도를 만들어 포퓰리스트적인 수법을 사용하였다. 선악의 구도를 전제로 정치지도자가 일반 국민들 앞에 서서 적을 향해

---

14) 內山融, 『小泉政権』(中央公論新社, 2007), 4~5쪽.

선전 포고하는 모습으로, 극장형 정치를 하였다. 고이즈미는 공공사업 삭감과 도로공단 민영화 등 다양한 개혁을 실시하는 과정에서 관료들을 '저항세력'이라 부르면서 '악(惡)'으로 돌리고, 자신들은 '선(善)'하다는 논리를 전개하였다. 이러한 2원론적인 구도를 만들어 자신과 저항세력의 대결을 극장화한 것이다. 그야말로 포퓰리스트적인 방법이다. 텔레비전에서도 이러한 다양한 개혁을 프로그램에서 다루는 등 평상시에 정치에 관심이 없던 일반인들에게 흥미를 유발하게 하였다. 고이즈미 정치는 일반인들의 관심을 끌게 되었으며 개혁에 반대하는 세력은 도덕적으로 비판받게 만들기도 하였다. 특히 우정 민영화 문제는 총선거에서 핵심 논쟁이 되어, 반대하는 세력을 철저하게 낙선시키는 전략을 구사하여 선악 논리를 철저히 진행하였다. 그의 이러한 포퓰리스트적인 수법은 무당파층의 지지를 얻어 자민당은 승리하였다. 고이즈미의 정치개혁과 정책결정은 선악 2원론과 국민들의 지지를 배경으로 힘을 얻으면서 진행되었다.

마지막으로, 그는 일반인들이 알기 쉽게 간단하고 단순한 언어를 사용하였다. 이러한 방법은 텔레비전을 이용하는 정치에서 효과적이었다. 짧은 시간에 단순한 언어로 표현하는 장면은 제작자 측이나 시청자들에게 받아들이기 쉽다는 것이다.

그리고 하시모토 도루(橋下徹)의 등장은 기성 정당인 자민당이 흔들리는 과정에서 1990년대 후반 지방정치를 활성화시키기 위하여 국정 차원의 정당간의 경쟁과는 다른 형태의 도지사, 시장들이 등장하는 과정에서 나타났다. 그러므로 무당파층의 지지를 받으면서 기존정당과 거리를 두면서 당선하는 결과를 가져왔다. 이러한 현상이 2000년 이후 증가하기 시작하였다. 당시 자민당은 민주당과 같이 가는 길을 모색하였지만, 실패로 각자 후보를 내 정당가의 대립구도 속에서 선거가 치러졌다.

하시모토의 등장은 오사카 부(府)의 재정위기라는 상황 속에서 재정개혁을 실현하기 위한 기회였다. 그러므로 오사카 부는 수입의 범위 내에서 예산편성을 하기 위하여 과거 행정개혁을 경험한 사람들을 중심으로 인력배치를 하였다. 개혁 프로젝트 팀은 2021년까지 예정된 재정을 시산하는 등 개혁을 시작하였다. 그리고 하시모토는 세출삭감을 위하여 직원들의 퇴직금을 삭감하는 등 인건비 삭감을 단행하고, 시설정비나 보조금 삭감을 과감하게 단행하였다. 심각한 비판이 있었지만 하시모토는 눈물을 흘리면서 세출삭감의 정당성을 유권자에게 직접 설명하려 하였다.[15]

다음으로, 아베(安倍晋三) 총리와 같은 정치인들도 역시 포퓰리스트적인 요소를 가지고 있다고 볼 수 있다. 왜냐하면 현재와 같은 일본의 정치사회를 만든 것은 역시 새로운 우파들이 강하게 나타나면서 포퓰리스트적인 정책적 선택을 하였기 때문이다. 이러한 흐름은 신자유주의적인 흐름이 하나가 있고, 동시에 그동안 일본의 정책이 변화하는 가운데 새로운 우파들이 위기감을 느끼면서 정책을 변화시켜 왔다. 그들은 경제학의 이론 입장에서 보면 개인과 기업의 경제활동에서 자유를 주장하면서 자유시장과 자유무역을 정책의 중요한 이념으로 생각하였다. 그러므로 정부와 사회 그리고 노동조합의 개입을 배제하는 입장을 견지하였다. 이미 고이즈미 정부 때 단행한 민영화, 특수법인들의 통폐합, 정부조직의 개편 등을 통하여 '작은 정부'를 주장하였다. 그리고 규제완화와 지방의 분권화를 통하여 정부의 개입을 약화시켜 나가는 행정개혁을 실시하였다. 이러한 자유주의적 이

---

15) 砂原庸介, 『大阪: 大都市は国家を超えるか』(中央公論新社, 2013), 139~140쪽.

념은 냉전기 일본이 전개한 정책들과는 달리 글로벌화 하는 국제환경에 대응하기 위하여 금융통합을 실시하기도 하고 금융분야에 있어서 규제를 완화하는 정책들을 전개하였다. 노동시장에서는 노동의 유동성을 목표로 고용분야에 있어서 비정규화가 진행되었다. 이러한 과정을 거치면서 일본은 공공분야에서 지출을 축소하는 등 자치체와 기업, 개인, 가족에 이르는 부분에서 많은 권한과 책임이 이양되었지만, 내각의 기능이 강화되는 현상이 나타났다. 즉 관저(官邸) 정치의 강화 현상이다. 즉 자유경제를 추구하면서 강한 국가를 실현해 나가는 '총리정치'가 강화되는, 다시 말해 내각책임제 국가에서 대통령과 같은 권한을 누리게 되었다. 즉 여러 부분에서 분권화를 진행하였지만 다른 한편으로 권력의 집중화 현상이 나타났다. 신자유주의가 개혁 과정에서 기존의 기득권을 가지고 있던 세력이 '저항세력'으로 등장하므로 이러한 환경 속에서 개혁을 추진하려면 권력 강화가 필요하였다. 그러므로 분권화의 경향과 권력 강화라는 현상이 나타나게 된다. 현대 일본정치 특히 고이즈미 준이치로 총리가 전개한 개혁에서도 이러한 현상이 나타나 일본정치와 사회는 새로운 현상에 직면하게 되었다. 그리고 신자유주의는 기업과 시장에 의한 의사결정이나 자원배분의 우월성을 전제로 하고 있기 때문에, 기업은 자유로운 경제활동이 가능해져 시장을 점점 확대해 나갈 수 있다. 그러므로 기본의 공공분야는 점점 민간기업의 모델이 응용되게 되어, 기업과 같은 운영을 하게 되면서 기업과 같은 거버넌스가 진행되게 되었다. 일본에서는 이러한 신자유주의 사상에 입각한 구조개혁이 진행되면서 동시에 정치 개혁이라는 이름으로 국회의원의 선거제도가 소선거주제로 변화하게 되었다. 정당들은 선거에서 선거민의 지지를 획득하기 위해 과거보다 훨씬 어려운 상황에 직면하게 되었다. 고이즈미 총리시절에 등장한 정당의 매니페스토도 정당의 공약을 유권자에게 잘 설명하여 선거에서 승리를 이끌어 내기 위한 역할을 하였다. 소선거구제 아래서 양당정치를 통하여 정권 교체가 가능하게 되어가는 형세가 당시 정치상황이었다. 그러므로 당시 일본정치를 개혁하는 과정에서 정치가들은 자유주의적인 정치개혁을 통하여 일본 민주주주의의 존재감을 보여주려고 노력하였을 것이다.

국가주의의 흐름

그리고 국가주의적인 흐름이 있다. 일본 우파 정치가들은 자유주의적인 사상을 통하여 국가주의를 강화하는 정책들을 전개하였다. 그들은 정치개혁과 구조개혁을 통하여 권력 강화를 추구하면서 강한 국가를 지향하였다. 전후 민주주의의 발전으로 형성된 일본의 리버럴한 사회와 시민세력은 새로운 전환점을 맞이하게 되었으며, 전후 보수세력은 국가의 권위를 강화하면서 우파연합을 통하여 우익운동을 강화하게 되었다. 보수세력들은 자유나 주권을 강화하기보다는 국가의 권위를 강화하고 권력을 강화하는 주장하였다. 메이진 유신 이후 일본의 국가 보수주의는 국가의 권위를 강화하여 사회를 그 아래에 두고 관료들을 중심으로 국가를 운영해 왔다. 이러한 국가 이데올로기가 전후 일본의 보수주의 정치에서 계속 되었음을 보면 새삼스럽지는 않지만 신자유주의의 강화를 통하여 자민당 중심의 보수정치체제가 새로운 국면에 접어들면서 강한 국가를 목표로 진행되고 있음을 확인할 수 있다. 1993년 오자와 이치로에 의하여 주장된 일본개조(日本改

造) 계획이라든가, 아베 총리에 의해서 주장되었던 '일본을 회복하겠다'는 주장에 이르기까지 보통국가론을 넘어 일본 정치사회는 분명히 새로운 '강한 국가' 일본을 목표로 하고 있다. 이러한 현상은 과거 자민당 원로정치인을 비롯하여 새로운 보수정치인들에 이르기까지 확대되고 있다. 그들이 바라는 주장은 '전후 레짐의 탈각'이라는 주장을 하면서 다음과 같은 목표를 가지고 있다.

첫째로, 자주헌법을 제정하겠다는 것이다. 일본의 보수정치인들은 현재의 헌법이 미국의 강요에 의해 제정되었으므로 전후 레짐으로부터 탈각하는 입장에서 헌법 9조뿐만 아니라 관련 헌법을 개헌하여야 한다는 것이다. 그들은 현재 미일안전보장 조약을 기초로 논의되는 가이드라인을 재조정하면서, 평화헌법 제9조를 개정하여 유엔평화유지 활동이라든가 방위력 증강을 실시할 수 있게 하면서, 향후 전개될 국제분쟁에서 적극적인 역할을 할 수 있도록 하고자 하였다. 그들의 이러한 노력은 국내외적으로 국제공헌과 보통국가라는 논의를 전개하면서 관련 법률들을 수정 보완해 나갔다. 북한의 핵미사일 위협이라든가 납치자 문제, 위안부 문제 등을 전면에 등장시켜 국민들의 관심과 정서를 부정적으로 만들어 가고 있다. 그리고 한국, 중국, 러시아와의 영토 문제를 전면에 내세워 주권국가로서 당연히 영토 문제 해결을 위해 적극적으로 대처할 것이라고 선언하면서 내각부를 중심으로 과거와는 다른 대응을 하고 있다.

두 번째 목표는 역사인식과 역사교육 및 도덕 교육에서 일본의 정체성을 강화하고 있다는 점이다. 과거와는 달리 일본 보수정치인들은 정치개혁을 하는 과정에서 애국심을 강조하는 등 여러 가지 법률이나 교육현장에서 애국심 강화 조치를 취하고 있다. 일본이 패전국가가 아니고 보통의 국가였다면 이러한 교육을 실시하는 데 문제 제기는 별로 없을 수 있지만, 패전국가로서 전쟁에 대한 진정한 반성이 부족한 상태에서 보수정치인들의 이러한 행태는 비판의 대상이 되었다. 또한 일본국내에서도 비판되고 있다는 점을 반영한다면, 일본의 고유한 전통을 교육의 현장에서 다시 강조한다는 것은 피해 국가들의 입장에서 보면 염려하지 않을 수 없다. 예를 들면 일본은 교육기본법을 개정하고 교육현장에서 기미가요와 일본의 국가를 강제적으로 강요하였다. 그리고 야스쿠니 사관을 중심으로 일본이 근대화 과정에서 침략한 전쟁들에 대하여 자위자존을 위하여 그리고 평화를 위하여 전개하였다고 하는 정당화는 바로 '역사수정주'의 자체라고 할 수 있다. 이러한 입장에서 일본의 보수정치인들은 교과서 문제, 위안부 문제, 야스쿠니 문제들을 통하여 자신들의 입장을 주장하면서 근린국가들에게 상처를 주면서 국제적인 문제로 만들고 있다. 일본의 양심적인 연구자들에 의하면 보수정치인들이 주장하는 논리는 전근대적인 가치 질서를 유지하면서 일본의 보수혁명의 정신적인 것으로 '국가 보수주의' 사상이라고 지적하고 있다. 즉 교육칙어에 따라 국민은 국가에 충성하고 스스로 국가의 의사를 고려하여 추구하여야 한다는 것이다. 그러므로 보수정치인들은 과거 그들이 주장한 정치메뉴에 새롭게 제기되고 있는 이슈들을 접목시켜 야스쿠니 사관처럼 자신들의 정치 이데올로기로 만들어가고 있다.

그러면 왜 보수정치인들이 새로운 우파연합을 적극적으로 추진하고 있는가? 그 이유는 글로벌화가 진행되면서 일본의 내셔널리즘이 위기에 직면하지 않을까라는 일종의 위기의식 때문이다. 그들은 현실주의적인 입장에서 신자유주의와 국가주의를 이해하면서 자신들의 이익을 강화하려는 성향을 가지고 있었다. 특히 일본 정치사회에 있어서 자민당 중심의 전후 구조 속에서 형성된 이익유도정치의 틀을 어떻게 해서라도 유지하려는 경향이 강하게 작용하고, 그들이 구축한 정치구조나 제도가 정치개혁이나 구조개혁으로 없어질 위기에 직면하였기 때문에, 그들은 자신들의 중심의 시장과 사회를 재구축하려고 '우파연합' 형성에 적극적이었다. 그리고 자신들은 신자유주의를 통해 이해관계가 서로 일치한다고 보았다. 신자유주의 구조개혁과 글로벌화의 진전으로 최대의 수익자는 물론 기업들이지만, 국가주의의 강화로 권력의 중심에 있는 엘리트들 즉 보수정치인이나 관료들도 자신들의 권력기반을 구축하는 데 유리한 환경이 조성되었다. 이러한 환경은 일본을 중심으로 동맹국인 미국과의 관계에서도 동맹 강화의 효과를 가져와 현실주의의 입장에서 국제적인 권력 강화를 추진하게 된다.

　마지막으로, 일본의 보수정치인들은 기업경영자들과 어느 정도의 이해의 일치와 정치적인 보완성을 유지하려고 하였다. 보수정치인들은 전후 민주주의를 지탱해 온 노조, 그리고 노조를 지지한 정당, 혁신세력과 계급투쟁을 통해 자신들의 권력을 유지해 왔다. 그동안 그들은 리버럴 정치세력에 대해 반감을 가지면서 55년 체제 속에서 보혁(保革) 대립의 구조에서 자신들은 보수를 지켜왔다고 생각하였다. 신자유주의 사상의 정책 전개를 통해 보수정치인과 대기업은 서로 이익의 합치를 통하여 그리고 리버럴 세력과 공동으로 대응하는 상호보완성을 보이고 있다.

　이렇게 일본의 보수정치는 신자유주의에 기초한 정책전환에 의해 새로운 보수연합을 형성해 나갔다. 그들은 신자유주의 사상을 배경으로 국민들에게 국가주의를 설명하면서 자유과 개인주의에 제한을 가하는 여러 조치들을 준비하고, 근린국가들과의 역사 문제와 영토 문제에 바람직한 역사 인식을 거부하면서 내셔널리즘을 이용하여 국민들에게 자신들의 논리를 설득하고 있다. 이러한 논리에 일반 국민들은 생각할 여지없이 역사수정주의와 야스쿠니 사관에 유혹되어, 위안부에 대한 잘못된 이해를 하면서, 포퓰리즘 정치가들의 정책을 받아들이는 결과를 낳았다.

일본에 있어서 포퓰리즘의 특징

당시 일본에서는 '와이드 쇼' 같은 프로그램을 통해 직 · 간접적으로 일본의 정치사회의 이슈를 다루기 시작하였다. 이러한 프로그램을 통해 포퓰리스트 같은 정치인들이 등장하면서 자신들의 정책 이슈들을 선점하려고 하였다. 먼저, 일본에서는 텔레비전에서 인기를 통해 신문이나 잡지에서도 인기를 얻는 경향이 점점 증가하였다. 일본의 텔레비전은 대체로 신문사를 가지고 있으므로 신문을 통한 비판도 동시에 이루어졌다. 물론 미국에서 진행되는 신문처럼 비판이 이루어 지지 않았다. 미국은 비판과 해설이 동시에 이루어지는 경향이 있었으나, 일본은 텔레비전의 계열사로 신문사가 있었으므로 그러한 비판은 잘 이루어지지 않았다. 그러나 일본정치에서 특정 정치인의 인기는 붐을 만들기도 하고 정치적인 열광은 미국 못지않았다. 고이즈미 총리나 다나카 마키코(田中真紀子) 같은 사람들이 대표적인 인기를 받은 사람들이며 포퓰리스트 정치인으로 불릴 정도였다.

그리고 일본의 포퓰리스트는 미디어에 의해 지지되면서 더욱 인기를 누리게 되었다. 미디어가 가지고 있는 줄서기 행태라든가 시청자들에게 영합하는 성격이 강하였다. 고이즈미 정권에 있어서 고이즈미와 다나카

선풍은 매스컴 업계에서 압도적인 모습을 보였다. 그러나 이러한 포퓰리스트적인 선풍은 단점도 많았다. 잘못된 정보가 있어도 아랑곳하지 않고 인기몰이가 계속되는 모습은 정상적인 정치사회의 분위기를 해치기도 하였다. 무서운 것은 이러한 인기가 갑자기 뒤집힐 수 있다는 것이다. 다시 말해 흑백에 의해 판단하는 시청자들의 태도는 선악 2원론의 대표적인 모습이라고 볼 수 있고, 그것이 포퓰리즘의 분위기를 만드는 것이기도 하였다. 전후 자민당 정치가 만들어낸 이러한 인기 영합주의적인 정치풍토는 다나카 가쿠에이(田中角栄)나 오자와 이치로, 고이즈미 등에 의해서 전개되었다.[16]

세 번째로, 텔레비전 프로그램에서 오락성을 강조하지만 그들이 가지고 있는 전파성과 여론에 대한 권위가 존재하였다는 것이다. 일본에서는 텔레비전에서 발언한 것들이 무비판적으로 받아들여지는 경향이 많았다. 프로그램 자체가 비평과 해설이 아니라 오락성도 있으므로 현실 이상의 것은 아니었다. 그리고 토론자들의 이야기들을 그대로 받아들이는 경향이 많아 유권자들은 인기 있는 정치가들에 대해 호의적인 감정을 가지게 된다. 그러므로 토론문화가 형성되기 어려워졌다.

시대적 배경

냉전종식으로 신우파 전환이 전개되면서 신자유주의의 시대로 자유

16) 大嶽秀夫, 앞의 책, 236~327쪽.

화와 다양화가 일본정치의 분위기를 형성하였다. 신자유주의가 사상적으로만이 아니라, 일본의 중도우파 세력이 새로운 우파로 전환하는 데 이데올로기로 작용하기 시작하였다. 일본의 정치사회에 있어서 이러한 변화는 미국의 레이건 시대 이후 진행된 일본의 신자유주의의 흐름 속에서 이해할 수 있다. 냉전종식이 서양의 여러 국가들의 국내정치에게 영향을 미치고, 국민정당으로 성장하려는 중도우파와 중도좌파 정치세력들에게도 영향을 미쳐 '수렴'하는 상황을 연출하면서, 국내정치에서 일종의 컨센서스(Consensus)를 형성하였다. 이러한 경향은 계급의 대립을 완화하여 국민통합을 우선시하는 반면에 사회의 안정을 가지고 왔으나 빈부격차의 확대를 막을 수 없게 되었다.[17] 선거에서 어떠한 당이 승리하여도 별로 차이가 없는 선거가 되었으며, 유권자들은 선호하는 정책을 선택할 수 있는 폭이 좁아졌다. 그리고 공공분야의 확대로 민간업무가 오히려 타격받고, 시장의 경쟁원리에 의한 소비자의 선택의 자유가 불충분하게 되었다. 이러한 현상은 일본만이 아니었다. 영국의 대처 정권에서도 공공지출이 삭감됨으로써 불만이 높아갔다. 그러나 부유층이나 중간층에서는 풍요로워져 소비문화를 즐길 수 있는 기회가 늘어났다. 그리고 가진 사람들은 신자유주의의 매력에 빠져, 자기 이익이나 물질적인 욕망을 추구하기도 하였다.

국제적으로 진행된 자유화의 흐름 속에서 경제적 자유를 바라면서 세계가 변화는 가운데, 일본의 구(旧) 우파 연합도 외교와 안전보장 그리고 재정적인 측면에서 대응이 필요하였다.

---

17) 中野晃一, 『右傾化する日本政治』(岩波書店, 2015), 52쪽.

90년대 개혁파 세력의 결집

당시 일본의 정치개혁은 3가지 그룹에 의해서 주도되었다. 그들은 1988년 리쿠르트 사건과 92년 물류회사 사가와 규빈(佐川急便) 스캔들로 정치개혁이 일본정치의 중요 과제로 등장하였을 때 단순한 정치부패만으로 머물지 않고 일본정치구조의 근본적인 개편을 요구하면서 등장한 사람들이다. 먼저, 그들은 소위 개혁파들로 오자와 이치로와 같은 신보수주의자들이 있었다. 그들은 지금까지 정권의 중심에 있으면서 전후 일본정치를 담당하고 국가가 직면한 중·장기적인 과제와 국제적인 문제들을 담당하였던 사람들이었다. 당시 일본은 냉전종식 이후 걸프전쟁을 통해 국제적으로 경제적인 공헌을 시작하였다. 그리고 그러한 결정을 위하여 강력한 지도력이 요구되는 상황이었다. 그러나 당시 일본의 정치인들은 미일 구조협의에 대응하기 위하여 바쁜 가운데 정치경제 시스템의 개혁에는 소홀히 하였다. 그들은 농업이나 유통분야 그리고 건설업 등을 보호하기 위하여 시스템을 정비하기는 하였지만 기존의 호송선단 방식을 고쳐 나가는 데 한계가 있었다. 물론 관료들은 약자들을 보호하기 위하여 과도한 경쟁을 피하도록 개입하기는 하였지만 금융업계 등의 관습은 하루아침에 바뀌지 않았다. 일본은 버블 붕괴 후 장기 불황을 극복하기 위하여 노력하였지만 자민당의 정책 관련 기존의 체질을 벗어나기 어려웠다. 당시 신자유주의적인 한계를 극복하기 위하여 '개혁'을 주장한 오자와 이치로는, 먼저 그동안 약간의 유권자의 지지로 야당 제1당의 지지를 유지하면서 일본의 평화세력으로 대표한 사회당을 해체하는 것을 계획하였다. 그리고 대신 두 개의 중앙집권적인 보수정당을 구축하여 일본의 정치개혁을 전개하려는 구조를 생각하였다. 이러한 구상은 미국형의 양당제를 실현하면서 영국의 보수당과 같은 중앙집권적인 조직으로 일본의 정치구조를 재편하고 싶었던 것이다(大嶽秀夫, 6~7쪽).

그리고 두 번째 그룹의 개혁파들은 젊은 국회의원 중심으로 결집한 일본신당과 신당 사키가케의 의원들이었다. 그들은 시민들의 정치에 대한 뜨거운 기대와 시민 참가의 열망이 그들을 있게 하였다고 생각하였다. 그러므로 시민 참가나 완만한 네트워크에 기초를 두는 정당조직을 만드는 것을 목표로 하였다. 또한 그들은 이미 1990년대 전반에 호소카와(細川) 붐에서 나타난 것처럼 시민들의 정치참가의 열기가 뜨겁다는 것을 느꼈고, 시민들이 직접 참가하여 무엇인가를 하고 싶다는 욕구를 알았다. 즉 시민들은 자신들의 열의를 무엇인가로 결집하고 유지할 수 있다고 생각하고 있었기 때문에 젊은 정치인들은 이러한 분위기에 반응을 보였다. 당시 일본이 직면한 경제적 위기에서 보면 자민당의 기존의 정책은 시민들에게 도움이 되지 않는다고 생각하고 이러한 기득권을 보호하기 위한 정책을 '개혁'하여야 한다고 생각하였다.

그들은 기본적으로 정치나 행정에 적극적인 역할을 기대하면서도 부정부패와 같은 일을 하지 않기를 바랐으며, 작은 정부론을 희망하였다. 그렇지만 규제완화나 민영화에 의한 작은 정부론을 희망하는 것은 아니었다. 이러한 의미에서 그들은 일본의 국내 문제에 관심을 가졌으며 그때까지 아직 일본 경제가 심각하다는 것을 느끼지 못하였다. 이러한 상황은 하시모토 내각이 되면서 경제문제가 위기 상황에 직면하자 개혁하지 않으면 안 된다고 생각하기 시작하였다. 당시 경제개혁이 등한시되면서 정치개혁만이 개혁의 과제라고 생각되었다. 이들 그룹과 오자와 이치로 그룹이 연계가 가능하였던 것도 이러한 작은 정부론에 관한 생각이었으며, 분권적인 정당을 목표로 하면서 시민적인 요구를 표현하려고 노력하였다. 1990년대 일본 정치사회는 오자와류의 강력한 지도력과 다양화한 시민의 요구나 조정이라는 상호 모순되는 과제를 동시에 실현해 주기를 요구하였다(大嶽秀夫, 8~9쪽).

세 번째 개혁파로는, 사회민주주의 세력과 공명당 세력들로 그들은 영원히 정권을 담당하고 싶은 과제를 실현하기 위하여 야당을 만들고 싶어 하였다. 그리고 그들은 정치개혁이 필요하다고 느꼈다. 1987년 전 일본 민간 노조연합회를 결성하고 그해 관민 통일 연합으로 재편하여, 노동자 조직은 어느 정도 조직의 통일이 이루어지면서 현실정치에 대한 발언권이 높아갔다. 당시 그들은 사회당과 민사당의 역사적인 화해를 실현하면서 자민당을 대신할 야당정권의 실현을 목표로 삼았다. 공명당은 약자를 위한 당으로 참가해 줄 것을 기대하였다. 1989년 참의원 선거에서 자민당이 참패하면서 연합과 사회당이 승리하고 이어서 총선거에서 사회당이 약진하면서 사회민주주의적인 정당 결성을 기대하는 그룹들은 탄력을 받기 시작하였다. 연합은 당시 역사적 화해를 하는 과정에서 가장 어려웠던 방위 문제에서 사회당에게 현실 노선을 전환할 것을 요구하고, 연합은 정치개혁이나 선거제도 개혁을 제창하는 정치세력이 되었다. 호소카와 정권의 탄생도 이러한 정치적인 움직임 속에서 가능하였다. 처음에 오자와 그룹과 손을 잡은 것은 경제정책 등에서 많은 어려움이 있었지만, 장기적인 전략으로서 오자와를 이용하여 자민당의 장기집권을 끊고 정치의 유동화를 목표로 삼았다(大嶽秀夫, 10쪽).

이렇게 3그룹의 개혁파에 의한 결집들이 진행되면서 1993년 선거에서 다수를 차지하는 결과를 가지고 왔다. 그러나 그 이후에 전개되는 그들 간의 관계 악화는 서로의 협조를 어렵게 만드는 결과를 초래하였다.

포퓰리즘의 비교정치적 시각과 특징

최근 선진국들에서 새로운 정치사회의 현상을 포퓰리즘이라는 용어로 설명하고 있다. 일본에서도 대중영합주의라는 용어로 일본 정치인들의 인기 위주의 정치행위에 대하여 사용되었다. 최근 포퓰리즘이라는 용어를 사용하며 본격적으로 일본의 정치사회를 설명하는 연구들이 진행되고 있다. 일본과 유럽의 선진국들에서 진행된 연구를 간단히 정리하면 다음과 같다. 먼저, 유럽국가들 사이에서 진행된 연구들은 지방의회나 유럽의회에서 포퓰리즘 정당들이 성장하는 상황을 설명하였다. 이러한 유럽의 정당들은 이민과 난민 문제 등을 정책으로 다루면서 현실정치에 많은 영향을 끼쳤다. 2014년 유럽의회 선거를 보면 유럽의 각 지역에서 포퓰리즘 정당들이 선전하면서 정당 활동의 정당성을 확보하는 계기가 되었다. 이러한 정당들은 기존 정당들과 어떠한 차이가 있는가? 포퓰리즘 정당은 매스컴을 통해 기존의 정당들을 비판하면서 외국인과 이민에 대해 인종차별적인 주장을 하고 있다. 그들은 이러한 활동을 통해 선거에 무관심한 층들을 불러들여 선거에서 지지를 얻는 행동을 하고 있다.

다음으로, 일본에서는 두 가지로 분류하고 있다.[18] 먼저, 오다케 히데

---

18) 水島次郎, 『ポピュリズムとは何か: 民主主義の敵か, 改革のきぼうか』(中央公論新社,

오(大嶽秀夫)는 고정적으로 지지기반을 넘어 폭넓게 국민에게 직접 호소하는 정치 스타일을 포퓰리즘이라고 정의하고 있다. 그리고 요시다 도루(吉田徹)는 "국민에게 호소하는 레트릭을 사용하여 변혁을 추구하고자 하는 권위주의적 정치스타일이 포퓰리즘이라고 정의한다. 또한 포퓰리즘 정치가들은 지금까지의 정치스타일에 변화를 가져와 혁신적인 정치수법을 채택함으로써 국민들에게 폭넓게 보여주면서 성공한 정치가들"을 포퓰리스트라고 설명한다. 이러한 정의에 따르면 일본의 나카소네 야스히로, 영국의 대처 총리, 프랑스의 사르코지, 이탈리아의 베르루스코니 등이 이에 해당된다고 볼 수 있다.

그리고 두 번째로 인민의 입장으로부터 기성 정치나 엘리트를 비판하는 정치운동을 포퓰리즘이라고 정의하는 연구자들이 있다. 예를 들어 카노 반, 노다 쇼고(野田昌吾), 시마다 유키노리(島田幸典) 고가 미쓰오(古賀光生) 등이 이러한 입장을 취하고 있다.

기존의 정치세력들의 민주주의 정치 운영과 정책에 대해 비판하는 세력으로 등장한 포퓰리스트들은 민주주의에 대한 가치관이 다르다고 볼 수 있다. 그들의 가치관은 기존의 민주주의가 관심을 가지고 있지 못한 부분이라든가 무시하고 있는 부분에 대체로 집중된다. 그러므로 그들은 지배 엘리트층에 대해 비판적인 시각을 가지고 있으며, 일반 대중들이 기대하는 부분을 현실정치를 통해 실현하려고 하고 있다. 그렇기 때문에 그들은 기존의 정치세력과 대립하는 정치구도를 형성하면서 선악 2원론의 입장에서 자신들의 개혁 구상을 주장해 나간다. 중남미의 포퓰리스트들과 그리고 프랑스의 인

2017), 6~7쪽.

민전선, 오스트리아의 자유당, 일본의 일본유신회 같은 포퓰리즘 정당들이 대체로 이러한 입장을 취하면서 현실정치의 세계에 뿌리를 내리고 있다.

프랑스의 정치사상가 츠베탄 토도로프의 설명에 의하면, 포퓰리즘은 전통적인 우파나 좌파로 분류할 수 있는 것이 아니라, 오히려 아래에 속한 운동이다. 기성 정당들은 좌파정당이든 우파정당이든 간에 모두 높은 존재이며, 높은 곳의 엘리트들을 아래로부터 비판하는 것이 포퓰리즘이라고 설명한다.

이러한 설명에 따르면, 정치지도자들의 정치 전략이나 정치 수법으로서의 포퓰리즘에 주목하는 것과 정치운동으로서의 포퓰리즘에 중점을 두는 경우로 포퓰리즘을 이해하는 것이 좋을 것이다. 그러므로 여기서는 두 가지의 정의를 서로 배타적으로 이해할 것이 아니라 상호보완적으로 보면서, 분석대상에 따라 포퓰리즘의 이해하는 데 주의를 기울일 것이다.

미국, 중남미, 유럽 그리고 일본에서 정의하는 포퓰리즘은 서로 다음과 같은 특징들을 가지고 있다.[19] 먼저, 포퓰리스트들은 대체로 '일반 대중'을 중심에 두고 자신들의 의견을 주장하고 있다. 그러므로 자신들이 일반 대중을 대표하므로 정통성도 그곳에서 찾고 있다. 이러한 것을 통해 자신들은 일반 대중의 지지를 받으면서 대중이 원하는 희망을 실천에 옮기고 있다. 카노반은 일반 대중의 요소를 대체로 다음과 같이 설명하고 있다. 먼저, 보통 사람들이 일반 대중이라고 보는 형태이다. 엘리트나 고학력을 가진 특권층과는 달리 오히려 특권층에 의해 무시되는 보통 사람들이 포퓰리즘 정당이 염두에 두고 있는 일반인들이라는 것이다. 대체로 이러한 사

---

[19] 水島次郎, 위의 책, 9~11쪽.

람들은 기존의 정당 구조나 선거제도 아래서 침묵하는 다수로 머물렀다. 그러나 포퓰리즘 정당들의 출현에 의해 그들은 발언하고 요구하고 선거를 통해 지지하는 다수가 됨으로써 무당파층의 존재감을 보여주고 있다. 그리고 그들은 대체로 보통사람들이므로 건전한 인간의 이해를 하고 있으므로 부패정치인들이나 엘리트들에게 항상 승리할 수 있는 환경에 있다. 그 결과 포퓰리즘 정당들은 그 역할이 중요해 지고 있다.

그리고 하나가 된 일반 대중이라는 의미다. 포퓰리즘 정당은 특권 계급이 아니라 주권을 가진 일반 국민을 대표한다고 주장한다. 그러므로 그들은 당파적인 대립이나 이익정치의 한계를 극복할 수 있으므로 하나 된 국민을 상정하고 개혁을 진행한다. 이러한 과정에서 그들은 기성 정치 시스템이 보여주는 개혁의 한계성이라든가 이익정치와 관련된 부패정치를 비판의 대상으로 삼는다. 이러한 특징은 일본 정치사회에서 다원주의가 전개되는 과정에서 구 자민당 우파그룹과 새로운 자민당 우파그룹들 사이에서 진행된 정치개혁에서 자주 등장하였다. 그리고 고이즈미 정권 때 전개된 민영화 과정에서 고이즈미의 포퓰리스트적인 정치수법에서 종종 이용되었다고 볼 수 있다.

마지막으로, '우리들의 국민'이라는 의미로 사용되는 경우도 있다. 우리들이라는 용어는 무엇인가 동질적인 특징을 공유하는 사람들이라는 의미를 가지고 있으며, 그 이외의 사람들과 구분한다. 대체로 자국민을 국민으로 혹은 주류의 민족을 의미하는 경우를 우선하고, 그 이외 외국인이나 민족적으로나 종교적으로 소수자를 비판의 대상으로 삼는다. 이러한 경우에 그들은 대체로 사회적인 약자이기도하고, 외국 자본이나 글로벌 엘리트를 포함하는 경우도 있다.

포퓰리즘의 두 번째 특징으로는, 일반 대중을 중시하면서 반대로 엘리트나 기존의 정당정치를 비판하는 경우가 있다. 권력정치가 일상화 되어 있는 지역에서는 대체로 정치, 경제 사회적 지도층들이 대체로 권력문화를 지속적으로 지배하고 있다. 포퓰리스트들은 이러한 전제를 비판하면서 일반 국민들이 건전하게 생각하는 기준에서 부패한 권력정치를 비판하면서 동시에 엘리트들을 비판한다. 그럼으로써 일반인들의 지지를 받고 권력정치 사회에서 터부시된 것을 파괴하면서 다양한 개혁 프로그램을 가동시켜 나간다. 또한 포퓰리즘에서는 그동안 민주주의의 제도화를 통해 이룩된 다양한 정치제도들이 비판의 대상이 되기 때문에 대립적인 양상이 발생하여 충돌할 수 있는 경우도 있다. 이럴 경우 포퓰리즘은 일반 국민들의 지지를 얻어 무력충돌에서 이기려고 노력한다.

세 번째의 특징으로, 포퓰리즘 정당 활동이 활발하게 진행되는 곳에는 대체로 카리스마적인 정치 지도자가 존재한다는 것이다. 포퓰리즘 정당은 반드시 카리스마적인 지도자를 필요로 하고 있지 않지만, 기존의 정치와 제도를 비판하면서 그러한 정당과 거리를 두기 위해서 어느 정도 카리스마적이지 않으면 해낼 수 없다. 포퓰리즘은 일반 국민과 직접 의사소통을 하면서 명확히 자신들의 입장을 전달하여야 한다. 그리고 포퓰리스트적인 수법으로 민의를 접하는 지도자는 일반 국민의 소리를 접하고 솔직히 의사를 전달하여야 한다. 그렇지 않으면 기존의 정치가들이 당내 정치와 정치적인 배려 등으로 주저하는 태도를 취하는 것과 비슷하기 때문이다.

마지막 특징은 포퓰리즘이 가지고 있는 이데올로기의 깊이가 엷다는 것이다. 그러므로 그들의 정책 내용을 설명하려면 이데올로기로 설명하기 어렵다. 유럽의 포퓰리즘 정당들은 그동안 성장하면서 유럽의 복지정책을 비판하면서 경제적 자유주의를 주장하는 경향이 강했다. 그러나 세계 경제의 글로벌화를 비판하면서 복지국가를 옹호하는 모순을 보였다. 이처럼 포퓰리즘 정당들은 정책 내용에 대해 구체적으로 특징 있는 입장을 주장하기보다는 기존의 엘리트나 정당들을 비판하는 정도에 머무르고 있다. 그러므로 그들의 단점은 엘리트들의 이데올로기가 바뀌면 항상 입장이 바뀐다는 것이다.

현재 일본에서도 포퓰리즘에 대해 많은 관심을 보이고 있다. 왜냐하면 기존의 정치와 정치세력에 강하게 대항하고 있기 때문이다. 실제로 오사카 지역을 중심으로 '일본유신회'라는 포퓰리즘 정당이 기존의 정치세력과 치열한 경쟁을 하였고, 도쿄도 의회 선거에서 집권 자민당이 선거에서 패했기 때문이다. 일본 민주주의가 전개되는 과정에서 나타나는 포퓰리즘 현상에 대해, 반민주적인 정당이라든가 적대적인 이데올로기를 가진 정당으로 비판하는 정도로는 너무 단순하기 때문이다. 반면에 왜 포퓰리즘 정당이 출현하는가를 놓고 논의할 때, 자주 이야기 되는 것은 기존 민주주의에 대한 병리 현상 혹은 논의 없이 진행되는 정치 현상, 일반 국민들이 논의에서 배제되는 현상 등이 지적되고 있다. 그러므로 다시 민주주의를 논의해야 하는 것이 아닌가에 대한 문제 제기로 포퓰리즘을 논의해 보는 것이 중요하다. 그리고 유럽의 포퓰리즘 정당들은 대체로 우파적인 성향을 가지고 있다. 특히 극우적인 성향의 정당도 있기 때문에 이러한 정당들은 민주주의에 대해 부정적이고 비판적이기 때문에 관찰과 연구가 필요하다.

그러나 포퓰리즘이 주장하는 내용은 민주주의 이념과 많은 부분에서 중복된다. 그러므로 민주주의와 포퓰리즘을 비교 검토하는 작업도 의미가 있을 것이다. 특히 포퓰리즘 중에 '국민주권'이나 '다수결의 원칙'을 옹호하고 있기 때문에 본질적으로 민주적이다. 유럽의 포퓰리즘 정당들은 국민투표의 확대, 지도자를 직접선거로 선출하여야 한다는 주장을 하고 있으므로 이러한 직접 민주주의적인 제도는 민주주의의 본래의 모습이므로, 포퓰리즘을 무조건 반민주주의적이라고 비판하기에는 어려움이 있다.

'변용'하는 일본의 포퓰리즘

일본의 포퓰리즘의 특징은 무엇인가? 그리고 유럽의 억압의 논리도 중남미의 해방의 논리도 아닌 어떤 형태의 포퓰리즘으로 이해하여야 할 것인가? 일본의 포퓰리즘은 전전과 전후의 역사적 문맥에서 이념형 혹은 선동형 등이 동시에 상존하는 형태를 가지고 있다. 앞으로 이러한 역사성에서 교훈을 찾아 가며 일본형 포퓰리즘을 설명한다.

일본에서 고이즈미 전 총리의 정치 지도를 놓고 매스컴과 연구자 그룹들은 포퓰리즘이라고 주장하기도 하고, 대중 동원이나 지지를 놓고 염려하면서 파시즘에 가까운 것이라고 지적도 하였다. 그리고 이시하라 신타로 (石原慎太郞) 전 도쿄 도지사와 같은 인물은 전형적으로 포퓰리스트라고 이해하였다. 반대로 선동적인 정치적 동원이 아니라, 대중의 의견에 동조하는 기회주의 혹은 대중영합주의라는 비판적 의미를 가지고 사용하기도 하였다. 최근에는 후자의 의미로 많이 사용되고 있다. 다시 정리해보면 일본에서 사용되는 '포퓰리즘'이라는 용어는 통치자가 책임을 포기하고 대중에게 달콤한 정책을 호소하는 '대중영합주의'로 사용되고 있다는 것이다. 이러한 용어는 고이즈미 정권기를 설명하는 데 어느 정도 유용하였다. 그러나 그 이후 하시모토나 아베 제2기 내각 이후를 설명하는 데 신우파 전환이라는 이념에 개입된 포퓰리즘으로 사용되었다. 당시 오자와 이치로에 의한 고이즈미 내각을 비판하면서 포퓰리즘이라는 용어를 사용하였다. 또한 가토 고이치(加藤紘一)는 '가토의 난'(2000년 11월 제2차 모리 내각 타도를 목적으로 일으킨 운동)을 회상하면서 스스로가 자민당의 포퓰리즘을 비판하였다고 설명한다. 이처럼 당시 현실정치에서 사용된 포퓰리즘은 비판자들의 입장을 반영해서 고이즈미의 포퓰리즘은 대중을 동원하고 대중영합적인 의미를 가지고 있다고 보았다.

고이즈미는 신자유주의적인 정책지향과 신자유주의 정부와 정치를 비판을 핵심으로 하였다. 고이즈미 자신이 작은 정부를 목표로 한다고 선언하면서 "민간이 가능한 것은 민간에게 맡긴다"고 반복하여 주장하였다. 그리고 그는 당시 기존 정치에서 무시되었던 '신중상층'을 중요한 핵심으로 생각하고 그들의 지지를 얻는 데 성공하였다. 그렇기 때문에 당시 고이즈미는 유럽의 극우정당과는 달리 선동적이거나 배외주의적인 슬로건은 자제하면서 신중산층의 지지를 얻어내려는 차원에서 선악 2원론에 집착하였다. 그러므로 고이즈미의 포퓰리즘은 신자유주의 형태의 포퓰리즘으로 온건한 형태였다.

고이즈미 포퓰리즘의 특징으로는, 먼저 신자유주의가 반드시 체계적인 이념으로 등장하지 않았다. 1990년대 일본 정치에 있어서 중요한 이슈는 정치부패를 극복하기 위한 개혁이 목표였다. 그러므로 신자유주의적인 사상과 연결시키기 어려웠다. 왜냐 하면 포퓰리즘의 중심 과제는 소박한 효율, 낭비를 없애는 것 등이었다. 그리고 당시 신자유주의적인 개혁이 일본에서 진행되었다. 공적영역의 노동조합이 3개의 공사의 민영화에 의해 해결을 보고 있었다. 그러므로 90년대의 개혁은 자민당의 이권정치와 관료에 의한 낙하산과 접대 등이 중심 대상이었다. 그러므로 고이즈미는 무엇보다 관료와 공무원의 기득권익에 대하여 비판적이었다. 그는 우정 민영화 개혁은 재정융자에 의한 특수법인과 공무원들의 낙하산 인사에 의한 거대한 재정의 낭비를 없애기 위한 것이었다. 고이즈미는 이러한 행·재·정 개혁을 통해 기득권을 약화시켜 나가면서 정치개혁을 실현하고자 하였다. 문제는 고이즈미의 이러한 문제 해결은 과연 신자유주의적인 사상체계에 기초를 두었는가이다. 초기에는 단순히 관료와 자민당의 이익유도 정치에 문제 제기하면서 현실적인 재정위기를 극복하려고 시작하였다.[20]

당시 고이즈미의 포퓰리즘은 선정적인 면과 온건한 측면 모두 가지고 있었다. 안전보장과 관련하여 유사법제, 야스쿠니 신사의 참배 문제 등에서 내셔널리즘을 환기시키면서 적극적인 포퓰리즘을 보였다. 또한 국내정치에서 자신의 정치개혁에 저항하는 사람들에게는 그들을 공격하는 부정적인 포퓰리즘으로 대응하였다.

두 번째 특징은 신자유주의형의 포퓰리즘으로서 '극장정치'로 텔레비전을 통한 일반 대중에게 호소하는 형태를 취했다. 그러나 그는 과거 미국의 레이건 대통령처럼 과학적 방법을 채용하지는 않았다. 어떤 의미에서 보면 고이즈미는 별 노력 없이 갑자기 대중적인 인기를 끌게 되었다. 자신의 신조만을 강조하여 일반 대중에게 다가가는 형태를 취했다. 물론 비서관에 의한 언론 대책을 강구하긴 하였지만, 철저히 대중선전을 하는 기술이라든가 정치 캠페인 같은 것은 이루어지지 않았다. 고이즈미의 경우는

---

[20] 大嶽秀夫, 『日本型ポピュワリズム: 政治への期待と幻滅』(中央公論新社, 2003), 115~117쪽.

상징적인 면에서는 일본의 전통적인 남성의 이미지를 가지고 과묵한 인상을 보이면서, 짧은 표현으로 사람들에게 접근하는 형태를 취했다.[21]

일본의 포퓰리즘은 정치지도자들의 임기제도의 입장에서 보면 불리한 형태를 가지고 있다. 왜냐하면 일본의 총리는 임기가 보장되어 있지 않아 항상 갑자기 끌려 내려오는 위협에 직면해 있기 때문이다. 국민들의 지지뿐만 아니라 권력을 유지하기 위해서는 국회의원들의 지지가 안정적이지 않으면 정권을 유지하기가 어렵다. 그러므로 고이즈미는 이러한 정치의 불안정으로부터 의원들의 저항을 뿌리치고 마음먹고 개혁을 진행하기는 쉽지 않다. 고이즈미는 이러한 상황을 타개하기 위하여 자신의 지지층의 이익을 대변하든가 혹은 지지층의 이익을 증진시키는 데 희생시키지 않으면 안 되는 상황에 직면하기도 하였다.

포퓰리즘의 해석에 대한 논의

포퓰리즘은 민주주의가 진행되는 과정에서 생겨난 현상이라고 본다면 민주주의와 포퓰리즘의 관계를 보는 것이 중요하다. 최근 우리들은 포퓰리즘의 현상이나 정당들의 출현에 대해 반민주적인 정당이라고 하며, 기성 정당들은 포퓰리즘 정당들을 적대적으로 비판하고 있다. 이렇게 포퓰리즘의 주장은 민주주의 잘못된 현상을 개혁하여야 한다든가 혹은 민주주의의 병리 현상을 우리가 해결하겠다는 그들의 부르짖음은 최근 각국들이 직

---

[21] 大嶽秀夫, 위의 책, 125~126쪽.

면하고 있는 현상들이다. 반면 기존 정당들은 포퓰리즘은 카리스마적인 독재자의 외침이라든가 토론이 없이 주장과 선동만하는 집단들이라고 비판하고 있다. 이러한 현상으로부터 우리는 각국의 민주주의가 재검토 단계에 접어들었다고 이해할 수 있다. 또 다른 하나는 유럽의 포퓰리즘 정당들은 대체로 우익정당이 많고 극우적인 포퓰리즘이 기존 정당을 비판하면서 의회에서 의석을 확대해 나가고 있기 때문에 기존 정당들은 그들의 비판에 대응하지 않으면 안 되는 상황에 직면해 있다.

이상으로부터 보면, 포퓰리즘의 주장이 기존 정당이 주장해 오는 민주주의의 과정에서 나타나는 이념들과 중복되는 점이 많은 것도 사실이다. 그러므로 포퓰리즘도 민주주의의 이념 속에서 논의될 수 있다. 왜냐하면 포퓰리즘을 주장하는 사람들도 국민주권과 다수결 제도를 지지하고 있기 때문이다. 특히 유럽의 포퓰리즘 정당들은 국민투표 제도의 확대를 지지하고 있으며, 비례대표제를 도입하자는 주장을 하면서 국민의 의사들을 반영하여야 한다고 주장해 왔다.

현재 유럽의 포퓰리즘 정당들은 극우이긴 하지만 민주주의와 의회제도를 인정하고 있는 것이 현실이다. 이렇게 본다면 민주주의의 틀 속에서 포퓰리즘을 논의해 나가야 할 것이다. 미즈시마와 타가트(Taggart) 같은 연구자는 유럽의 포퓰리즘의 표적은 민주주의 자체보다는 대표제 민주주의에 있다고 설명하고 있다. 즉 대표제 틀 속에서 논의보다는 간접민주주의에 대한 반발이 포퓰리즘의 밑바닥에 있다고 볼 수 있다. 그러므로 유럽의 포퓰리즘 정당들은 정치 엘리트들이 시민들의 요구를 무시하고 자기이익을 추구하고 있다고 비판하면서, 자신들이 시민의 요구를 해결하는 데 노력하여 지지를 얻어내려고 하고 있다. 이러한 의미에서 포퓰리즘 정당들은 일반시민의 지지에 의해 그들의 존재의의 및 정통성을 얻어내려고 하고 있다. 무데(Mudde)에 따르면 포퓰리즘은 민주주의의 존재에 의해 생겨난 문제라고 설명하고 있다.[22]

현재 일본정치에서 나타나는 포퓰리즘의 현상을 보면 바로 위에서 설명한 것처럼 민주주의를 언급하면서 자신들의 정치적인 목표를 달성하려 하고 있다. 고이즈미 준이치로 혹은 하시모토 도루 같은 정치가들은 종래의 일본정치의 보수정치가들과는 다른 정치 수법을 이용하면서 지지층의 지지를 얻고 있다.

근대 민주주의의 두 가지 원리에 대한 해석으로부터 보면(입헌주의적 해석, 포퓰리즘적 해석), 원래 민주주의 원리는 긴장관계에 있다. 입헌주의적 해석을 보면 법의 지배, 개인적인 자유의 존중, 의회제 등을 통해 권력의 억제를 중시하는 입장이며 자유주의적 해석이라고 할 수 있다. 또 다른 포퓰리즘적인 해석은 주민의 의사의 실현을 존중하면서 통치자와 피치자의 일치, 직접 민주주의의 도입 등 민주주의적 요소를 전면에 내세우는 입장이다.[23] 이상 두 가지의 해석에는 긴장관계에 있으며, 두 가지 중 어느 쪽을 취하는가에 따라 포퓰리즘에 대한 평가가 달라질 수 있다. 근대 민주주의에 있어서 자유주의의 전통을 옹호하는 사람은 포퓰리즘을 경계할 것이며, 민주주의 전통을 옹호하는 사람은 포퓰리즘에 진짜 민주주의를 내보일 것이라고 설명하고 있다. 이러한 구별은 카노반(Canovan)의 분

---

[22] Mudde, Cas and Cristobal Rovira Kaltwasser, *Populism in Europe and Americas:Threat or Corrective for Democracy?*(Cambridge Univ, 2012).

[23] 水島次郎, 『ポピュリズムとは何か: 民主主義の敵か, 改革のきぼうか』(中央公論新社, 2017), 16쪽.

류에 따르면 그녀는 민주주의의 두 가지 얼굴은 '실무형(pragmatic)'과 '구제형(redemptive)' 민주주의가 있는데 두 가지 민주주의를 구별하여야 한다고 설명한다.[24]

　　포퓰리즘과 과격한 민주주의의 공통점을 보면 과격한 민주주의라는 것은 최근의 새로운 사회운동이나 다문화주의, 참가민주주의, 토론민주주의론 등 민주주의의 심화를 요구하는 다양한 운동이나 사상이라고 한다면, 이것은 좌파에 속하는 주장이라고 볼 수 있고, 어쩌면 우파적인 경향이 강한 최근의 포퓰리즘의 주장과는 좌우 양극에 위치한다고 볼 수 있다. 즉 과격한 민주주의와 포퓰리즘은 대의제 민주주의의 기능 불능을 비판하면서 주민들과 직접 접하면서 기존의 정치의 한계를 극복하려고 한 점에서 의견의 일치를 보이고 있다. 엘리트가 아니라 풀뿌리의 사람들의 바람을 실현하려고 한 점에서 과격한 민주주의의 논의는 포퓰리즘에 가깝다고 볼 수 있다.[25]

'우경화'와 내셔널리즘

　　일본정치 사회에 있어서 새로운 우파들의 기원은 역시 나카소네 야스히로, 오자와 이치로, 고이즈미 같은 일본 보수정치를 이끌어온 사람들부

---

24) Canovan, Margaret, 1999, "Trust the People! Populism and the Two Faces of Democracy", *Political Studies*, Vol.47, No.1, pp.2~16.

25) 위의 책, 18쪽.

터라고 본다면, 특히 그들은 냉전종식과 함께 사회당 정부의 탄생 이후 자민당은 자민당·사회당·신당 사키가케라는 연립정당을 형성하여야만 하는 처지에 이르렀다. 1998년 참의원 선거에서 자민당은 과반수가 깨지고, 2009년 민주당 정권이 탄생하였다. 이러한 과정에서 자민당 보수우파는 변질을 가속화시키고 일본정치를 점점 우경화하는 발언과 정책을 전개하기에 이르렀다.

자민당·사회당·신당 사키가케라는 연립정당을 형성하는 과정에서 가토 고이치(加藤紘一)를 중심으로 한 리버럴한 정치인들이 연립정당을 발족하자 자민당 내부는 분열된 상태가 되었다. 즉 나카소네를 중심으로 한 보·보(保保) 연합을 주장하는 그룹과 가메이 시즈카(亀井静香)와 이시하라 신타로(石原慎太郎)를 중심으로 적극적으로 협력하자는 그룹으로 분열되었다. 그 이후 신징당의 협력을 얻어 성립한 주둔군 용지특별조치법 개정안이 성립을 계기로 자민당·사회당·신당사키가케 정권이 탄생하면서 일본정치에서 리버럴들의 우위가 이루어졌다. 동시에 자민당 우파들은 많은 불만이 쌓이게 되었다.

1990년대 이후 일본정치에서 헌법, 역사인식, 가족과 같은 문제들에 대해 우파정치인들은 수세적인 입장에 놓이게 되었다. 1993년 미야자와 내각에서 위안부 관련 '고노 담화'가 발표되었고, 1993년 10월 호소카와(細川護熙) 총리에 의한 침략전쟁에 대한 발언, 1995년 3월 자민당의 자주헌법 제정이라는 당의 방침을 연기하는 등 이러한 흐름은 자민당 우파들을 약화시키는 계기가 되었다.

특히 무라야마 내각 때 진행된 '전후 50년 일본 국회결의'는 우파계의 단체들의 반대를 무릅쓰고 진행되어 주목을 받았다. 당시 '일본을 지키는

국민의회(日本を守る國民會議)’, ‘일본을 지키는 모임(日本を守る會)’등은 500만 이상 서명하여 국회에 청원하였고, 자민당에 ‘종전 50주년 국회의원 연맹(終戰50周年國會議員聯盟)’을 설치하고 총 의원 269명 중 212명을 가입시켰다. 과거 일본이 행한 ‘식민지 지배’나 ‘침략적 행위’에 대해 반성을 표명해서는 안 된다는 압력을 가했다. 당시 가토 정조회장은 3당 합의를 이행하여야 함을 강조하면서, “세계의 근대사에 있어서 많은 식민지지배와 침략적 행위를 생각하면서, 일본이 과거에 행한 이러한 행위나 다른 국민 특히 아시아 여러 국민에게 끼친 고통을 인식하고 깊이 반성한다고 표명한 다”는 문안을 정리하여 중의원 본회의에서 가결하였다.[26)]

그 이후 자민당 우파계열의 단체들의 반격이 본격적으로 시작되었다. 우파단체들이 통합되면서 일본회의(日本會議)가 설립되었다. 그들은 우파 조직들의 중심이 되어 조직적으로 활동을 전개하였다. 그들은 원래 종교단체로부터 출발하여 활동력이 떨어지는 전우회 등 구일본군 관계단체나 일본 유족회 등과 공동 투쟁을 모색하였다.

그리고 일본회의의 발족과 함께 시마무라 요시노부가 회장을 맡고 있는 ‘일본회의 국회의원 간담회’가 발족하고, 자민당을 중심으로 신진당(新進黨) 등의 국회의원이 가입하는 등 정계에서 우파 결집이 진행되었다. 이미 그 이전에 ‘일본의 전도(前途)와 역사교육을 생각하는 젊은 의원 모임’, ‘일본의 위기와 안전보장을 생각하는 모임’, ‘모두 야스쿠니 신사에 참배하는 국회의원 모임’, ‘헌법조사위원회 설치 추진 의원연맹’등 다양한 모임이 설립되었다. 가메이(龜井)를 필두로 한 우파들은 자민당 · 사회당 · 신당 사

26) 中北浩爾, 『自民党政治の変容』(NHK出版, 2014), 186~187쪽.

키가케로부터 보보(保保)파로 전환하기 시작하였다.[27]

'우경화'에 대한 의미

우리는 현대 일본정치를 어떻게 보아야 할까? 전후 일본정치는 '55년 체제' 이후 보혁 대립이라는 축 속에서 자민당 우위의 보수정치가 지속되었다고 알고 있다. 이러한 인식에 변화가 온 것은 국제적으로는 냉전체제의 종식이며, 일본 국내적으로는 일본 자민당 정치의 종식이라고 할 수 있다. 이러한 변화는 결국 우리의 일본 정치사회에 대한 인식에 영향을 미치고 국내외적으로 논쟁의 주제를 제공하기도 하였다.

우리가 일본정치가 보수를 넘어 '우경화'되었다고 생각하는 것은, 2012년 12월 아베 총리가 정권에 복귀한 이후 그의 정치신념은 전전 일본의 정치로 회귀하는 인상을 주었기 때문이다. 그리고 그가 주장하는 역사수정주의적인 모습은 국제적으로도 많은 비판의 대상이 되었으며 지금도 그 역사의 몰이해에 많은 비판이 가해지고 있다.

일본의 보통의 국가론은 신자유주의적인 개혁이라는 고이즈미, 아베 제1차 내각, 민주당 정부, 아베 2차 내각 이후 등을 거치면서, 그동안 경제적으로 '잃어버린 20년'이라는 경제위기에 직면하였다. 그리고 안전보장면에서 중국의 대두에 대해 어떻게 대응할 것인가? 이러한 상황 아래서 우경화의 현상이 나타나기 시작하였다고 볼 수 있다. 기본적으로 일본이 우경

---

27) 中北浩爾, 위의 책, 188~189쪽.

화하고 있다는 것은 국내외 전문가들의 인식이며 현재진행 상황이다. 이것은 전면적으로 이루어진 것이 아니라 냉전종식 이후 서서히 진행되고 있다는 의미이다.

일본 현대정치 전문가 나카노 코이치(中野)는 우경화의 특징을 다음과 같이 설명하였다. 먼저, 일본정치에서 우경화는 정치 주도로 진행되고 있다고 설명한다.[28] 그는 정치엘리트에 의한 우경화를 강조하면서 일본사회에서 나타나는 우경화에서 일반 여론의 우경화의 역할을 소극적으로 보고 있으나, 실제로 우경화를 부추기는 단체들이 뿌리 깊은 활동을 계속 전개하고 있다. 예를 들면 '일본회의' 그리고 일본 보수정치인들이 함께하고 있는 단체들도 포함되고 있다.

그리고 우경화 과정은 단선적이 아니라 밀려왔다 밀려가는 파도처럼 반대 방향으로 제한적으로 흔들기를 하며 진행된다고 설명한다(中野, 3쪽).

세 번째로, 이러한 우경화의 본질은 신우파 전환으로부터 왔다. 과거의 우파가 그대로 강해진 것이 아니라 새로운 우파로 변질되어 가는 과정에서 발생하였다. 그러므로 여기서 말하는 '신우파 전환'이라는 것은 신자유주의의 흐름으로부터의 개혁을 말한 것이다. 국제적으로는 대처와 같은 인물이 개혁을 통해 정치지도력을 발휘했듯이, 일본에서도 나카소네 야스히로(中曾根康弘)에 의해 진행되고 그것이 오자와 이치로(小沢一郎), 하시모토 류타로(橋本龍太郎), 고이즈미 그리고 아베로 이어지는 흐름이 있다고 본다. 그 이후 냉전이 종식되고 일본 정치구도의 변화와 함께 1998년

---

[28] 中野晃一, 『右傾化する日本政治』(岩波書店, 2015).

참의원 선거에서는 자민당이 과반수가 무너지고, 2007년 참의원 선거에서 '여소야대(ねじれ) 국회' 현상이 나타나고, 2009년 민주당이 정권을 획득하였다.

신우파 전환은 우파의 변질을 가속화하여 일본정치의 성격을 점점 우측으로 진행되게 하였다. 이러한 우파의 질적인 변화에 대해 나카노는 단정적으로 보고 있지 않지만, 변화 과정에 있다고 보고 있다. 이러한 현상은 아베 정권에 이르면 과정을 지나 우경화의 여러 모습을 보이고 있음을 확인할 수 있다. 우파전환의 움직임은 일본사회에도 영향을 끼쳐 격차사회를 가져와 불평등이 확대되는 현상도 생겼다. 그리고 개인 차원의 권리나 자유가 제한되면서 국가의 권위가 확대되는 국가주의적인 모습도 보이기 시작하였다

신우파의 전환 과정에서 각종 정책들은 개혁이라는 이름으로 정책변화를 추구하였다. 전후 일본정치의 보혁 대립 과정에서 형성된 강경파(매파)와 온건파(비둘기파)의 대립은 여러 가지 정책들을 둘러싸고 전개되었다. 나카소네 정권 이후 일본정치는 점점 우경화하기 시작하였다는 것은 일반적으로 관찰할 수 있었다. 즉 우경화 경향은 나카소네부터 시작해 아베로 이어지는 과정에서 계속 강도가 강해지고 있음은 각종 자료를 통해 알 수 있으며, 그들이 주장하는 정치 슬로건에서도 확인할 수 있다. 일본인들은 현상 인식으로 보통국가와 전후국가, 평화국가 중 어느 것을 선호할 것인가? 이러한 물음은 앞으로 일본의 국가의 진로를 생각하는 데 중요한 이정표가 될 것이다.

글로벌 차원의 신자유주의 전환

신우파(신보수주의)는 대처, 레이건 시절과 냉전 말기 새로운 지도력으로 국제사회를 이끌었던 정치가들이 신자유주의를 이념으로 정책을 전개하면서 주로 사용되었다. 그리고 영국과 미국을 시작으로 1970년대 후반부터 80년대에 이르기까지 새로운 우파로 하나의 정치축을 형성하였다(中野, 8~9쪽).

먼저, 영국의 대처 정권은 케인즈 주의 경제정책과 베버리지 보고를 토대로 한 사회보장정책에서 전후 영국의 컨센서스 정치가 사람들의 자립심과 진취적인 정신을 빼앗고 도적적인 퇴폐와 국력의 쇠퇴를 야기하였다고 주장하였다. 그리고 포클랜드 분쟁이나 탄광노동자의 스트라이크를 탄압하는 등 군사력과 경찰력을 동원하여 국내외의 적을 진압하고, 국영기업의 민영화를 진행하는 등 규제완화와 인두세 도입 등을 실시하였다. 당내 정치에서 대처는 가부장적 의식의 입장에 서면서 그리고 자유경제와 강한 국가라는 목표달성을 위하여 국민통합파 정치인들을 비판하면서 정권의 중심에서 밀어내기도 하였다(中野, 9쪽).

1980년대를 이끌어간 새로운 형태의 보수주의 정치가들로 이루어진 그들은 국가에 따라 조금씩은 다르지만 대체로 전통적인 가치규범이나 사회질서의 복권을 주장하고, 규제완화나 감세정책으로 기업들의 경제활동이 원활하게 이루어질 수 있도록 하는 신자유주의적인 경제정책을 추진하였다. 그리고 안전보장 문제에서는 군사력 증강을 통해 강한 국가를 목표로 하고 강력한 안전보장정책을 추구하는 보수적인 성격을 추구하였다. 글로벌 시각에서 보아도 신우파 전환과 우경화는 서로 연동되는 경향이 있으며, 이러한 시각에서 일본 정치사회를 관찰하고 이해하는 것이 중요하다.

일본의 신자유주의로 전환

　글로벌 차원의 신자유주의 전환과 함께, 일본에 있어서 신우파 전환이 중요한 것은 신자유주의와 국가주의의 조합에 의해 이루어졌기 때문이다. 이러한 조합은 그동안 30년 이상 진행된 일본의 전후 정치사회의 변화를 가져오는 중요한 요소가 되었다. 신자유주의는 개인과 기업이 경제 활동하는 데 있어서 자유롭게 활동을 하고 그것을 위해 정부와 사회, 노동조합의 개입을 배제하는 자유시장과 자유무역을, 즉 '작은' 정부론의 입장을 가지고 있었다.[29] 이러한 입장에서 보면 민영화나 특수법인의 통폐합, 중앙정부의 효율적인 정부를 목표로 하고 규제완화나 지방분권 등을 통해 중앙정부의 개입을 약화시키는 행정개혁이 진행되었다.

　그동안 전후 일본 정치사회의 특징은 '호송 선단식'에 의한 운영이었다. 그러나 새로운 흐름은 금융업계를 시작으로 통폐합이 진행되면서 직접금융의 비중이나 외자 지주 비율이 상대적으로 높아지면서 금융산업의 글로벌화가 진행되게 되었다. 그리고 다른 한편으로는 노동시장의 유동화가 진행되면서 고용의 부분에서 비정규화가 진행되었다. 작은 정부를 지향하였으므로, 공공부문의 축소와 공공지출의 삭감으로 중앙정부의 업무 가운데 일부는 지방정부로 이양되게 되었고, 신자유주의적인 정치개혁이나 행

---

[29]　中野晃一, 『右傾化する日本政治』(岩波書店, 2015), 11쪽.

정개혁이 진행되게 되었다.

　물론 일본정부와 정치는 영국의 대처 정권처럼 총리 관저의 권력을 강화하면서 강한 국가를 지향하는 경향이 강하였다. 그러므로 총리의 대통령화 현상을 통하여 관저에 권력이 집중되는 현상이 나타났다. 이러한 현상은 아이러니하게도 분권과 권력 강화라는 두 가지 모습으로 나타났다.

　신자유주의는 기업과 시장의 기능을 중시하며, 의사결정이나 자원배분의 우월성을 전제로 하므로 기업이 경제활동하기 좋은 사상으로 여겨졌다. 그리고 정치는 이러한 환경을 배경으로 기업과 시장 모델을 중시하면서 활동 영역을 확대하였다. 그 결과 정부나 정당, 학교 그리고 각종 기관에서도 민간 기업에서 사용하는 여러 가지 경영 방식을 채용하면서 기업의 거버넌스가 이상화되었다(中野, 13쪽).

　정치분야에서는 그동안 진행된 중선거구제를 대신해 소선구제로 개혁하여야 한다는 주장이 나오기 시작하였다. 소위 정당들도 선거구민의 지지를 얻기 위해, 정책공약과 정책 실적을 통해 평가를 받아야 한다는 논리가 강해져갔다. 그리고 유권자에게 호소하기 위해서 정치적 지도력을 가진 지도자의 공약에 따라 정치가 운영되어야 한다는 분위기도 나타났다. 즉 소선구제에 기초한 정권 교체가 가능한 정치구조를 만드는 것이다. 당시 정치가들 사이에서도 신자유주의적인 정치운영이 보다 효율적이라고 주장하며, 이러한 것이 정치개혁의 중심 내용이 되어야 한다고 주장하였다(예를 들면, 오자와 이치로). 당시 일본의 정치사회에서는 신자유주의적인 민주통치의 방법이 이상화되면서 정치개혁의 흐름은 점점 역사적 문맥에서 중요시되게 되었다.

신(新) 우파 연합과 국가주의 강화

신자유주의 정치경제에 있어서 또 다른 중요한 요소는 국가주의(國家主義)가 있다. 우파 정치인들은 서로 연합하면서 '강한 국가'를 지향하는 국가주의를 선호하였다. 그들이 생각하는 정치개혁이란 강한 국가를 기초로 이루어지는 하향식의 강력한 정권의 하나의 방법으로, 모든 관계에서 국가의 권위가 강화되는 보수적인 정치 운동을 말하는 것이었다. 그러므로 신자유주의와 국가주의는 상당히 관련성이 있는 것이었다. 그리고 국가주의는 국민통합이나 주권 그리고 자유보다는 국가의 권위나 권력 강화가 우선시되는 경향이 현저하였다. 그러므로 국가주의의 목적은 강한 국가권력을 내외에 과시하는 것이며 또한 그 수단으로 국민의식과 내셔널리즘을 사용하였다.

과거 근대 일본에서는 국가보수주의가 사회의 가치 질서를 종속시켰으며, 통치 이념으로 사용되었다. 그리고 전후 일본 보수정치의 지배체제의 형성에도 영향을 미치면서 서서히 복권되기에 이르렀다.

보통국가론이나 신우파 전환의 시기에도 일본은 국력의 강화와 국위선양이라는 강한 국가의식을 강조하였다. 최근 일본정치에서도 가끔 등장하는 '일본을 회복하겠다'는 주장들은 자민당 우파 정치인들이 주장하는 아직 회복되지 않은 것에 대한 무엇인가가 있다는 것을 의미하고 있다. 이것은 '전후 레짐의 탈각'이라는 주장에서도 알 수 있듯이 '전후 레짐'이 그들의 그 무엇이라고 할 수 있을 것이다. 좀 더 구체적으로 말하면 '자주헌법' 제정을 통해 자신들의 목표를 달성하려고 한다.

그리고 역사인식과 역사교육에서도 그들은 신자유주의 이념들을 정책화하면서 우경화를 진행하고 있다. 그들은 민주당 정권과 자민당 리버럴의 활동에 민감하게 반응하면서 애국심 함양 교육에 관심을 기울였다. 그리고 일본고유의 전통이나 문화 존중을 주장하면서 교육기본법을 개정하여 교육의 현장에서 일본국가와 국기가 강제적으로 진행되게 하였다. 그리고 역사수정주의를 강화하였다. 즉 일본의 근대화 과정에서 발생한 모든 전쟁을 자존·자위로 자리 매김하고, 평화를 위한 전쟁이었다고 정당화하는 '야스쿠니 사관'을 받아들였다는 것이다. 결국 이러한 우파들의 역사 문제는 국제 문제화하였다. 그래서 교과서 문제, 야스쿠니 문제, 위안부 문제 등이 국제적인 문제가 되어 비판되었고 일본 국내에서도 많은 논쟁의 불씨가 되었다.

1993년부터 오자와 이치로에 의한 '일본을 되돌리겠다'라는 보통국가론이 국가개조 계획을 전개하면서 보통국가론으로 주장되었다. 그리고 2012년 아베 자민당의 슬로건으로 등장하기도 하였다. 신세대 정치인들의 실지 회복 그들의 두 가지 목표는, 먼저 자주헌법 제정 헌법 9조뿐만 아니라 평화헌법 관련 이미지를 변화시키려고 노력하고, 새로운 우파들은 그들의 정책을 전환하면서 미일 안전보장체제나 국제 공헌이라는 명분으로 헌법에 제약적인 요소를 제거하려고 노력하고 있다. 그리고 그들은 국방력을 강화하고 비전투 지역에 자위대를 파견 가능하게 하고 집단적 자위권의 행사를 용인하는 등 보통국가를 목표로 하고 있다. 북한과의 관계에서 납치 피해자 문제, 미사일·핵개발 문제, 중국과의 관계에서 댜오위다오 문제 등 영토 문제와 관련하여 일본 국민들이 보여주는 민족주의적이 경향은 과거보다 훨씬 강해지고 있다(中野, 16쪽).

그리고 역사인식이나 역사도덕 교육 문제이다. 신보수주의자들의 의식이 점점 민족주의 강화 쪽으로 진행되면서, 실제로 학교교육 등에서 애국심 함양이 노골적으로 진행되었다. 일본 고유의 전통과 문화 존중이 주장되면서 기본교육법이 개정되고 교육 현장에서 일본 국가와 일본 국기가 강제로 진행되었다. 여기에 더해 일본은 노골적으로 역사수정주의를 정책적으로 채택하여, 일본이 일으킨 전쟁을 평화를 위한 것으로 정당화하는 야스쿠니 사관을 강화해 나갔다. 새로운 우파들의 정책적 전환은 국내외에 교과서 문제, 야스쿠니 문제, 위안부 문제 등의 형태로 국제 문제화하였다 (中野, 17쪽).

일본 근대를 긍정하는 정서가 다시 살아나고 국가주의가 강화되는 현상이 나타나, 전근대의 가치 질서를 유지하려는 움직임 진행되었다. 이는 모두 일본의 과거 역사를 미화하려는 것으로 일본 근대화를 지탱한 메이지 유신의 기억을 강화하는 모습이 이러한 사례라고 볼 수 있다. 이렇게 함으로써 일본의 정체성을 강화하고자 하는 것이다.

역사수정주의의 질주

냉전종식 이후 일본의 정치사회는 혁신세력의 위축 상황이 계속되었다. 전후 일본정치에서 혁신세력에 의한 국제협조주의는 약화되고, 복고주의적인 성격을 가진 국가주의는 강화되면서 세력을 넓혀갔다. 이러한 과정에서 역사수정주의는 자민당 내에 등장하면서 동시에 우익적인 운동단체들이 활동을 전개하였다.

그동안 일본정치인들에 의한 우익적 '망언'은 한일 간의 정치에 부정적인 영향을 미치기도 하였다. 1993년 자민당은 내부에 '역사검토위원회'를 설치하고 우익적인 학자들과 연계하는 활동을 시작하였다. 그리고 1995년 전후 50주년을 계기로 일본의 우익정치인들과 단체들은 조직으로 역사수정주의적인 활동을 전개하였다. 이러한 과정을 거치면서 자민당 내부의 우파들의 세대교체가 진행되었다(中野, 107쪽).

역사수정주의자들의 반발이 시작되기 시작한 것은 1995년 무라야마 담화(村山談話)가 계기가 되었으며, 1996년 검정에 합격한 1997년도용의 중학교 역사교과서에 위안부 내용이 기술되었기 때문이었다. 그 결과 그들은 1997년부터 반발하면서 '새로운 역사교과서를 만드는 모임(새역모)'을 결성하였다. 이러한 현상들은 조직적인 역사수정주의의 움직임이라고 볼 수 있다. 그리고 동시에 정치엘리트 주도로 복고주의적인 국가주의가 조직화되고 정치체제 내에서 주류화가 진행된 것은 바로 자민당 신우파들의 우경화가 상당히 진행되고 있음을 말해주었다.

제1부

고이즈미 정권기의
정 치 와　사 회

고이즈미 정권은 2001년 4월 26일부터 2006년 9월 26일까지 5년 5개월 동안 지속되었다. 정권 탄생 이후 계속되는 높은 지지율을 유지하면서 자민당 정치의 새로운 개혁을 지휘하였다. 그는 일본정치의 모습을 바꾸기 위하여 자민당의 구조개혁뿐만 아니라 정책결정에 이르기까지 강한 총리의 지도력으로 정권을 담당하였다.

먼저, 선행연구들의 연구 성과를 고려하면서, 고이즈미 정권기에 대한 정권의 성격과 이념을 살펴본다. 그리고 고이즈미 정권기에 진행된 국내정책과 국제정치를 우경화와 포퓰리즘의 시각에서 그 내용 및 영향을 설명하다. 마지막으로, 고이즈미 정권이 일본형 '포퓰리즘'에 해당하는 정권이라는 것을 비판적으로 평가하면서, 당시의 혼란스러운 자민당 정치 세력의 형성과 변동을 본다.

제1부에서 가장 중요한 내용은, 왜 고이즈미 정권이 일본정치를 변화시키면서 일본형 포퓰리즘과 같은 방법을 선택하였을까에 대한 설명을 진행한다. 즉 ① 고이즈미 정권기 일본 국내에서 '적'을 공격하는 부정적인 포퓰리즘이 등장하는 배경을 분석하고, ② 이것을 통하여 고이즈미 총리는 자신의 정치적·정책적 목표를 달성하기 위하여 어떤 노력을 하였는가를 서술하고, ③ 고이즈미 정권의 포퓰리즘에 대한 평가를 실시할 것이다.

제1장

고이즈미 이전의 신우파 전환과 보수정치

고이즈미 총리의 등장 이전 일본정치는 대체로 리버럴이 우위를 차지하고 있는 상태였다. 국제적으로 냉전이 종식되고 노사의 계급 대립이 이완하면서 새로운 시대에 접어들었다. 호소카와 총리의 사임 이후 무라야마 총리가 수상이 되었다. 사회당은 1986년 '신선언' 이후 정권을 담당할 수 있다는 것을 보여주면서, 자민당에서 탈당한 그룹들인 신생당(新生黨)과 연립을 맺었다. 그 이후 3당 연립이 성립하고 사회당의 무라야마 당수가 총리에 임명되었다. 그는 '비무장중립'이라는 역사적인 역할이 끝났다고 선언한 이후 자위대를 '합헌'이라고 인정하는 등 미일 안보체제를 견지할 필요가 있음을 제시하였다. 그리고 일본 국가와 국기에 대해서도 제창과 게양의 강제를 부정하면서 국기와 국가는 존중한다는 입장을 표시하였다. 이러한 사회당의 정책전환은 역사적인 전환이었으며 일본정치에 있어서 보혁 대립의 55년 체제의 종식이라고 이해할 수 있다.

3당의 연립은 오자와 이치로에 대한 불신감을 표시하면서 그들은 비자민 연립이라는 연립에 중요한 의미를 부여하였다. 그들은 기본적으로 오자와가 자민당을 무너뜨렸다고 생각하면서, 반(反)오자와 그룹의 결집에 의한 우파 정책전환에 대한 흔들기였다. 과거에는 상상도 할 수 없을 정도로 자민당과 사회당이 연립을 맺게 된 상황이 현실이 되었다.

자유주의 '개혁'이 만능인가?

90년대는 냉전종식 이후 일본은 버블경제와 정관계 유착으로 구 자민당 보수정치인들로 이루어진 구 우파 정치인들은 비난의 대상이 되었다. 그러자 그들은 국제협조주의라는 개념들을 제시하면서 다양한 자유주의적인 개혁을 제시하면서 지탄받는 정치를 모면하려고 노력하였다.

정치개혁 논의의 핵심은 정치자금법과 선거제도였다(中野, 91쪽). 먼저 선거제도를 개혁함으로써 건전한 다당제를 위하여 소선거구 비례대표 병용제 등이 제안되었다. 특히 오자와의 역할로 당시 유동적인 정당관계에서 자민당안이 양보를 하면서 소선거구 비례대표 병립제가 여야의 합의되었다.

당시 소수정당이었던 사키가케나 사민련으로부터 합류한 간 나오토 등은 '관치로부터 민치로' 등의 슬로건을 내걸고 오자와류의 정치가 주도와는 다른 정치 주도를 모색하였다. 간 나오토와 다나카(田中秀征) 등은 참가민주주의를 희망하면서 정치 주도의 정치를 하기 위하여 입법부가 행정관료를 관리하는 기능의 강화나 정보공개, 시민운동이나 시민사회의 활성화를 개혁의 내용으로 삼았다. 그렇지만 그들의 논의도 점점 신우파의 정책 과제에 흡수되는 경향이었다(中野, 91쪽).

당시 일본신당이나 신당 사키가케는 서로 연계하면서 호소카와 내각에서 노력하였지만 오자와와 정책과 정책의 운영 방법을 둘러싸고 대립하였고, 이윽고 반오자와 그룹들이 형성하게 되었다.[1]

---

[1] 반오자와 그룹으로는 사키가케와 사회당이 그리고 오자와가 이끄는 그룹으로는 신생, 공명, 민사당이 대립 구도를 이루었다.

그러나 오자와의 존재감은 압도적이었다. 물론 7개의 소수정당이 연립하여 비자민과 비공산 세력에 의한 정치개혁을 이룩하기 위하여 연계하는 구도였으므로 오자와의 정치력은 대단하였다. 그는 이미 구우파 연합 시절부터 화려한 정치력을 가지고 있었으므로 신우파의 전환이 가지고 있는 비전들을 가지고 정치력을 발휘하였다. 호소카와 정권의 정치권력은 관방장관 다케 무라(武村正義)로부터 점점 오자와 쪽으로 움직이기 시작하였다. 정책면에서도 정권 내의 균열이 생겨 회복 불가능한 상태에 이르게 되었다. 그리고 동시에 야당인 자민당의 집요한 공격으로 호소카와는 점점 어려운 상황에 직면하자 사키가케는 각외협력으로 돌아섰다. 그리고 계속되는 오자와의 책동으로 사회당을 배제하자 반발하고 결국 7개의 연립은 붕괴하기에 이르렀다(中野, 92쪽)

제2장

'개혁' 정치와 고이즈미의 등장

고이즈미의 등장은 보수정치인들의 노선 전환을 의미하였다. 고이즈미는 '자민당을 부숴버리겠다'고까지 말하면서 신자유주의 개혁의 기치를 내걸고 자민당 총재에 당선하였다. 고이즈미 이전 정치인들과는 달리 그는 리버럴한 주장도 하면서 개혁정치를 성공시키기 위하여 전후 자민당이 추구해 온 이익유도정치를 버릴 것을 강조하였다. 그는 내정면에서 신자유주의 개혁을 강력하게 주장하였다. 경제와 재정의 구조개혁을 주장하면서 성역 없는 구조개혁을 표방하면서 광범위한 개혁을 진행시켰다. 이러한 개혁정치를 주장하면서 고이즈미는 저항세력을 악으로 규정하고 이원론적인 태도를 취하는 포퓰리즘적인 수법을 사용하였다.

고이즈미 정권의 이념

고이즈미 정권은 일본에서 본격적으로 신자유주의를 이념으로 전개한 정권이다. 그러므로 고이즈미는 개혁정치를 진행하기 위해서는 과거의 자민당 구 보수주의 정치인의 관습을 깨고, 전통적인 자민당의 파벌역학을 무시하여야 하였다. 고이즈미 총리는 자신의 이념에 맞는 경제학자를 등용하고 민영화를 진행하면서 구조개혁과 정치개혁을 동시에 진행하려고 노력하였다. 그래서 고이즈미는 경제적으로 경제적 자유주의를 선호하면서 역사와 문화에서는 내셔널리즘을 지지하며 야스쿠니 공식 참배 등을 실천에 옮겨 주변 국가들과 갈등을 겪고 비판의 대상이 되었다. 국제적으로는 미국과의 관계에서 미국의 공화당 정부와 함께 강경한 세계전략을 전개하였다.[1] 즉 고이즈미 정권의 이념으로는 경제적 자유주의와 내셔널리즘, 전통파와 국제파의 혼합이었다고 볼 수 있다.

고이즈미 정권의 정책과 개혁

고이즈미 정권은 신자유주의를 사상적 기반으로 하였다. 그리고 고이즈미는 총리 관저의 권한을 강화하는 정책결정 시스템을 구축하여 고이즈미 구조개혁을 추진하였다. 그동안 자민당이 진행한 시장에 대한 규제, 보호, 재분배 중시라는 정책들은 서서히 신자유주의적 개혁이라는 이름으로 전환되게 되었다. 고이즈미 정권의 개혁은 영국의 대처 정권이 행한 개혁처럼 국유기업의 민영화, 사회보장을 시작으로 재정지출의 삭감, 통화주의적인 경제정책, 독립행정법인의 창설 등과 같은 행정개혁을 실시하였다.

고이즈미 정권 역시 재정개혁과 공공사업의 삭감, 불량채권 처리와 금융재생, 사회보장제도 개혁(연금제도와 의료제도의 개혁), 특수법인의 개혁, 지방세 재정제도 개혁, 규제개혁 등의 개혁을 진행하였다.

---

1) 森政稔, 『迷走する民主主義』(ちくま書房, 2016), 105쪽.

과거 자민당과는 전혀 다른 모습으로 권력구조를 바꾸어 가면서 개혁을 실현하려고 노력하였다. 고이즈미는 저항세력이라는 족의원들을 배제하면서 그들의 저항을 개혁이라는 이름으로 물리쳤다. 그리고 그는 개혁의 사령탑으로 '경제재정자문회의'를 만들어 정책결정의 중심된 역할을 하게 하였다. 물론 이러한 개혁의 배경에는 강력한 관저의 권력정치가 가능하였기 때문이다.

과거 55년 체제는 이익배분을 둘러싸고 자민당이 경쟁하였다. 다양한 사업과 단체들은 조직적으로 표를 모아 특정 정당의 후보를 위해 지원을 아끼지 않았다. 이러한 일본 정치사회는 보은주의에 따라 정치와 사회는 구축된 질서였다. 이러한 구조는 저성장 시대에 돌입하면서 기능 불능상태에 빠졌다. 이데올로기가 지배하던 보혁시대에는 특정계층의 지지로 이익이 배분되었으나, 포퓰리즘이 효력을 발휘하기 시작하자 유권자층이 변화하기 시작하였다. 즉 무당파층은 도시중간층이나 청년층 그리고 주부층으로 이루어졌다. 그들은 어느 정도 정보나 지식을 가지고 있으며, 정치문제에 대해서는 무관심한 층이었다. 그들은 정치에 직접 관여하지 않지만 보수정치가 부패하고 정책도 실패하는 상황에 직면하고 있음을 느끼면서 서서히 비자민 세력으로 변화하였다. 이렇게 '네오 리버럴형의 포퓰리즘'이 형성되게 되었다. 일본에서 보혁 대립의 축이 종식되어가면서 새롭게 '개혁파와 수구파의 대립'이라는 축이 정치에서 형성되기 시작하였다.[2]

일본에서 1989년 이후부터 새로운 신당 붐과 함께 등장한 비자민 세력의 등장은 일본 정치사회에 다양화 현상으로 나타났다. 이러한 세력들이

---

[2] 吉田徹, 『ポピュウリズムを考える』(NHK出版, 2011), 34~35쪽.

중산층의 증가나 무당파 층의 확대와 함께 도시지역을 중심으로 나탔다. 그들은 자민당 부패와 금권정치와 같은 부정부패에 강하게 비판하면서 기득권 정치를 비판하였다. 이러한 상황에 이르자 일본 정치사회는 보혁 대립이라는 대립축에서 서서히 개혁파대 수구파로 그 구도가 바뀌기 시작하였다(吉田, 35쪽).

고이즈미의 행동양식

고이즈미 총리는 자민당 총재 당선 이전에는 이렇다 할 능력을 발휘하지 못하는 인물이었다. 그는 기본적으로 자민당에 대해 적대의식을 가지고 있었다. 그리고 자신의 동료들에게도 냉정한 태도를 가지고 있었다. 예를 들면 2005년 총선거에서 우정법안에 반대하는 정치인들에게는 대립하는 후보자를 세우기도하고 제명을 하였다. 이러한 그의 비정한 모습은 전직 총리인 모리 총리에게도 노골적으로 보였다.

그리고 그는 정책면에서 흔들림이 없었다. 자신의 이념이나 정책을 일관되게 추진해 나가는 모습을 가지고 있었다. 예를 들면 우정민영화의 경우에 있어서도 그는 공약을 지키기 위하여 노력하였으며, 당내에서 공약에 어떠한 반대가 있더라고 공약을 추진하였다. 이러한 그의 행동양식은 자민당 내의 다양한 정책결정 과정과 충돌은 물론 당내의 심각한 반대에 부딪치기도 하였다.

그러나 그의 행동은 흔들림 없이 전통적인 자민당의 모습에서 탈피하여 자신의 신념대로 정치를 운영해 나갔다. 다시 말해 과거 자민당의 정책결정 과정은 협조적이었지만, 고이즈미 총리는 대결적인 행동을 취하였다. 이러한 고이즈미의 행동은 기존 자민당이 자랑하는 파벌과 족의원과 같은 전통적인 모습으로부터 탈피하는 노력을 보였다. 그 결과 그는 소위 '철의 3각형'이라는 구조를 극복할 수 있는 정책결정을 할 수 있게 되었다. 동시에 그가 구상하고 있는 민영화 사업을 실천에 옮기기 위하여 국회에서 우정선거를 위해 해산하는 등 과감한 정치운영을 하였다. 이러한 고이즈미 정치에 도시의 신중산층이나 젊은 사람들이 중심으로 이루고 있는 무당파 층이 지지를 하면서 고이즈미 총리는 2005년 우정선거에서 큰 승리를 이루었다(內山, 29쪽).

그리고 과거 자민당은 오랜 기간 동안 당내 협력관계를 통하여 많은 정치가들이 서로 양호한 관계를 유지하면서 당내 의견의 컨센서스를 모아 가기도 조정하기도 하였다. 그러므로 자민당의 정책결정 과정은 전원 일치 혹은 파벌 간의 균형을 중심으로 그들의 이익유도정치와 파벌정치를 유지할 수 있었다.

그러나 고이즈미 총리의 경우는 협조나 타협 그리고 조정을 경시하는 행동을 보였다. 그의 공식적인 정책결정을 보더라도 자신의 신념에 어긋나는 것에는 타협하지 않는 모습을 보였다. 그는 자민당 내부나 정부 내에서 행하여진 인사권이나 공인권 등을 보면 이익보다는 자신의 신념과 당의 방침에 충실하는 모습을 보였다. 이렇게 보면 고이즈미 총리는 여론의 지지를 배경으로 권력자원을 외부에서 기용하는 등 자민당 내부자원의 교환전략에 의존하지 않았다. 그는 조각의 경우에도 파벌 균형이라는 권력자원의 조달을 무시하고 인사를 하였다. 또한 기존에 중시되었던 여당심사제도와 같은 관례를 무시하고 신서편[信書便, 민간업자에 의한 신서(사실을 통지하는 문서)의 송달에 관한 법률, 일종의 우편법」법안이나 우정민영화 법안을 국회에 제출하기도 하였다(內山, 32~33쪽).

고이즈미 정치의 특징

고이즈미의 포퓰리즘은 극장형 정치로 '선악(善惡) 2원론'에 기초를 두고 있으며 정치를 도덕 차원의 싸움으로 환원한다. 기성 정치가와 관료들을 '악인'으로 간주하고, 자신과 일반 국민들은 '선한 사람'으로 생각하였다. 그는 이러한 구도 속에서 권선징악적인 극장정치를 진행하였다. 일반적으로 정치는 각각 정통성을 가진 이익의 대립과 조정 과정이라고 생각한다. 사회적·경제적 과제를 달성하는 것은 상정하고 있지 않다. 그는 언론 특히 텔레비전을 통해 자신의 정치스타일에 적합하다고 생각하면서 이용하였다. 고이즈미의 포퓰리즘 정치는 매스컴을 통하여 여론을 조작하기도 하고 정치개혁을 진행하였다. 그리고 그는 포퓰리즘을 통해 정치행정의 전문가들이 정치가나 관료들을 불신하면서 서민들과 무당파층의 소박한 마음을 사로잡는 방법을 취했다. 그의 이러한 수법에 의해 고도성장기 일본을 발전시키는 데 노력해 온, 의사, 교사, 언론계 등 국가권력에 대해 국민들의 편이라고 생각한 사람들을 위선적이고 자기이익만 추구하는 집단으로 비판하는 등 사회갈등을 유발하기도 하였다. 당시 일본의 포퓰리스트들은 약자들의 편인 아웃사이더로서 강자인 정치행정의 프로들과 대결하는 구도를 만들고, 아웃사이드로서의 신선함을 하나의 무기로 삼았다.[3]

일본 정치에서 보면, 고노 요헤이(河野洋平), 도이 다카코(土井たか子), 호소카와 모리히로(細川護熙) 등은 신선함을 어필하면서 현실정치에서 선풍을 일으켜 단기간에 인기를 얻었다. 그러나 이러한 신선함은 오래 가지 못하였다. 그러나 고이즈미는 오랫동안 여론을 조작하면서 대담하게 기성 정치인과 관료들을 악인으로 생각하며 대립 구조를 만들어 갔다. 그 결과 그의 카리스마적인 권력정치가 예상보다 오래갔다.

2001년 봄, 자민당 총재선거에서 "자민당을 부숴버리겠다"는 발언은 자민당 정치인들 앞에서 포퓰리스트적인 수법으로 도전장을 낸 것이라고 볼 수 있다. 그 이후 총선거를 치르면서 계속 고이즈미의 포퓰리스트적인 수법이 등장하고 포퓰리즘 선거라고 평가하기도 하였다. 당시만 하여도 일본국민들이 별로 관심을 가지지 않았던 이슈인 우정민영화를 일본 정치와 경제 전체를 개혁하기 위하여 하나의 전략적인 시작이라고 일반 국민들을 납득시키는 데 성공했다. 많은 자민당 구세력의 정치인들은 당시 이러한 고이즈미의 개혁에 반대하자 '저항세력'으로 몰려 총선에서 낙선하는 경우도 있었다. 그리고 고이즈미 정권은 정책결정 과정에서도 포퓰리스트적인 방법으로 정책을 전개하기도 하였다.[4]

현대 포퓰리즘에서 정책에 대한 지지를 얻어내기 위하여 필요한 전술은 여러 가지이다. 예를 들어 미국의 대통령이 의회의 반대를 봉쇄하기 위하여 직접 여론에 어필하는 방법이 있을 수 있다. 텔레비전의 발달로 방송

---

3) 大嶽秀夫, 『小泉純一郎ポピュリズムの研究: その戦略と手法』(東洋経済新報社, 2006), 2쪽.
4) 大嶽秀夫, 위의 책, 3쪽.

에 출연하여 직접 정책을 설명하면서 지지를 얻어 내기도 한다. 이러한 경우 대통령은 국회의원을 넘어 직접 선거민들에게 호소하는 방법을 선택하여 정책의 지지를 얻어내려 한다. 가끔 미국에서 일어나는 현상으로 1981년 미국의 레이건 대통령이 의회가 반대하는 예산을 통과시키기 위하여 이러한 방법을 사용하였다(大嶽, 119쪽).

일본의 경우 고이즈미는 의회 전체라기보다는 자민당 국회의원이라는 집단 속에서 자신의 정책을 실현하기 위하여 포퓰리즘적인 방법을 사용하였다. 기본적으로 정치가나 관료에 대한 불신의 반증임과 동시에 정치시스템의 구성 원리에 대한 신뢰를 기초로 하고 있다. 그러므로 제도개혁이나 정책제언이 아니라 적에 대한 반감이나 그 연장선상에서 발생하는 정치불신과 부패를 문제 삼아 카르스마적인 지도자에 대한 지지를 끌어내고 있다. 이러한 상황에서 부정부패를 개혁하려는 혁신세력과 시민단체 등이 등장하여 정치개혁을 실시하려는 경향이 강하게 작용하여 자민당 조직과 파벌이 혼란을 겪으면서 보수세력 내의 개혁을 진행하였다.

고이즈미 정권의 각종 정치개혁 역시 이러한 역사적 문맥에서 볼 때 네오리버럴형 포퓰리즘의 형태를 보였다고 할 수 있다. 신중간층을 타깃으로 하여 기본적으로 1970년대 후반 이후 대중적인 지지를 배경으로 분권화하고 기득권층의 이익을 지켜 내려는 관료, 국회의원, 업계 등에게 공격을 가하고 그러한 권익을 비판하면서 해체하려는 움직임을 보이면서 정책을 전개하였다. 예를 들면 규제완화 정책이 이에 해당한다.

다른 한편으로, 네오 리버럴리즘은 정치의 프로만이 아니라, 보다 일반적인 노동자나 노동조합 지도자 등 프로집단에 대한 불신을 표명하는 하나의 사상이기도 하였다. 예를 들면 미국에서 나타나는 정치가에 대한 불신이나 각종 프로 집단에 대한 불신이 점점 증대하고 있다. 일반 대중의 이익실현을 하기 위하여 자기의 이익을 추구하는 위선자들이 바로 이러한 유형에 해당한다고 볼 수 있다. '보통 사람들'을 프로의 정치가와 대비시키는 형태의 포퓰리즘은 네오 리버럴리즘의 하나의 유형이다(大嶽, 121~122쪽).

고이즈미의 경우는 네오 리버럴한 정책지향과 네오 리버럴이 가지고 있는 정부비판과 정치비판을 중심으로 하고 있다. 고이즈미가 주장한 슬로건을 보면 '작은 정부'를 추구한다. 즉 "민간이 가능한 것은 민간에게 맡긴다"라는 표현을 계속하면서 일본정부에 의해 내버려진 신중간층의 지지를 얻기 위하여 미디어 정치를 진행하였다. 그리고 그는 보수우익적인 역사관을 가지고 유럽의 극우 포퓰리즘들이 주장하는 것처럼 선정적이고 배외주의적인 슬로건에 관심을 보였다. 물론 그는 유럽의 극우정당과 비교해 보면 온건한 형태를 취하는 것으로 볼 수 있으나 실질적인 정책을 보면 아주 차별적인 보습을 보이고 있다(한일관계 역사 문제, 전후 일본의 역사인식 등 동북아 관련 문제).

고이즈미 포퓰리즘의 특징을 보면 먼저, 체계적으로 등장한 이론과 이념이 아니라는 것이다. 당시 일본의 경우 경제침체와 정치부패가 극에 달해 일반 선거민들로 정치개혁을 요구하는 목소리가 높았다. 이러한 점에서 보면 중남미나 유럽의 포퓰리즘과는 달리 네오 리버럴리즘과 연계가 약하고, 소박한 효율이나 낭비의 배제 등이 포퓰리즘의 중심 과제가 되었다(大嶽, 124쪽).

이러한 움직임은 1980년대에 접어들어 네오 리버럴 형의 개혁의 하나의 흐름이 된 공적 영역의 노동조합의 기생적 성격이 공사의 민영화에 의해 하나의 해결을 보면서, 1990년대 개혁은 자민당이 실시한 이권정치나 관료에 의한 낭비(접대나 낙하산 인사 등)가 중심적인 목표였다. 그러므로 일본의 좌파 정당들의 대응은 약했으며 가끔 오자와 같은 인기 있는 개혁 정치가들에 의해서 공동 투쟁이 진행되었다(大嶽, 124쪽).

고이즈미에게 있어서 비판의 대상은 관료와 공무원 같은 기득권익을 옹호하는 것에 있었다. 그가 자신의 신념처럼 이야기 하는 우정사업의 민영화를 진행하기 위해서는 특수법인들과 그러한 자리에 낙하산으로 내려가게 하는 비정상적인 재정손실을 없애기 위하여 '개혁'을 하여야 한다고 생각하였다. 이러한 이유로 그는 자민당 총재선거에서 싸웠으며 그의 신자유주의는 사상체계의 결과가 아니라 오로지 기득권 세력인 관료와 현실적으로 재정위기를 불러오는 위기의식으로부터 생겨난 것이다(大嶽, 124쪽).

그러므로 그의 포퓰리즘은 레이건보다는 선정적이지 않고 온건하다. 고이즈미의 포퓰리즘은 국내 문제에서 적을 공격하는 부정적인 포퓰리즘의 색채가 강하다(大嶽, 125쪽). 그리고 고이즈미의 포퓰리즘에서 레이건과 비슷한 점은 극장정치와 같이 텔레비전을 통해 대중에게 호소한다는 것이다. 몇 가지 다른 점도 있겠지만 고이즈미는 레이건처럼 철저히 팀에 의한 과학적인 방법을 사용하고 있지 않다는 것이다(大嶽, 126쪽). 그러므로 고이즈미는 인기가 하락할 때는 전문가들의 도움을 받을 수 없는 상황에 직면하게 되었다.

고이즈미 포퓰리즘의 두 가지 형태

오다케의 설명에 따르면 포퓰리즘을 선악 2원론과 극장형 정치라는 의미로 설명하면서, 이익유도형 포퓰리즘과 '개혁형' 포퓰리즘으로 대비시켰다. 그리고 고이즈미의 포퓰리즘은 '개혁형' 포퓰리즘에 속한다고 설명하는 데 어느 정도 이해는 가지만 그렇게 적절하지는 않다. 그러나 이러한 설명은 점잖은 설명으로 다나카 가쿠에이의 정치스타일과 비교하기 위한 것으로 생각한다. 다나카의 스타일을 이익유도형 포퓰리즘으로 평가하기 때문이다. 당시 다나카 총리는 일본인들에게 대단한 인기였다는 점에서 포퓰리스트적인 측면이 있었지만, 그는 엘리트 관료들에 대해 보통 사람의 이미지도 연출하였다.

그러나 고이즈미는 스스로 개혁을 실천하기 위하여 포퓰리스트적인 수법을 이용하였다. 그는 뜻밖에도 국민들의 연예인이 되어, 국민들의 인기를 배경으로 동원하여 장기적인 일본의 과제들을 처리하려고 하였다.

이러한 포퓰리즘의 형태가 자신의 정책을 전개하는 과정에서 어떻게 진행되었는지는 앞으로 구체적으로 설명할 것이다.

자민당 총재선거에서 고이즈미

일본 지방의 정치지도자 선거에서 후보자들은 무당파의 지지를 얻어 당선되는 등 지방의원과 지지정당에 의해 지방정치에 등장하였다. 특히 이러한 분위기 속에서 일본의 총리도 대통령제와 같은 형식으로 국민의 직접선거를 치러 지도자를 뽑자는 국민의 여망이 생겼다. 모리 총리의 퇴진과 함께 일본정치의 리더십의 문제가 중요해지자 '국민투표'에 관심이 기울여졌다. 이러한 과정에서 일본정치에서 포퓰리즘이 어떻게 나타났는가를 살펴보는 일은 흥미롭다(大嶽, 84쪽 이하).

당시 하시모토 총리가 이끌고 있는 헤이세이 연구회가 강력한 힘을 가지고 있었으므로 고이즈미는 상대가 될 수 없는 상황이었다. 그러나 고이즈미에게는 대중적인 인기가 높은 다나카가 있었으며 그녀가 고이즈미를 돕겠다고 약속한 이후 선거전에서 다나카를 활용하면서 선거전을 치르게 되었다. 비록 자민당 총재선거이긴 하지만 도쿄에서의 선거운동은 고이즈미에게 큰 용기를 가져다주었다. 유세에 즈음하여 도쿄도 의원 그리고 도쿄도 출신의 국회의원 히라사와(平沢勝栄) 그리고 시모무라(下村博文) 같은 의원들은 고이즈미를 적극적으로 응원하면서 대중을 동원하였다. 이러한 노력은 무당파층들의 고이즈미 지지에 힘이 되었고 이때부터 일본의 총리후보로 고이즈미가 제일 좋다는 여론도 있었다.

이러한 상황 아래서 고이즈미의 도전은 시작되었다. 고이즈미는 모리파(清和會)의 회장이고 '가토의 난' 때는 가토를 무너뜨리는 데 선두에 섰다. 그의 행동은 파벌정치가라는 이미지는 아니라고 이해되었다. 다나카가 그는 이상한 사람이라고(変人) 불렸던 것도 이와 같은 것과 어느 정도 관계하였다고 볼 수 있다. 그리고 그는 모리파에 속하면서도 모리 정권의 정책을 비판하면서 재정재건 노선을 주장했으며, 정책면에서는 민주당의 노선에 가까운 인물이었다(大嶽, 79쪽).

고이즈미는 가두연설을 선택하고, 텔레비전을 통하여 토론에 집중하므로써 고이즈미는 다나카와의 연설을 통하여 점점 강해지는 정치가로 변신해 갔다. 이러한 그의 움직임은 무당파층으로부터 폭발적인 인기를 얻게 되었다.

자민당 재생과 고이즈미의 전략

모리 내각의 말기부터 오자와와 민주당의 접근이 현실화되어 나가는 중에, 자민당 총재선거는 정치제도를 개혁하기 위하여 중요한 당의 행사가 되었다. 그리고 당의 개혁을 보다 유연하게 진행하기 위하여 당의 규칙도 변경하여야 하였다. 과거 자민당에서는 당 총재 후보자도 양원의원 총회를 통해 형식적으로 정하는 등 결정하는 방식이 특별히 없었다. 그러나 지방으로부터 총재 선거 방법에 대한 제안이 적극적으로 제안되는 등 회의 장밖에서 '자민당 재생'이라는 슬로건이 내걸리기도 하였다. 이러한 모습은 자민당의 집행부를 비판하는 모습으로 일본의 각종 매스컴이 취재 경쟁하는 등 새로운 모습으로 전국적인 화제가 되었다. 자민당 총재로는 모리 총리 이외라면 누구도 좋다라는 분위기였다. 물론 당시 고이즈미에 대한 기대는 아직 이른 상황이었다. 그리고 경세회(經世會)에 대한 비판이 심하였으므로 하시모토와 노나카(野中広務)는 안 된다는 분위기였다(大嶽, 90쪽 이하).

총재선거는 하시모토와 고이즈미의 대결이었다. 원래 하시모토의 압승으로 예상되었지만, 의외로 도발적인 발언을 계속하던 고이즈미는 우정 민영화를 전면에 내세우면서 선거전에 돌입하였다. 의외로 하시모토파(平成研究會)가 분열하여 젊은 국회의원들이 지역으로 돌아가 반 하시모토라는 대중적인 목소리가 몰려오기 시작하였다.

고이즈미는 기본적으로 모리 정권의 정책을 비판하면서 단절을 강조하는 자세를 취하였다. 그리고 연설은 짧은 톤으로 절규하는 연설로 국민들로부터 인기를 얻었다. 그가 주장한 정치개혁을 보면, 자민당을 개혁하기 위해서는 당을 해체할 정도로 정치개혁을 하여야 한다는 입장을 가지고 있었다. 그리고 파벌을 해소하면서 수상공선제를 도입하겠다는 것이다(大嶽, 90쪽 이하, 2003). 이러한 것을 달성하기 위해서는 헌법개정이 필요하며 기존의 파벌정치로는 어려운 상황이었다.

고이즈미는 너무 강경파로 보이지 싶지 않았다. 기본적으로 자민당의 입장으로 보아 강경파의 이미지가 강한 파벌은 경무장, 경제중시 노선에 대한 후쿠다파와 나카소네파에 의한 비판의 재현이었다. 즉 하시모토파, 호리우치파(堀內光雄, 현재 宏池會)는 보수 본류였다. 총재선거 때 고이즈미는 헌법개정, 집단적 자위권의 재검토와 같은 쟁점 사항을 다루자 국내의 매스컴이나 중국 등은 강경파적인 주장이라고 과민하게 반응하는 움직임을 보였다.

퍼포먼스 시대의 정치

모리 총리의 인기가 바닥을 치자 자민당은 총재선거를 실시하였다. 그동안 모리 총리를 뒷받침하던 고이즈미가 미디어의 선풍을 일으키며 자민당 총재로 당선되었다. 그의 당선은 새로운 시대를 알리는 신호탄이었다. 모리 정권과는 달리 내각의 지지율이 80% 이상을 상회하는 등 그동안 반대하던 무당파층이 적극적인 지지를 보였다(中野, 118쪽).

고이즈미는 새로운 정치개혁의 기수로 등장, 과거 하시모토 정권의 경제실정과 정치부채의 이미지와는 달리, 그동안 일본 국민들은 정치부패를 지켜보면서 고이즈미의 개혁 이미지에 찬사를 보냈다.

이러한 변화는 고이즈미 개인의 자질뿐만 아니라 고이즈미 이전에 이미 신우파 전환이라는 성과가 어느 정도 축적되어 있어 기능하였다(中野, 120쪽). 나카소네 정권 이후 계속된 행재정 개혁이라는 과정을 통해 매스컴은 개혁파와 저항세력이라는 2원론적인 보도를 하였다. 더구나 고이즈미의 자민당 총재선거 승리는 매스컴의 이러한 구도에 영향을 미쳐, 고이즈미 개혁 이미지는 자민당 내부뿐만 아니라 전국적인 차원에서 개혁 정치를 확산하는 데 영향을 미쳤다. 구체적으로 보면 선거제도 개혁이다. 소선거구제를 도입함으로써 파벌정치의 약체를 불러오고 그리고 총리관저 주도의 권력정치를 강화되게 되었다.

고이즈미의 개혁의 방향과 내용

고이즈미 이전의 하시모토 정권5)은 행정개혁을 통하여 우정민영화를 검토하였다. 당시 하시모토 총리는 민영화를 지지하면서 행정개혁을 진행하였다. 그는 우편은 관 주도로 사업을 진행하고, 우편저축이나 간이보험은 민영화의 진행을 고려하고 노력하였다. 그러나 이러한 노력은 자민당의 우정족(郵政族) 의원이나 우정성 그리고 우정 사업의 관련단체들의 반대로, 행정개혁회의의 최종보고에서 민영화 문언은 철회되었다.

그러나 고이즈미의 개혁의 중심은 우정개혁(우편, 우편저금, 간이보험)의 민영화였다. 이 개혁의 원리는 신자유주의의 시장원리를 중시하는 계획이었다. 개혁이 진행되기 이전에는 비효율적이고 관 주도의 독점사업

---

5) 森政稔, 『迷走する民主主義』(ちくま書房, 2016), 95~102쪽.

으로 진행되었다. 그리고 세제 면에서도 법인세가 부과되지 않아 우대 조치를 받아 공정한 경쟁이 이루어지지 않았다. 그리고 우편저금이나 간이보험 부분에서는 당시 약 30조엔 정도의 자금이 집중되어 있었고, 이러한 자금이 재정투융자 자금 등으로 특수법인에 분배되고 있어 상당히 비효율적이었다. 이러한 상황을 개혁하기 위하여 고이즈미 정부는 민영화를 통하여 민간기업과 공정한 경쟁을 통해 효율적인 서비스를 제공하려고 개혁을 촉구하였다(內山, 89쪽).

이처럼 우정사업의 민영화는 자민당의 중요한 지지 조직인 전국 특정 우편 국장회의[6] 영향력이 여전히 크게 작용하기 때문에 어려운 상황이었다.

고이즈미 정부의 출범과 함께 일본정치는 혁신시대에서 개혁으로 변화하기 시작하였으며, 행정개혁 그리고 정치개혁 그리고 경제를 포함한 구조개혁으로 확대되는 상황이 전개되었다(森, 98~99쪽). 구조개혁은 신자유주의 세력들에 의해 담당되었다. 그리고 이러한 전환은 일본 정치사회의 변화를 재촉하였다. 먼저 그동안 진행되어 온 일본의 고도성장이 끝나면서 세수가 감소하게 되었다. 그 결과 전후 자민당의 이익유도정치가 구가하였던 공공사업은 재정적자가 심각해지면서 사업축소 혹은 폐지를 하지 않으면 안 되는 상황에 직면하였다. 그리고 냉전종식이 가까워오면서 냉전의 위기감이 고조되었다. 자본주의 내에서 경쟁이 심해지면서 신자유주의는 국내정치에서 노동조합과 복지정책을 약화시켰다. 그 결과 일본의 자본주의도 과거와 같은 성장주도의 정책운영이 어렵게 되고 동시에 관료들의 공

---

[6] 당시 일본 전국에는 1만 9,000명 정도의 특정 우편국장이 있었고, 많은 경우 지역의 유명인사로 강한 투표 시 집표 능력을 가지고 있었다.

정한 경쟁을 방해한다는 지적이 점점 설득력을 얻게 되었다. 그러므로 신자유주의적인 개혁노선은 자유의 의미를 변화시켜 소비자적 자유와 선택의 자유로 크게 전환하게 되었다.[7]

헤이세이(平成) 일왕과 일본 보수정치

1989년 쇼와(昭和) 일왕이 사망하였다. 그리고 일본의 보수정치는 새로운 단계에 접어들었다. 일본은 한편으로 즉위의 의식과 대상제(大嘗祭)를 통해 일왕의 상징성을 현실정치에서 활용하고, 다른 한편으로 일본의 대국화를 향해 움직이기 시작하였다. 그러나 나카소네 정권기부터 시작된 일왕제의 복권정책이나 내셔널리즘 함양정책은 동아시아 국가들로부터 강한 반발을 샀다. 이러한 움직임으로부터 일본은 기존의 정책을 수정하면서 새로운 전환을 모색하였다.

일본 지배층의 압력 가운데 일련의 의식들은 가능한 한 헌법상의 제약을 타파하는 형태로 진행하면서 전통에 따라 진행되었다. 와타나베 오사무[8] 교수에 의하면 대상의 예 등에서 당시 헌법상의 문제가 될 만한 것도 있었지만, 헌법상의 제약을 타파하고 강행하였다(渡辺, 89쪽). 왜냐하면 당시 일본의 우익과 전통파들은 일왕제 전통을 고집하지 않으면 일왕의 전통적 권위가 붕괴되어 버린다는 위기의식으로부터 정부에 압력을 가하였기

---

[7] 森政稔, 『迷走する民主主義』(ちくま書房, 2016), 101쪽.
[8] 渡辺修, 『日本の大国化とネオ·ナショナリズムの形成』(桜井書店, 2001).

때문이다. 이러한 가운데 나카소네 정권은 일왕제의 복권을 한 번에 해결하려고 하였다. 그러나 이러한 움직임은 일왕을 전전 일본제국주의의 식민지 지배나 침략전쟁의 과거와 분리하여 오히려 일본의 대국화의 수단으로 사용하려는 의도가 엿보였다. 결국 이러한 움직임은 일왕 제도를 둘러싼 정책의 전환으로 생각할 수 있다.

당시 자민당은 기존의 경제성장 우선정책을 실시하면서, 보수정치의 방법에 대한 논의를 시작하였다. 즉 전후 보수정치의 재검토가 시작된 것이다. 기존의 보수정치를 지키려는 세력과 심각한 대립을 하면서, 특히 일왕을 어떻게 이용할 것인가의 문제에서 더욱 대립이 심하였다.

당시 자민당 보수정치에는 두 개의 세력이 있었다(渡辺, 90쪽 이하). 먼저, 대국주의적인 개혁파라고 부르는 세력이 있었다. 그들은 기존의 일본 정치가 일국 평화주의적이며 대국으로서 국제적으로 공헌하지 못하고 있다고 생각하였다. 그리고 그들은 소국주의적 상황을 만든 정치를 개혁하여 새로운 비전을 제시하여야 한다고 주장하였다. 그러나 이러한 대국주의적 개혁파 세력은 크게 두 개의 그룹이 있었다. 먼저, 일본이 대국주의를 실현하려면 국민의 합의가 필요하며 그러기 위해서는 내셔널리즘을 주입하여 국민통합을 이루어야 한다고 주장하는 그룹이 있다. 그 내셔널리즘의 중심에는 일왕이 상정되어 있다. 그래서 이 그룹을 전통파라고 부를 수 있다.

그리고 다른 하나는 일본의 대국화를 추진하려는 데서 서로 공통점을 가지고 있으나, 전후 민주주의를 경험한 국민은 내셔널리즘으로 통합되지 않고 오히려 냉전종식 이후 세계의 평화를 창조하기 위해서 일국 평화주의를 넘어 국제적으로 공헌을 하여야 하며 세계 평화의 책임 있는 국가가 되어야 한다는 국제주의적인 시각이 필요하다고 생각하는 그룹이다. 즉 국제파들이 여기에 해당한다.

이러한 세력들의 움직임에 대해 현상유지를 바라는 세력들도 존재하였다. 그들은 전후 정치파라고 부르는 세력들로 그들은 1960년대 이후 보수정치가 걸어온 노선 즉 경제 성장주의와 소국주의를 주장하며 헌법 개정에는 소극적인 입장을 가지고 있는 사람들이다. 당시 이러한 입장을 가지고 있는 사람들은 일본정부와 자민당에서 다수를 차지하였다고 볼 수 있다 (渡辺, 91쪽).

일왕제 관련 의식과 보수정치의 대립

일왕제 관련 의식을 둘러싸고 자민당 내부의 대립이 본격화하였다. 보수정치 내부에서 먼저, 전후형 정치파들은 왕의 교체를 둘러싼 여러 의식을 둘러싸고 신일왕 즉위식은 종래의 헌법과 경제 국민통합의 확인의 계기와 국내외 선전의 장으로 활용하고 싶어 하면서 가능하면 헌법에 저촉되지 않도록 하자는 것이다. 그리고 왕실도 열린 왕실로 하려고 하였다. 아키히토 일왕은 이러한 노선을 지지한 것 같다. 이러한 입장을 지지한 사람들은 선거나 보수정치의 안정이라는 견지로부터 이러한 것을 지지한 것 같다.

그리고 두 번째로 전통파들은 일왕 교체 시 일본의 전통이 유린되는 것에 강한 위기감을 가지고 있었던 세력들이다. 그리고 이러한 계기를 활용하여 그들은 일본의 내셔널리즘을 강화하려고 하는 세력들이었다. 그러한 의미에서 그들은 전통의식을 보전하고 선전하는 사람들이다. 그들은 현실정치에서 특히 자민당 내부에서 국가기본문제동지회, 황실문제간담회를 중심으로 하는 유력 그룹 이외에 일본을 지키는 국민회의를 결지하는 우익 지식인, 신사 세력, 그리고 유족회 등의 단체 나아가 '生長의 家' 등의 우익적인 종교단체가 존재하였다. 이러한 단체 가운데 '황실문제 간담회(皇室問題懇談會)'는 1986년 일왕 즉위 60년을 기념하기 위하여 국회의원들이 만든 '일왕재위 60년 봉축국회의원 연맹(天皇陛下御在位60年奉祝國會議員連盟)'을 전신으로 만들어진 단체이다.

마지막으로, 국제파들의 움직임은 그동안 자민당이 추구해 온 경제중심의 일본보다는 자위대를 해외에 파병하면서 국제 공헌을 할 수 있는 일본을 희망하였다. 그들은 기본적으로 일본이 정치 대국의 일원으로 가야 한다고 생각하면서, 일본에 대한 불신이 많이 남아 있는 아시아 여러 국가로부터 신뢰가 필요하다고 생각하였다. 그러기 위해서는 일본은 과거에 대해 일정한 '반성'을 하면서 '국제화'라는 슬로건을 전면에 내세워 정치대국화의 길을 모색하여야 한다고 생각하였다. 그들은 일왕 승계 의식의 장도 일본정치의 대국화가 일본제국주의의 도래를 불러오지 않는다고 강조하는 장으로 비춰지지기를 바랐으며, 새로운 일왕은 쇼와의 일왕과 다르다고 적극적으로 일왕승계 의식을 활용하려고 하였다(渡辺, 92쪽 이하).

강해지는 보수 우익

왕위계승을 두고 일련의 행사 준비와 관련하여 궁내청의 실무진들 사이에서 의식의 내용이나 연호를 바꾸는 절차 문제들을 중심으로 계승 관련 준비가 시작되었다. 이러한 상황은 나카소네 정권에 접어들어 바뀌었다. 나카소네는 일본의 대국화를 위한 새로운 내셔널리즘을 주장하기 위하여 여러 가지를 생각하고 있었다. 그중에 나카소네는 대국주의적인 개혁파 가운데 전통파와 국제파 사이에서 왕위계승의 의식을 적극적으로 검토하기 시작하였다.[9] 당시 이러한 준비는 아직 1960년대~70년대의 정치 방향을 답습한 전후형 정치의 모습을 그대로 유지하였다. 1980년대 후반이 되어 일왕을 둘러싼 정치 상황은 야스쿠니 신사 국가호지법안(靖國神社國家護持法案)의 폐안(廢案) 시대와 달라진 것은 없었다. 당시 일본정부 내의 검토는 대상제(大嘗祭, 일왕이 즉위 후 처음으로 행하는 추수감사제 성격의 궁중제사)를 공식적으로 국가의 행사로 할 것인지 여부의 문제 그리고 일왕의 장례(大喪の礼)에 자위대를 참가시킬 것인지 여부의 문제, 전체 의식에서 어떻게 종교적인 색체를 배제할 것인가 등등의 문제들이 검토되었다(渡辺, 95쪽).

그러나 실제 행해진 의식과 차이가 생기자 전통파의 반격이 시작되었다. 1987년이었다. 본격적으로는 쇼와 일왕의 건강이 문제되면서부터 시작되었을 것으로 생각된다. 반격은 궁내청 직원 유지나 상징을 생각하는 모임으로 시작하였지만, 실제로는 우익 지식인들이나 신사관계자, 그리고 자민당 국회의원 가운데 황실문제간담회 소속의 구성원들이 중심이 되었을 것이다(渡辺, 96쪽).

자민당 보수정치와 일본우익의 대립으로 전통파들은 위기감으로 대중잡지를 통해 보수정치가 전개하고 있는 열린 왕실 정책을 비판하는 등 그들은 새로운 일왕 아키히토의 평화주의적인 이미지에 야유를 보내기도

---

9) 渡辺修, 『日本の大国化とネオ・ナショナリズムの形成』(桜井書店, 2001), 94쪽.

하였다. 전통파들이 왕실을 비판하는 이유는 다음과 같다. 먼저 일왕은 일본의 전통과 문화를 지키는 존재여야 한다는 것이다. 또한 열린 왕실 정책으로 국민에게 영합하는 정책은 왕실을 대중사회에 매몰시켜 '예능인'으로 만들어 왕실을 붕괴시킨다는 것이다. 그리고 새로운 왕실의 헌법 옹호와 새로운 민주주의에 대하여 비판한다. 자민당 전통파의 압력으로 다케시다 총리 주도로 그들은 일본헌법이 자신들의 전통을 파괴하는 상징이라고 주장하면서 일본의 대국화와 국가 재건을 위해 헌법개정이 필요하다고 주장하였다. 그리고 전통파들은 압력을 가하였으나, 지식인의 반대 등 전통에 다른 황실의식을 요구하는 국민집회를 개최하여 일본정부에게 압력을 가하였다(渡辺, 99쪽).

일왕제 관련 의식을 둘러싸고 진행된 자민당 보수정치인들의 대립을 보면, 일본이 무엇을 생각하고 있으며 향후 일본의 비전이 무엇이라는 것을 상상할 수 있다. 이러한 정치사회적인 변화에 따라 일본은 점점 보수를 넘어 '우경화'하고 있음을 확인할 수 있다.

고이즈미의 전략

고이즈미는 포퓰리스트 정치가로서 선악 2원론과 개혁세력과 저항세력이라는 간단한 구조 틀 속에서 자신의 정치를 전개하였다. '저항세력'이라는 용어는 오자와 이치로에 의해 사용된 말로 수구파라는 의미와 비슷한 것으로 일본정치에서 많은 역할을 한 경력 있는 정치인들을 말한다. 그러므로 당시 저항세력이란, 관료조직의 기득권과 낙하산으로 가는 특수법인이나 공익법력인 및 그것을 지탱하고, 그리고 개혁을 방해하는 족(族) 의원의 중심세력인 하시모토파를 주로 말하였다.

일본정치에서 1980년대 제2임조[臨調, 제2차 임시행정조사회의 준말, 1981년 발족, 스즈키 내각의 '증세 없는 재정재건'을 달성해야 한다는 슬로건 아래 행재정 개혁에 대한 심의를 행함, 회장을 역임한 도고 도시오(土光敏夫)의 이름으로부터 '도고임조'라고 불림]에 의한 개혁 이후, 여론에 반관료 감정을 동원하는 것은 개혁의 상투적인 것이었다. 게다가 고이즈미 내각 성립직전, 모리 내각 때 외무성 스캔들로 언론의 집중적인 공격을 받았다. 고이즈미도 이러한 반 관료적인 감정을 환기시키려고 한 것은 당연하였다. 스캔들이 밝혀지는 도중에 사퇴한 모리 총리는 하시모토파 간부의 밀실 담합으로 총리가 되었다. 그리고 그 이후 모리 총리는 계속되는 여러 문제로 세간의 비판과 실소를 자아냈다. 또한 고이즈미가 총리로 등장하는 데 방해가 되는 정치세력이었다. 이러한 상황을 파악한 고이즈미는 총재선거에서 자민당을 붕괴시키겠다는 과격한 발언을 하면서 하시모토파를 견제하였다. 고이즈미의 포퓰리스트 전략이 효과를 얻게 되었다.

1990년대부터 일본은 보수주의는 새로운 일본의 '대국주의' 흐름을 보이기 시작하였다. 물론 이러한 경향은 전전의 일본제국주의와 다른 형태였지만, 1980년대 이후 일본경제의 '대국화'를 배경으로 새로운 움직임이 나타났다(渡辺, 139~140쪽).

1990년대 새로운 대국주의의 특징(渡辺, 141쪽)은 먼저, 정치나 군사 문제에서 새로운 모습을 보이기 시작했다는 것이다. 그들은 종래의 주장과 같이 미일동맹의 강화, 자위대의 증강을 주장하였지만, 종래와 달리 냉전 후 새로운 질서를 미일이 공동으로 형성하여야 한다고 생각하면서 동시에 유엔에 적극적으로 참가하고 유엔의 강화를 주장하였다. 그들은 기존의 일국주의적인 색채를 따르지 않으면서 미일이 축인 대국주의 동맹을 구상하고 있었다.

그리고 둘째로 신대국주의는 경제적으로 일본의 국제적인 경제대국화를 기반으로 기존의 보호주의적인 경제정책을 포기하고, 쌀의 자유화나 유통업이 규제완화를 시작으로 시장을 개방하고 규제완화를 추진한다는 것이다. 그 결과 국제적으로 자유무역 시스템을 강화할 수 있다고 보고 있다.

셋째로, 기존의 보수정치를 공격하고 있다. 그들은 자민당이 전개한 보수정치를 비판하면서 그동안 안정적인 선거제도로 작용한 중선거구제를 개혁하여 새로운 정치개혁이 가능한 구조로 만들지 않으면 안 된다고 생각하였다(渡辺, 141~142쪽).

냉전기 일본이 추구한 미일동맹의 강화, 자위대의 현대화, 유엔에서 적극적으로 참가하고 유엔을 강화하여야 한다는 등을 주장하는 내용이었지만, 냉전 후 새로운 세계질서의 전개 속에서 미일동맹을 어떻게 재정의할 것인가가 그 내용의 중심을 이루고 있으며, 자민당을 중심으로 한 보수주의 정치가들이 주장하는 내용이었다. 즉 대국주의는 미국과의 관계를 향상시키면서 미일동맹 자체가 대국주의화하는 의미를 가진 구상을 하고 있었다. 이러한 일본의 구상은 냉전기와는 상당히 다른 질적인 변화라고 볼 수 있다.

그리고 새로운 대국주의 이데올로기에 있어서 새로운 특징은 다음과 같다(渡辺, 142쪽 이하). 먼저, 일본 제국주의 전쟁이 침략전쟁이었다는 것을 한정된 범위 내에서 '반성'하면서 자기의 구상과 과거의 일본제국주의와의 단절성을 강조하는 입장을 취하였다는 점이다.

둘째로, 첫 번째 특징과 관계되는 것으로, 전전 이래 내셔널리즘의 중심이었던 천황제 이데올로기는 중요한 위치를 차지하고 있지 않다는 것이다. 이것은 일본의 내셔널리즘 이데올로기 역사에 있어서 획기적인 것이라고 설명하고 있다. 왜냐하면 일본인들은 일본 제국주의의 영광과 침략의 역사는 천황의 역사라고 생각하기 때문이다. 그러므로 일본의 지배층들은 국체보호를 위해 포츠담 선언의 수락을 주저하였던 것이다.

셋째로, 천황제 내셔널리즘 대신 국제공헌론이라는 국제주의적인 이데올로기가 자리를 차지하였다. 이것은 과거의 대국화론과는 다른 차원으로 탈냉전 이후 일본의 적극적인 역할을 강조하는 것이다. 이미 세계질서를 어느 하나의 국가가 유지하기 어려운 상태이므로 일본은 이러한 논리에 적극적으로 대응하여야 한다고 생각하였다.

새로운 내셔널리즘의 등장

2001년 4월 고이즈미 정권 등장 이후 내셔널리즘의 정치적 지위의 변화가 생겼다. 2000년 4월 발족한 '교육개혁국민회의'에서 신자유주의적인 개혁이 주장되고, 봉사의 의무화, 도덕교육 등의 형태로 신자유주의를 수정하는 내셔널리스트의 주장들이 채택되게 된다(渡辺, 195쪽 이하).

그리고 또 하나는 개헌을 둘러싸고 새로운 움직임이다. 90년대 개헌론의 중심을 이루었던 국제적인 이데올로기와 신자유주의적인 이데올로기가 내셔널리즘에 기초하여 새로운 개헌론으로 등장하고 점점 영향력을 가지기 시작하였다. 이러한 상황에서 나타난 것은 '새로운 역사교과서를 만드는 모임(새역모)'이 만든 교과서가 수정을 거쳐 검정에 합격하자, 일본정부는 한국과 중국의 항의에도 불구하고 결정을 변경하지 않고, 역사수정주의적인 이데올로기가 일본 어린이들의 교과서에 조직적으로 침투하는 것을 인정하기에 이르렀다(渡辺, 197쪽).

1990년대 말 이후 일본에서 내셔널리즘이 새로운 이데올로기로 나타났다. 그 첫 번째 원인은 전후 일본정치 사회에 잠복되었던 일본의 내셔널리즘이 1980년대를 지내면서 신자유주의의 유입과 함께 군사대국화를 주장하는 흐름과 동시에 변용된 형태로 나타났다. 다시 말해 군사대국화를 정당화하는 이데올로기로 등장한 것이다. 일본의 이러한 움직임은 국제적인 측면도 동시에 가지고 있어 내셔널리즘이 일반 국민들에게 쉽게 등장한 것이다.

제3장

고이즈미 정권기 정치·사회의 현상

일본 보수정치인들 중에 포퓰리스트 성향을 가진 정치인들은 우파정책을 전개하면서 일본의 정치사회를 점점 우경화하는 쪽으로 이끌었다. 1990년에 접어들어 리버럴들이 연합하면서 정권을 운영해 나가자, 일본의 정치사회는 헌법, 역사인식, 가족과 같은 문제에서 우파가 수세에 직면하면서 새로운 정치 전략을 구상하였다. 이를 일반적으로 신우파 연합에 의한 정치 전략이라고 설명할 수 있다. 이하에서는 이러한 신우파 연합이 전개하는 문제들을 중심으로 설명한다.

일본 정치와 미디어

전후 일본의 대중정치는 미디어의 발전과 함께 시작되었다. 일본의 전후 민주주의는 남녀 보통선거의 도입과 동시에 본격화되면서 미디어의 발달로 발전하게 되었다. 동시에 전후 일본은 민주주의와 평화를 통하여 새로운 전후 일본의 구조를 만들어 갔다. 이러한 과정에서 민주주의는 일본사회가 지향하는 이념이 되었으며, 전후 민주주의는 일본인들에게 폭넓은 지지를 받게 되었다(有馬晋作, 2017).[1]

1994년 정치개혁으로 중의원 선거가 소선구 비례대표 병립제의 도입 (1996년 총선거부터 실시)으로 파벌의 힘이 줄어들고 무당파층이 증가하는 등 뉴스 쇼 프로그램의 등장과 함께 일본에서 대중 민주주의에 미디어가 커다란 영향을 미치게 되었다. 특히 1990년대 '텔레폴리틱스' 시대가 도래하면서 텔레비전이 정치에 커다란 영향을 미쳤다. 일상생활 속에서 정치는 미디어를 통하여 많은 사람들에게 가까이 다가왔다. 즉 가시화된 대중민주주의라는 분위기 속에서 극장형 정치가 전개되었다. 극장형 정치의 전개에 의해 정치와 일반인들과의 관계는 보다 가까이 다가오고 주요 쟁점에 따라 지방자치단체장들은 지지를 얻으려고 노력하는 현상이 전개되었다.

고이즈미 정치의 미디어화

일본의 매스컴도 자민당 정치가 진행되는 과정에를 행정개혁위원회 등에 참가하였다. 고이즈미가 주장하는 것처럼, 일본의 매스컴은 개혁파는 선한 것, 저항세력은 나쁜 것이라는 2원론적인 전개에 대체로 합의하면서 보도를 진행하였다(中野, 2015, 120쪽). 고이즈미가 총재선거에서 승리할 수 있었던 것도 매스컴이 선악 2원론적인 구도를 보도하면서 파벌정치를 저항세력, 즉 악으로 규정하여 승리를 하였다. 이렇게 등장한 고이즈미는 매스컴이 조작하는 여론을 등에 없고 강력한 지도력을 발휘하였다.

먼저, 고이즈미는 선거제도 개혁으로 소선거구제를 도입하였다. 종래

---

1) 有馬晋作, 『劇場型ポピュウリズムの誕生』(ミネルヴァ書房, 2017), 41쪽.

중선거구제 아래서는 당내의 결집력이 약했으며 다양성이 어느 정도 확보되어 논의도 활발해졌다(中野, 121쪽).그러나 소선거구제가 도입되면서 자민당은 다양성이 결여되고 토론이 없는 정치운영이 진행되었다. 파벌도 약해지고 모든 것이 당 중앙의 총재나 간사장의 힘에 의해 당내 정치가 운영되게 되었다. 물론 수상의 구심력을 강화하여 파벌을 약화시켰다는 점에서는 어느 정도 성공하였지만, 고이즈미가 발탁한 젊은 정치인들은 역사수정주의자이면서 동시에 국가주의적 성향이 강한 정치인들이었다.

둘째로, 총리관저 강화로 외교안전보장뿐만 아니라 구조개혁을 강력하게 전개하였다(中野, 122쪽). 이러한 사실은 물론 하시모토 전 총리의 덕분이었지만, 여소야대 국회 때문에 행정부가 국회의 제약에서 벗어날 수 있었기 때문이다.

인기가 하락하던 모리 총리가 사퇴하고, 매스컴의 선풍을 일으킨 고이즈미가 등장하였다. 무당파층의 지지율의 변화는 간단히 한 나라의 총리를 사퇴시키는 위력을 발휘하기도 하였다. 당시 고이즈미도 80%에 가까운 무당파층의 지지로 총리가 되면서 일본정치 사회의 급격한 변화를 가져오게 하였다. 이러한 모습은 물론 그냥 발생하는 것은 아니었다. 모리 총리가 총리로 선출되는 과정에서 밀실정치가 진행되었기 때문이다. 일본의 무당파층들은 이러한 자민당 정치인들의 구시대적인 모습에 비판을 가하면서 비민주적인 불투명한 총리 인선 과정을 비판한 것이다. 어떻게 보면 무당파층들은 권력의 감시자로 선거민의 본연의 자세를 견지하고 있었던 것이다. 그리고 당시 일본의 정치인들은 포퓰리즘적인 모습으로 보이면서 정치부패나 각종 정책의 실패를 거듭하고 있었다. 이러한 결과 매스컴은 강하게 비판하면서 정책에 실패한 정치인들의 재등장에 강하게 대응하였다. 대표적으로 하시모토 전 총리의 경우가 이것에 해당한다고 볼 수 있다. 그는 정치부패의 이미지가 채 가시기도 전에 다시 파벌의 대표로 등장하여 정치 운영을 시도한 것이다. 이러한 모습이 매스컴에 그대로 전달되자 선거민들을 화나게 만들었다. 이러한 과정에 정치의 개혁자로 등장한 것이 고이즈미 준이치로였다. 그는 모리 정권을 지탱해오면서 그 파벌의 중심인물이었지만 그는 파벌정치와 자민당 정치를 '부숴버리겠다'고 부르짖으며 개혁자로 등장하였다. 그리고 그는 이성적이기보다는 열정적인 정치적 호소를 통하여 자신의 정치적 목표를 이룩하려는 행위를 하는 정치가였다(內山, ii~iii).

고이즈미 총리의 미디어 전략은 자기의 이미지를 매스컴에 강렬하게 인상지우는 것이다. 그는 자민당 내부에서 권력정치를 전개하는 것보다는 장외에서 선거민들에게 직접 호소하는 방법을 택하였다. 일반 대중들은 지금까지와는 다른 고이즈미의 호소에 반응을 보이며 환호하였다. 고이즈미 수상은 일반인과 보통 사람을 중시하면서 포퓰리즘적인 방법을 취하였다. 그리고 그는 이해하기 쉬운 말로 국민들에게 설명하며, 저항세력을 적으로 만들어 그들과 철저히 싸워 나가는 극장정치를 전개하여 여론의 지지를 받았다.

그는 신문과 미디어 심지어 SNS를 사용하여 정치가와 담당기자 사이의 내부 정치집단 간의 커뮤니케이션을 활용하면서 정보를 주고받는 활동을 전개하였다(內山, 4~6쪽). 그리고 고이즈미 총리는 텔레비전 카메라가 세트된 상황에서 질의응답에 응하는 방법을 취하였다. 총리관저에서도 자주 회견하면서 현실정치와 관련된 정책들을 이야기 하는 모습은 일본 국민들에게 신선하게 보였다. 그 결과 일반 국민들은 고이즈미 총리의 주장과 화법을 사용하면서 일상생활을 하는 모습을 발견하게 되었다. 이러한 '극장화된 보도를 즐기면서 미디어를 잘 활용한 총리로 기억되었다.

고이즈미 총리 이전부터 자민당은 신자유주의화가 진행되어 있는 상황에서 그의 신우파 노선은 매스컴을 통하여 이해하기 쉬운 구조로 설명되었다. 개혁파는 선(善)이고 개혁에 저항하는 자들은 악(惡)으로 분류되는 2원론적인 태도를 취하는 정치운영은 바로 포퓰리즘의 모습을 그대로 재현하는 것이었다. 이러한 이미지의 확산은 고이즈미 정치의 개혁의지와 함께 일본정치에 있어서 새로운 변화를 재촉하였다. 지금까지 진행되어 온 여러 가지 행정개혁이라든가 재정개혁은 일본의 정치과정에서 중요한 의미를 가지고 있었지만, 근본적인 일본정치의 환경 변화에는 큰 영향을 미치지 못한 것은 사실이다. 이러한 의미에서 보면 고이즈미의 특이한 정치행위는 자민당의 파벌 역학을 타파하면서 자신의 개혁 목표를 달성하려고 노력하였다는 점에서는 다른 정권과는 차별성을 보여준 것이었다.

미디어를 통해 국민여론이 그를 지지해주자 고이즈미 총리는 총리로서의 권한을 이리저리 사용하여 어려운 개혁을 진행하였다. 바로 총리의 지도력이 발휘된 것이었다. 그중 하나가 선거제도 개혁이다. 종래의 일본의 중선거구제는 이익유도정치를 유지하는 기제로 활용되고 자민당 내에서 다양성을 낳으면서 논의를 활성화시키는 측면도 있었으나(中野, 2015, 121쪽) 당의 조직적인 측면에서는 단결력이 부족하였다. 소선거구제가 실시됨으로써 파벌의 힘이 약화되고 중앙당과 총재, 간사장의 권력에 의해 당이 운영되게 되는 장점도 있다는 것이다. 고이즈미 총리는 이러한 부분에 착안하여 그는 2005년 우정선거에서 고이즈미가 저항세력을 내쫓고 그들을 물리칠 자객이라는 국회의원 후보들을 추천하여 고이즈미 정치를 지지하는 세력을 만들어 나갔다. 고이즈미 총리는 이러한 초기 자신이 얻고 있는 인기를 통하여 파벌의 지도자를 뛰어넘어 차세대 정치인들을 스스로 직접 등용하는 정치력을 발휘하였다. 이러한 지도력으로 그는 자신의 정치적 구심력을 발휘하고 파벌을 점점 약체화시켰다. 이렇게 등장한 차세대 정치인들은 대체로 역사수정주의를 바탕으로 한 국가주의적 경향이 강한 정치지도자들이다(中野, 122쪽).

이렇게 자민당 내부의 정치지형이 변화하는 가운데 고이즈미 총리는 구조개혁 노선에 그의 정치적 목표를 설정하고 총리의 지도력을 발휘하기 시작하였다. 그는 경제학자인 다케나카 헤이조(竹中平藏)를 경제브레인으로 발탁하여 모든 구조개혁의 사령탑이라고 할 수 있는 경제재정 자문회의의 리더로 발탁하였다. 물론 이런 것은 하시모토 전 총리가 시작한 수상관저의 강화라는 계획 아래 진행된 개혁 덕분이기도 하였다. 어찌되었건 간에 고이즈미 총리는 신자유주의적인 정치개혁을 통하여 자신의 권력을 강화하면서 자신이 전개할 정치적인 무대를 스스로 만들어가는 수완을 보인 정열 넘치는 정치인이었다.

이러한 과정에서 고이즈미는 그의 포퓰리즘 정치를 통하여 국민에게 알기 쉬운 언어로 자신의 정책을 어필하였다. 고이즈미 정치의 특징이라고 말하는 선악 2원론에 기초하여 정치가를 판단하는 수법은 정말로 포퓰리즘의 전형이라고 할 수 있다. 이렇게 함으로써 기존의 이익유도정치에 기초한 정치인들은 악으로 분류하여 퇴출을 유도하면서 정치개혁에 반대세력으로 몰아가 결국 국회로부터 멀어지게 하였다. 이처럼 고이즈미는 이익을 조정하는 과정에서 매스컴을 통하여 여론의 흐름을 지켜보고 대로는 교묘히 활용하여 극정정치를 행하였다. 즉 매스컴을 통하여 정치적 효과를 이루어 나갔다. 그리고 고이즈미 정권기부터 텔레 폴리틱스(Tele-politics)

가 본격화하는 경향이 강해졌다. 정치가 매스컴에 의해 움직여지는 상황이 전개되면서 고이즈미 정권은 일본정치의 전환점으로 삼으려고 하였는지도 모른다.

자민·사회·사키가케(自社さ) 정권과 자민당 리버럴의 우위

사가와 택배회사의 정치자금 문제로 호소카와 총리가 사의를 표명하자, 비자민, 비공산당 8개당파의 연립의 틀이 급속히 와해되었다. 먼저 신생당 당수 하타 츠토무(羽田孜)가 후계 총리로 지명되는 과정에서 사키가케가 각외(閣外) 협력으로 전락하고, 이어서 신생, 일본신당, 민사 3당이 새로운 모임인 개혁을 결성하려 하자 사회당이 연립으로부터 이탈하였다 (中北, 167쪽). 소수파 정권이 된 하타 내각은 출발 2개월 만에 총사직하고, 여당과 자민당 사이에서 새로운 길을 모색하기 시작하였다. 그러자 사회당과 사키가케가 캐스팅 보트를 쥐면서 6월 30일 무라야마 총리를 중심으로 자민·사회·사키가케 3당 연립 정권이 탄생하게 되었다.

자민당의 연립 참가와 새로운 총리의 탄생은 전후의 자민당 역사로부터 보면 참으로 많이 변한 모습이었다. 냉전종식이라는 시대적인 배경도 있었지만, 일본정치에서 자민당의 궁상스러운 모습은 처음이기 때문이다. 당시 모리 간사장의 표현대로 간사장의 업무는 탈당계를 접수하는 것이 주 업무였다고 회고하였다. 그리고 민원인들의 발길도 뜸해지고 관료들이 자민당을 대하는 태도는 냉담해졌다고 술회하였다.

그러나 자민당은 정권을 회복하기 위하여 노력하면서 다음해에 있을 통일선거와 참의원 선거를 위해 어쩔 수 없이 무라야마 총리를 수반으로 하는 사회당과 연계하지 않을 수 없었다. 그 결과 노사의 계급대립이 완화되고 사회당은 1986년 신선언 이후 정권 담당을 위한 정당으로서 정책을 전환하기 시작하였으며, 이러한 연장선에서 자민당에서 탈당해 나온 신진당과 연립을 하게 되었다. 즉 호소카와 내각은 이렇게 탄생한 것이다. 무라야마 정권의 탄생으로 사회당은 비무장 중립의 역사적 역할이 끝났다고 선언하면서 자위대의 합헌을 인정하고, 미일안보를 견지하는 입장을 보였다. 그리고 일본의 국기나 국가를 강제적으로 게양하고 제창하는 것을 부정하면서도 국기와 국가로 존중한다는 뜻을 표시하였다. 무라야마 총리에 의해 진행된 사회당의 정책적 전환은 완료하면서 계급대립과 보혁 대립에 기초하여 탄생한 55년 체제는 사실상 붕괴하게 되었다(中北, 168쪽).

이렇게 전후 자민당에 의해 오래 동안 지속되어 온 55년 체제가 붕괴하면서 일본정치의 지형은 변화를 맞이하였다. 거기에는 오자와 이치로라는 정치가가 존재하였다. 그는 강력한 정치적인 수법을 자랑하는 인물로 '국민복지세' 구상이나 '개혁' 결성 등을 주도하였다. 이러한 오자와의 정치 운영 방식에 사회당과 사키가케는 불만을 가지고 연립을 이탈하자 자민당 내부에서도 다케시다(經世會)파를 중심으로 당이 운영되게 되었다. 그 결과 내각불신임 결의에서도 이탈하면서 자민당은 오자와에 대한 불만이 더욱 고조되게 되었다. 이러한 분위기는 무라야마 내각이 성립할 때에도 '신정권의 수립에 즈음하여'라는 문서를 자민당이 발표하는 등 비자민 연립정권의 '비민주적인 정권운영'에 대해 비판적인 입장을 갖게 되었다(中北, 168쪽).

자민당·사민당·사키가케(自社さ) 정권의 수립을 향한 움직임은 1993

년 말 발족한 자민·사회 양당의 젊은 정치가들로 구성된 '부패방지연구회'라는 정치개혁을 주장하는 반대파들로부터 시작하였다. 호소카와 총리 사임 후 '리버럴 정권을 만드는 모임(リベラル政権を創る会)'을 결성하고 모리 간사장을 시작으로 하는 당 집행부와 계속 연계하면서 젊은 정치인들로부터 연립정권 수립의 기운이 높아갔다. 이러한 움직임은 오자와(小沢)가 주도하는 정치개혁을 흔드는 형태로 진행되었다고 볼 수 있다.

연립정권을 만들어 나가려는 그들은 리버럴 정권을 만드는 모임을 설립하여, 지금까지 전체주의적인 강권정치의 정치스타일이 아니라 자유스럽고 활발한 논의에 기초한 합의 형성을 해 나가겠다는 의미가 사용되었다. 그리고 정책적으로는 설립 취지서에 보통국가를 주장하는 오자와에 대항하는 의미로 일본국헌법의 정신을 존중하고, 근린 여러 국가와 우호협력을 더하고, 군사적인 대국주의를 취하지 않는다는 표현들이 들어가 있었다. 다시 시라카와는 비둘기파를 자임하면서 호헌론자로 알려진 인물이었고 그는 미야자와(宏池會)파에 속하였다. 이렇게 헌법개정에 소극적인 리버럴파가 주도하는 자민당·사민당·사키가케(自社さ) 정권이 성립하였다(中北, 169쪽). 여기서 우리가 주목하여야 하는 것은 히라누마 다케오(平沼赳夫), 아베 신조(安倍晋三), 에토 세이이치(衛藤晟一)같은 자민당 우파들이 발기인을 형성하고 있다는 사실이다. 그들은 일본헌법의 옹호가 아니라 정신을 존중하면서 자주헌법의 제정을 당의 목표로 하면서 사회당에 양보하는 모습을 보였다. 그들 중 에토는 국회의 양원 의원총회를 통해 자신들이 사회당을 변화시켜 국기와 국가 문제를 자연스럽게 정착시키면서 해결하였다고 주장하였다.

자민당 우파들은 왜 리버럴에 접근하였는가?

자민당 우파들은 유일하게 전후 일본정치에서 보수당이었던 자민당
이 붕괴함으로써 새로운 전략을 모색하기 시작하였다. 그들은 1994년 제58
회 자민당 대회에서 채택된 자민당 운동방침인 일본국기와 국가(日の丸와
君が代)에 관해서 "법제화하고 민족의 자랑으로 후세에 전달해야한다고 말
하는 한편, 군사대국 노선을 부정하는 자민당의 주장을 명확히 하고, 다른
당과의 차이를 확실히 하겠다"고 표명하였다. 이러한 그들의 전략은 리버
럴파에 접근하여 자신들의 당의 생존을 유지하려는 일시적인 현상이었다
고 볼 수 있다. 당을 이탈하는 의원이 늘어나는 가운데 진행된 자민당의
이러한 당 대회에서의 모습은 신생당(新生党)과의 차별화를 하지 않으면
자신들의 당내 분열이 더욱 심각해지기 때문이었을 것으로 판단된다. 한편
그들은 일본의 문화와 전통을 존중을 주장하면서, 군사대국화를 위한 헌법
개정을 비판하는 입장을 취하기 시작하였다. 이러한 그들의 움직임은 사회
당과의 연립을 가능하게 하여 헌법을 지키려는 그룹들과 일시적으로 정치
적인 연립을 모색한 것이다. 그 결과 자민당·사민당·사키가케(自社さ)
정권 수립을 진행하면서 3당의 합의문서를 만들면서 당시 '현행헌법을 존
중'하면서 '군사대국화의 길을 양보'하는 모습을 문서에 남기는 적극성을
보이기도 하였다.

당시 자민당 내부의 강경파(매파)에는 헌법 9조를 개정하여 군사력을
강화하여야 한다는 그룹과 일본의 문화나 전통을 존중하는 관점으로부터
자주헌법의 제정을 주장하는 그룹으로 나뉘어져 있었다. 후자 그룹에 들어
가는 가람이 가메이 시즈카와 이시하라 신타로 같은 인물들로 그들은 리버

럴에 어떤 저항도 없다면 오히려 찬성이라고 주장하면서 자신들의 뜻을 분명히 하였다. 그들 역시 새로운 연립정권 탄생에 기여한 인물들로 특히 이시하라는 21세기 위원회의 위원장 대리를 하면서, 헌법개정에 대하여 헌법 9조는 당분간 연기하여야 한다는 입장을 제안하면서 사회당과의 연립을 위한 환경조성에 노력하였다. 그리고 그는 무라야마 정권이 탄생한 후, 자민당과 사회당이 함께 새로운 정당을 만들면 좋겠다는 생각까지 말하기도 하였다(中北, 171쪽).

이렇게 보면 자민당 내부는 우파와 리버럴이 동시에 공존하는 상황에서 리버럴이 어느 정도 우위에 서면서 사회당과 연립정권을 탄생시키고 자민당의 생존전략을 진행하였다고 볼 수 있다. 특히 고노 요헤이 총재의 제안에 따라 당 간부회의에서 당의 기본이념과 강령을 수정하기 위한 당 기본문제조사회가 설치되었다. 회장에 기용된 고토다 마사하루(後藤田正晴)는 정치개혁을 추진하기도 하면서 헌법개정에 소극적인 리버럴파이기도 하였다. 그는 연립정권 수립에 대해 적극적으로 긍정의 의사를 표시하면서, 일본 헌법의 전문과 헌법 9조는 1국 평화주의라는 폐쇄적인 것이 아니라 주장하면서 해외에 나가 무력행사는 하지 않는다고 설명하였다. 이것이 당시 일본이 직면한 헌법해석의 한계였다(中北, 171쪽). 그들은 대체로 리버럴파로 미야자와(宏池會)파에 속한 사람들이었다.

이렇게 보면 3당 연립 정권은 전후 일본정치에서 커다란 역할을 하였다고 볼 수 있다. 55년 체제 이후 보수의 길만 걷든 자민당을 자신들의 기본 이념과 당의 강령을 수정시킬 정도로 힘을 발휘하였기 때문이다. 동시에 일본의 사회당도 자위대가 합헌이라고 결정한 사항도 일본 리버럴들의 전환을 의미하는 것이었다. 이처럼 일본의 보수와 리버럴이 동시 변화하면서 연립정권을 탄생시킨 것이다. 이러한 역사적 배경에는 냉전의 종식으로 이념의 수렴 현상이 나타났다고 볼 수도 있지만, 일본의 국내정치 경제가 직면한 상황이 이렇게 만들었을 수도 있다고 볼 수 있다. 연립정권 탄생 10년 전 다나카 슈세이(田中秀征)가 작성한 자민당의 새로운 정강을 보면 이해할 수 있다. 당시 그는 대표대행을 하면서 자민당의 체질 개선을 주문하였다. 즉 현행 헌법에 대한 존중 등 그들의 입장을 명확히 하여야 한다고 주장하면서, 이러한 것들이 이루어진다면 연립과 선거협력 등 다양한 형태의 정치적 운영이 가능하다고 판단한 것이다. 그리고 고토다는 당시 사회당이 실시하는 연구회에 참석하는 등 일본 리버럴들이 진행하는 정치행사에 참석하고 헌법에 대한 자신의 의견을 제시하였다.

자민당 리버럴과 우경화

자민당 내부의 리버럴파의 조락과 함께 우파 내부의 대응이 활발해졌다. 당시 자민당·사민당·사키가케(自社さ) 정권의 중심인물은 가토 고이치(加藤紘一)였다. 이들은 발족과 동시에 분열 기미를 보이면서 즉 보보연합을 주장하면서 반대하는 나카소네와 와타나베 미치오 같은 사람들과, 가메이 시즈카, 이시하라 신타로 등이 적극적으로 협력하면서 리버럴의 힘을 실어주는 그룹으로 나뉘어졌다. 그러나 주일미군 군용지 특별 조치법(措置法)의 개정안이 신진당의 협력으로 성립한 것을 계기로 가메이 등은 자사사파로부터 보보파로 전환하였다. 앞선 총선거에서 사회당과 사키가케가 패하고 각외협력으로 전환하지 않으면 안 되었으므로 그것을 계기로 자사사 정권 아래서 리버럴 파의 우위에 대한 우파들의 불만은 쌓여져 갔다는 것도 중요한 원인이 되었을 것이다. 예를 들면, 1986년 8월 나카소네의 야스쿠니 신사에 대한 공식 참배의 연기이래, 1990년대에 접어들어 헌법이나 역사인식, 가족과 같은 문제에 대해 자민당의 우파들은 수세적인 입장에 있었다. 1993년 미야자와 정권의 '종군위안부'에 관한 고노 관방장관 담화('고노 담화')라든가 1993년 8월 10일의 호소카와 총리에 의한 '침략전쟁' 발언, 1995년 3월 제59회 당 대회에서 자주헌법의 제정이라는 당의 목표를 연기하고, 1995년 6월 9일 중의원 본회의에서 전후50년의 국회결의 채결 등은 자민당의 우파들에게 충격을 주었다(中北, 186쪽).

또한 무라야마 정권의 전후 50주년 국회결의는 자민당 우파계 단체들에게 충격을 주면서 그들의 결사적인 반대에도 결의를 단행하였다는 것은 무라야마 정권을 평가하는 중요한 계기가 되었다. 아베 총리를 선두로 일본의 대표적인 우파그룹인 '일본을 지키는 국민회의'나 '일본을 지키는 모임'은 500만 명 이상의 국민의 청원을 일본국회에 제출하고, 자민당은 '종전 50주년 국회의원 연맹'을 발족하고 총의원 269명 가운데 212명을 가입시켰다. 그들은 일본이 제국주의 시대에 행한 식민지 통치 즉 식민지 지배와 침략행위에 대한 반성을 표명해서는 안 된다는 입장을 취하면서 일본 국회의원들에게 압력을 가했다. 일본 우익 그룹들의 이러한 행위는 당시 가토 정조회 회장이 3당 합의 때 약속하고 실행한 과거사 인식과 대립하게 되었다. 가토는 "세계 근대사에서 많은 식민지 지배와 침략행위에 대한 생각을 하면, 우리나라가 과거에 저지런 이러한 행위나 다른 민족에게 특히 아시아 여러 국민에게 끼친 고통을 인식하고 깊은 반성의 뜻을 표명한다"는 문서를 정리하여 국회에서 가결시켰다(中北, 187쪽). 가토의 이러한 역사인식에 기초한 3당의 과거사에 대한 결의는 자민당 보수우파에게 영향을 미쳐 그들은 보다 조직적으로 움직이기 시작한 것이다.

이러한 3당 중심의 정치운영과 자민당내부의 리버럴들의 활발한 움직임이 진행되자, 자민당 우파그룹들은 우파 지지 단체들을 포함하여 적극적으로 움직이기 시작하였다. 5월 30일 문화인을 중심으로 구 일본군관계와 함께 공동 투쟁하는 일본을 지키는 국민의회가 종교단체 등으로 구성된 일본을 지키는 모임과 합류하여 일본의회를 설립하였다. 조직적인 중심이 된 것은 신사본청을 시작으로 한 종교단체였다. 그들은 구 일본군의 각종 관계 단체나 일본유족회 등을 중심으로 활동하면서 그들이 고령화하여 동원력이 떨어지자 조직적인 위기와 동시에 정치적인 위기를 염려하였다. 그들은 이러한 현실적인 문제를 해결하기 위하여 재편을 진행하면서 당시 일본의회의 사무국을 맡았던 '장생의 집(長生の家)'이 중심을 이루었다. 그들은 학생운동의 조직 출신자들로 이루어진 일본청년협의회가 기반이었다(中北, 187~188쪽).

일본회의 출발과 함께 시마무라 요시노부(島村宜伸)가 회장으로 있는 일본회의 국회의원간담회가 발족하고 자민당을 중심으로 신진당 등의 국회의원이 184명이 가입하는 등 정계에서도 우파의 결집이 진행되었다. 또한 비슷한 시기에 '일본의 전도와 역사교육을 생각하는 젊은 의원의 모임', '일본의 위기와 안전보장을 생각하는 모임', '모두 야스쿠니에 참배하는 국회의원 모임', '헌법조사위원회 설치추진의원 연맹'이 설립되었다. 이러한 일본 정치인들의 움직임은 그동안 전후 일본정치에서 볼 수 없었던 움직임으로 일본정치의 보수 우경화의 시작으로 이해할 수 있으며, 보다 조직적으로 자민당 우파중심으로 진행되었다는 점에서 특이하다. 가메이 시즈카

와 같은 우파 정치인을 중심으로 이루어진 이러한 우파 정치운동은 자민당·사민당·사키가케(自社さ)파 중심의 정치운영을 보보(保保)파로 전환시키는 역할을 하였다고 볼 수 있다. 특히 1998년 접어들어 참의원 선거가 가까워지면서 사민당과 사키가케가 각외협력을 해소하자 3당 합당의 협력정치의 틀이 무너지면서 결국 7월 참의원 선거에서 자민당이 대패하면서 하시모토 자민당 총재와 가토 간사장이 사임하고 오자와가 이끌고 있는 자유당의 움직임이 활발해지기 시작하였다. 이러한 리버럴에 대한 우파의 승리를 배경으로 자민당은 보보파에 의한 우위가 진행되기 시작하였다(中北, 188~189쪽).

고이즈미에 의한 신자유주의 개혁은 '우정민영화의 기본방침'이 각의에서 결정되면서 시작하였다. 이것은 자민당 총무회의 허락을 받지 않고 국회에 제출되었다. 이러한 과정은 과거 자민당 정치의 정책결정과는 다른 것이었다. 당시 고이즈미의 개혁에 대한 비판은 하시모토파만이 아니라 우파들 사이에서도 강해지기 시작하였다. 당시 가메이 시즈카 같은 정친인은 일본사회가 약육강식과 같은 사회로 진행되는 것을 비판하면서 고이즈미의 신자유주의 개혁을 비판하였다. 그는 히라누마와 함께 우정민영화에 반대하는 그룹에 속하면서, 당시 히라누마는 일본회의 국회의원간담회 회장을 맡고 있으며 가메이파에 소속하였다. 그들의 민영화에 대한 반대는 위기 상태에 놓인 일본을 보여주는 것이었다. 소위 미국발 신자유주의에 대한 문제점들이 일본사회에 나타나면서 자민당 정치인들은 분열하기 시작한 것이다. 그러나 고이즈미의 강력한 지도력과 개인적인 카리스마는 보수 정치인들을 뿌리치고 당내 절차를 무시하고 민영화를 진행하였다.

7월 5일 중의원 본회의에서 우정민영화법안이 부결되자 고이즈미 총리는 바로 중의원을 해산하고 우정민영화의 찬성과 반대를 묻는 총선거에 돌입하였다. 고이즈미는 자민당 내에서 우정민영화법안에 반대하는 의원들을 공인하지 않고 대립 후보를 내세웠다. 대립 후보들 가운데는 아베 의원에 가까운 사람들도 있었다. 이즈음에 이르러 보면 신자유주의와 우파의 구합이라는 아베의 전략은 많은 타격을 입었다.

고이즈미는 우정선거를 치르면서 포퓰리즘적인 정치수법을 사용하여 선거를 치렀다. 즉 개혁세력과 저항세력이라는 대립구도를 만들어 선거를 치르고 당의 개혁을 살려 광고전략을 전개하였다. 9월 11일 실시된 총선거에서 자민당은 압승하면서 15년 만에 단독 과반수를 차지하여 296석을 얻었다. 그리고 10월 14일 우정민영화법안은 성립하였다.

고이즈미 정권의 우파정책

우정민영화법안이 성립하고 2개월 후 자민당은 당 창립 50주년 기념대회가 열리고 아베 간사장 대리는 자신의 주도로 작성된 새로운 이념과 강령을 결정하였다. 새로운 '이념'으로 자국의 안전은 스스로 지킨다. 그리고 일본의 전통과 문화를 존중하고 이것들을 중시하면서 그 발전을 목표로 한다고 주장하고, '강령'에서는 새로운 헌법제정을 내걸고 높은 뜻을 가진 일본인을 육성하여야하고 교육기본법을 개정한다라는 것을 채택하였다.

고이즈미는 총리는 정조회장으로 히라누마를 기용하면서, 같은 우파로 '일본회의 국회의 간담회'회장인 아소 타로를 취임시켰다. 고이즈미는 총리에 취임하면서 새로운 역사교과서를 만드는 모임(새역모)가 만든 중학교 역사교과서를 검증 통과시켰다. 한국과 중국의 반대에도 불구하고 고이즈미 총리는 수정 요구를 받아들이지 않았다. 그리고 그는 2001년 8월 13일 야스쿠니도 참배하였다. 1996년 하시모토 총리가 참배한 이래 16년 만에 이루어진 것으로 일본회의나 일본유족회는 고이즈미에게 지지를 보냈다. 고이즈미의 노골적인 행동은 매년 이루어졌다. 그리고 고이즈미 정권기에는 야스쿠니와는 다른 별도의 국립전몰자 추도 시설을 검토는 사적 자문기관인 '추도·평화기념을 위한 기념비 등 시설의 존재 방식을 생각하는 간담회'를 후쿠다 야스오 (福田康夫) 관방장관이 설치하였다. 그들의 노력 결과 '국립의 무종교의 항구적인 시설'이 필요하다는 보고서를 정리하였다. 그리고 총리의 사적 자문기관인 '황실전범에 관한 유식자회의'에서는 여성 천황과 여계 천황을 용인하는 보고서를 제출하여 우익들의 반발을 받았다 (中北, 214쪽, 2014).

제4장

국가·이데올로기의 변화

글로벌화가 진행되면서 일본에서도 국제주의와 일본 국가주의가 점점 논의되기 시작하였다. 동시에 냉전종식 이후 냉전기에 잠시 잊혀졌던 '가치'의 문제가 일본에서도 전개되기 시작하였다. 이러한 논의는 우파 정치인들이 새롭게 등장하면서 더욱 활발하게 진행되었다. 예를 들면 '종속 국가론'이라는 개념도 이러한 흐름의 하나라고 볼 수 있다. 세계는 자유주의, 민주주의, 시장경제로 이행되는 과정에 있으나 이러한 상황에 적응하고 있는지 그렇지 않은지를 둘러싸고 각국은 고민하고 있는 것이 현실이다. 일본은 전후 냉전구조 속에서 고도성장을 이룩하여 경제성장에 성공하였다. 그렇게 보면 냉전의 수혜자이며 미국을 따라 민주주의, 자유주의, 시장경제를 중심으로 성장한 국가였다. 그러므로 냉전기의 일본의 국익은 미국과의 관계 강화 속에서 경제성장을 하는 것이었다.

그러나 냉전종식 이후 새로운 환경에 직면하였다. 과거와는 달리 서방국가들 사이에 공통의 이익을 추구하던 상황과는 다른 국면에 직면하였다. 글로벌 시대에 접어들어 각국은 국익의 개념을 재정의하여야 하는 상황에 직면하였다. 일본도 역시 국익 개념을 재정의하기 위하여 미일관계 사이에 경제, 안보분야에서 재정의 하려는 노력들이 계속되었다. 일본 보수정치인들에 의해 일본의 미래 구상과 비전들이 나오게 된 배경도 비슷하다. 바로 일본의 국익을 재조정하면서 자신들의 정체성을 어떻게 할 것인가에 관한 고민이라고 할 수 있다. 다시 말하면 국익을 재정의하면서 가치의 문제를 고민하고 어떠한 국가를 만들어 갈 것인가를 고민한 것이다. 가치외교의 추구, 일본의 미래상을 제시하는 정치인들의 등장, 무당파층이 증가하는 가운데 포퓰리즘이 점점 대중화하고 있는 상황에서 이러한 논의가 진행되었다.[1]

고이즈미 정권 이후 자민당과 일본 정부는 역사수정주의, 신자유주의를 정책이념으로 채택하면서, 국내적으로 네이션과 내셔널리즘 논의, 격차사회, 노동시장의 글로벌화와 청년층에 관한 논의가 진행되었고, 사회 내에서 정체성 문제가 논의되기 시작하였다. 동시에 일본의 국가를 어떻게 이해하여야 하는가의 문제와 관련하여, '표류하는 일본인'이 미래 어떻게 새로운 시각을 가질 것인가에 관심이 기울여졌다.

일본이라는 국가는 어떻게 변화하였는가?

국가주의의 강화, 국제 협조주의 약화, 역사수정주의자들 등장, 평화국가로부터 후퇴, 평화헌법의 공동화 이러한 현상들은 일본 정치사회가 과거와는 다른 방향으로 가고 있음을 말해주고 있는 것이다. 이러한 것을 우리가 '위기'라고 한다면 이러한 위기에 대한 대응 방법으로 무엇이 있을까? 이것은 일본의 전후 리버럴이 주장하였던 평화헌법의 유지, 즉 일본의 비무장화와 미일동맹의 비군사화를 어젠다로 삼을 것이다. 그러나 일본의 보

---

[1] 佐伯啓思, 『從屬國家論·日美戰後史の欺瞞』(PHP新書, 2015), 36쪽.

수우익 정치인들은 새로운 국가의 국제역할론을 강조하면서 보통국가론을 주장하고 있다(물론 야당 정치인들 사이에는 평화기본법 구상을 계속 주장하는 사람들도 있지만).

이러한 위기들에 대해 아시아의 미디어들이 주장하는 것처럼, 일본의 우경화와 내셔널리즘으로의 회귀를 경계하는 논조가 눈에 띈다. 그럼에도 불구하고 오해도 아니고 정서적인 과승 반응도 아니다. 일본에서는 구조적인 변화가 일어났다. 그럼 그러한 구조적인 변화의 모습은 일본의 전후사의 문맥에서 이해하여야 할 것이다.

1) 정보관리 사회로 변화

인터넷의 보급으로 개인의 프라이버시가 위협을 받고 있다. 다양한 개인에 대한 기록들이 사회에 나돌고 기업들에게 판매되고 있는 것이 현실이다. 이러한 가운데 시민들의 자유는 위협받고 있다. 일본정부는 국민총번호(國民總背番号) 제도와 주민기본대장(일종의 주민등록제도) 개정의 움직임을 보였고, 또한 1990년대 후반부터 업계의 자주규제로 규제와 검열을 하기 시작하였다.[2]

그럼 일본사회는 어떠한 방향으로 가고 있는가? 국가와 사회의 변화와 함께 이데올로기는 새롭게 전개되고 있으며 정치적으로 신자유주의화가 진행되었다. 정보화 시대에 맞추어 일본에서도 IC카드를 사용한 기술이 보급되어 보다 안전하고 편리하게 서비스를 받기 위한 노력도 있다. 그러

---

[2] 『世界』, 編輯部編, 『自自公 暴走 ストップ』(1999.11), 94쪽.

나 다른 한편으로 국가에 의한 개인정보의 관리 문제이다. 서양의 복지국
가들에서는 카드에 국민번호제가 도입되어 있어 전국의 센터가 국민의 개
인 정보를 수집하고 관리하고 있다. 여기서 문제는 전국의 센터가 자신들
이 수집한 개인정보를 기업에게 판매한다는 사실이다.

2) 저성장 격차사회

90년대 이후 일본사회는 격차사회, 하류사회 등으로 표현되듯이, 초저
성장과 실업율이 증가하면서 사회적 불만이 고조되고 불안이 증가하는 사
회로 되었다. 점점 자민당은 쇠퇴하고 새로운 생활정치를 주장하는 민주당
이 정권을 차지하였다.

이러한 변화 속에서도 1990년대 냉전종식과 함께 일본의 국제적 공헌
이 기대되고, 미일동맹강화 그리고 경제적으로 일본 자본의 글로벌화가 진
행되었다. 동시에 신대국주의와 새로운 이데올로기가 한층 강화되는 현상
이 나타났다. 자민당 우파들 가운데 국제파들은 전후 대국주의적인 내셔널
리즘 강조와는 대조적으로 일본 제국주의의 침략전쟁을 어느 정도 한도 내
에서 반성하고, 자기의 구상과 과거의 일본 제국주의의 단절성을 강조하려
고도 노력하였다. 그러나 자민당이 정권을 잃자 위기감에 직면한 자민당
우파그룹들은 우익단체들과 함께 일본의 전통 복고주의의 부활을 위해 우
파 전환을 시도하여 성공하였다.

3) 일본사회의 뒤틀림

1990년대 일본사회는 냉전종식과 국내 정치경제에서 신자유주의 정

치경제의 한계와 관련하여 새로운 국면에 접어들었다. 그리고 역사 문제와 관련하여도 과거와는 달리 일본의 정체성을 강화하는 움직임이 활발해졌다. 과거사 재평가, 전쟁과 전후 책임의 주체를 둘러싼 논의, 역사수정주의, 자유주의 사관, 비틀림의 전후사 극복 등과 같은 문제 제기가 진행되었다.[3] 일본 내에서 역사수정주의의 태동 배경은 국제적으로는 냉전종식, 국내적으로는 기존 정치인들의 정치부패와 파벌정치 같은 것들이 국민들의 불신을 증대시켰다. 그 결과 구조개혁이라는 이름으로 이념과 제도 그리고 국가비전을 새롭게 정립하려고 움직이기 시작하였다. 자민당의 분열과 새로운 신당들의 탄생이 유행처럼 나타났다. 당시 일본은 일본 보수주의의 쇠퇴와 동시에 정치경제의 불황이 계속되었다. 경제적으로 국제경제의 위기의 여파로 거품경기가 붕괴하기 시작하였고 일본경제는 구조적인 불황에 직면하였다(한상일, 213쪽).

1990년대 일본에서는 중상주의가 쇠퇴하는 상황이 전개되었다. 이러한 현상은 공공정책이나 경제정책을 보면 두드러진다. 전후 일본이 전개한 거시정책들은 국내 산업을 보호하면서 균형 잡힌 재정정책을 전개하였다. 즉 낮은 세금 정책과 작은 정부를 유지하고, 공공지출을 낮추기 위해 긴축재정정책을 유지하여야 하였다.[4]

그리고 전후 일본은 고도성장을 이루면서 점점 잠재적인 위협에 직면했다(펨펠, 252쪽 이하). 먼저, 일본은 전후 고도성장 이후 새로운 사회경제적인 문제에 직면하게 되었다. 이것은 신자유주의의 폐해가 여기저기서

---

3) 한상일, 「일본사회의 우경화」(김호섭 편, 『일본우익연구』), 210쪽.
4) T. J. 펨펠 저·최은봉 역, 『현대일본의 체제 이행』(을유문화사, 2000), 310~311쪽.

발생하였기 때문이다. 국제금융의 위기에 직면하자 일본 역시 새로운 문제에 직면한 것이다. 중산층의 형성, 고령화, 이러한 것은 경제의 역동성을 완화 내지 저해하는 요소로 작용하였다. 그리고 민주주의 체제에서 선거민으로부터 어느 정도 지지를 받느냐의 문제에 부딪쳤다. 과거 자민당 체제 아래서는 보수 안정이라는 것이 중요하였으나, 자민당에서 점점 분산과 분열이 진행되면서 더 이상 정권의 안정을 유지하기가 어려워졌다. 마지막으로, 일본의 국내체제와 국제교류의 문제 등에서 위협에 직면하게 되었다.

새로운 대국화 이데올로기

걸프전쟁 이후 일본은 대국화를 지향하는 국가 목표에 관한 논의가 진행되면서 이데올로기로 등장하였다. 정치가들이나 매스컴에서는 국제공헌론 혹은 국제책임론을 주장하면서, 1960년대 이후 일본이 소극적으로 대응해 온 안전보장이나 외교문제에 보다 적극적인 자세를 보이기 시작하였다. 이러한 움직임을 대국화의 움직임이라고 본다면 일본에서 자발적으로 이러한 분위기가 생겨나고 이러한 분위기에서 자신들이 논의를 시작하였는다는 점에서는 중요한 특징이라고 할 수 있다. 물론 냉전이 종식되고 세계는 자본주의 사회를 중심으로 하나가 되어 가는 분위기였기 때문에 더욱 세계평화를 지키기 위하여 서로 협력하고 노력하여야 한다는 입장을 가지고 있었다. 이러한 입장은 과거 일본이 냉전기 때 가지고 있던 자세와는 상당히 변화된 모습이었다(渡辺, 198쪽 이하).

그러므로 1990년대에 나타나기 시작한 일본의 대국화 이데올로기의 특징은 다음과 같다. 먼저 과거 1980년대에 정치분야에서 대국화를 주장한 사람들은 주로 신사나 유족회 그리고 생장의 집과 같은 우익 지지 단체들과 보수우익적인 매스컴들이었다. 그러나 냉전종식 이후에는 경제동우회나 경단련과 같은 재계의 단체들 그리고 오자와 이치로와 같은 자민당의 정치인들과 요미우리 신문 같은 매스컴 등 일본 정치사회의 주류들에 의해서 문제 제기되었다. 이처럼 문제 제기하고 담당할 사람들의 등장은 과거와는 많이 다른 변화의 모습이라고 볼 수 있다.

그리고 1990년대 이후 등장하는 대국화의 의미는 과거의 내셔널리즘적인 차원이 아니라 국제적인 시각을 가지고 있다. 국제공헌론이라든가 국제적 책임과 같은 용어를 사용하면서 국제적인 관점을 부각시키고 있다는 점이다. 특히 오자와 이치로 같은 정치인은 "일본이 평화롭고 풍요로운 국가로 생존하려면 세계의 평화질서가 불가결하며 그러기 위해서는 무력을 포함한 적극적인 공헌을 하여야 한다"고 주장하였다. 즉 자위대의 해외 파병을 정당화를 시도하기도 하였다.

자유주의 사관의 등장과 보수주의 쇠퇴

국제적으로 유일한 강대국 미국에 의해서 국제정치가 운영되고, 국내적으로 일본정치의 이념인 '총보수화' 현상이 나타나기 시작하였다. 즉 일본은 매스컴의 지지를 받아가면서 우경화의 길을 걸었다(한상일, 214쪽). 그 중심에 후지오카 노부카츠가 주장한 자유주의 사관이 있었다. 국익중심의 내셔널리즘과 결합하여 전전의 배타적이고 국가주의적인 것으로 향하는 것이었다(한상일, 249쪽).

정책이념의 대립 시기를 놓고 설명할 때 보통 제3기는 새로운 대립축이 표면화된 시기로, 1980년대 후반부터 1990년대에 이르는 시기였다. 이 시기에 경제정책이나 국제정세의 변화가 발생하면서 새로운 대립축이 생겨났다. 그동안 진행되어 온 신자유주의에 기초한 자민당의 이익유도정치가 한계에 직면하였으며 규제완화나 재정지출을 삭감하여야하는 구조개혁이 요구되었다.

1980년대 미일 경제마찰이 격화되면서 미국으로부터 외압이 가해지고, 수입의 확대나 내수 확대를 위한 정치경제구조의 개혁이 요구되었다. 당시 미일 마찰에서 쟁점이 되었던 것은 대점법(大店法, 대규모 소매점포에 있어서 소매업의 사업활동의 조정에 관한 법률, 2000년 폐지하고 대규모 소매점포 입지법 제정) 개정 문제였다. 그리고 버블 붕괴로 공공사업 중심으로 한 경기대책이 진행되었지만 효과가 없었으며 재정적자가 누적되었다. 이러한 상황에서 진정한 경기회복을 위해서는 구조개혁이 필요하였다. 또한 글로벌화의 진전에 따라 국경을 넘어 단기자본의 이동이 활발해졌지만 국제시장에서 일본의 지위를 유지하고 해외자본의 도피를 막기 위하여 구조개혁이 필요하였다. 마지막으로 냉전종식을 계기로 보수진영 내부에서 대립이 현재화하였다. 자민당의 지지기반에서 잠재적인 균열이 생기기 시작하였다. 지금까지 자민당의 지지기반이었던 농업, 건설업, 유통업 등에서는 구조개혁을 반대하였지만, 국제적으로 경쟁력을 가진 기업이나 신중간 층들은 구조개혁을 요구하기 시작하였다. 그 결과 일본형 중상주의와 경제적 자유주의 사이에 대립축이 나타나기 시작하였다(內山, 177쪽).

한편으로 1990년대 일본의 보수주의는 분열의 위기를 맞이하였다. 경제적으로는 경제적 자유주의와 일본형 중상주의 사이에서 분열이 발생하였으며, 그 결과 자민당을 지지하던 계층에서도 분열 양상이 생겨났다. 경제적 자유주의는 경제발전을 달성하기 위하여 자원배분을 시장 메커니즘에 맡기고, 정부의 역할은 최소한으로 억제할 필요가 있고, 대외적으로도 시장을 개방하여야 한다는 입장이다. 반면 일본형 중상주의는 산업정책 등의 형태로 정부가 시장에 개입하여 자원배분이나 기업행동에 영향을 미치는 것으로, 대외적으로도 국내시장을 보호 육성하는 것을 주장한다.

이렇게 보면, 일본정치에 있어서 1990년대는 그동안 견고하던 보수 자민당이 정책, 제도, 사회경제적인 면에서 분열되어 가는 시기임에는 틀림없었다. 그 결과 일본이 자랑하던 고도성장 경제도 불량채권으로 소비자의 신뢰를 잃었으며, 선거제도도 한계를 드러내고, 일본의 국제적인 관계 역시 갈등을 유발하기 시작하였으며, 그동안 일본의 제도들은 유동성과 내부 결속력을 잃어버리기 시작하였다(펨펠, 351쪽).

개혁파 지도자의 망언

일본정치에 있어서 전후 지방자치를 살펴보면, 포퓰리스트 지방지도자들은 대체로 개혁적인 입장을 가지지만, 그들 중 하시모토 도루나, 이시하라 신타로는 개혁적인 측면과 포퓰리스트적인 성향을 동시에 가지고 있었던 인물들이다. 그러므로 하시모토 도루의 오사카 도(都) 구상도 이러한 맥락에서 볼 수 있다. 오사카도 구상과 정당인 '유신'의 동향을 보면 일본의 혁신자치체의 모습과 개혁파 지도자는 무엇을 생각하고 있는지 이해할 수 있다.

1) 하시모토 도루의 망언

일본 유신회 대표인 하시모토 도루(橋下 徹) 오사카 시장이 2013년 5월 13일 "위안부는 필요했다"는 망언을 하였다. 당시 오사카 시청에서 열린 기자회견에서 하시모토 시장은 "(태평양 전쟁 당시) 일본군은 당시 총탄이 오가는 상황에서 목숨을 걸었다. 정신적으로 신경이 곤두서 있던 그들에게 위안부 제도가 필요했던 것은 누구라도 알 수 있는 일"이라고 몰역사적인 말을 했다. 그리고 하시모토 시장은 "당시의 역사를 조사해보면, 일본군뿐만 아니라 여러 나라 군대에서 (위안부를) 활용해 왔다" 그리고 "왜 일본 위안부만이 세계적으로 거론되고 있느냐"며 반문하는 역사인식이 잘못된 포퓰리스트의 전형을 보여주었다. 마지막으로 하시모토는 "일본이 국가적인 차원에서 위안부를 강제로 동원했다고 세계가 비난하고 있지만 2007년 (제1차 아베 내각 시절) 각의 결정에서 위안부 강제 동원의 증거가 없다고 보고 있다" 또한 "일본이 부당하게 모욕당하고 있는 점을 확실히 주장해야 한다"[5]고 말하는 등 허울만 개혁파라는 인상을 주었다.

이시하라 신타로 전 도쿄 도지사와 함께 일본유신회의 공동대표를 맡고 있었던 하시모토 시장은 한때 '총리감'으로 거론될 정도로 떠오르는 젊은 정치인이었으나, 빈번한 망언으로 보수 우파로부터도 많은 비난의 대상이 되었다. 그러나 그는 개헌발의 요건을 정한 헌법 96조 개정을 적극 지지하고 집단적 자위권 행사 용인을 주장하며 일본의 우경화에 앞장섰다.

---

5) 『朝日新聞』 2013년 5월 14일, 39면.

2) 이시하라 신타로의 망언

전 도쿄 도지사로 너무나 많은 망언을 하였으므로 일일이 열거하기보다 그는 전형적인 신자유주의와 신보주주의를 동시에 겸비하고 있는 인물이다. 그러므로 그는 차별을 강화하는 신자유주의 정책을 전개하면서 동시에 일본의 내셔널리즘을 강화하는 정책을 선호하였다.[6]

이러한 사례에서 보듯이 아베 내각 이후 진행된 일본정치인들의 망언 사례를 보면 다음과 같은 특징들을 발견할 수 있다. 먼저, 망언을 통하여 망언의 수준이 점점 강해지고 있으며 망언을 지지하는 층이 10~15%로 증가하고 있다는 것이다. 특히 시대의 흐름과 관련하여 일본이 불안하고 수세에 몰릴 때는 반드시 망언을 통하여 자신들의 왜곡된 역사인식을 확산하는 행태를 보이고 있다. 이러한 움직임은 과거나 현재나 비슷하다고 볼 수 있고 망언하는 정치인들은 망언을 통하여 자신의 정치생명을 연장시켜 나가는 이상한 구조를 가지고 있다.

둘째로, 자민당의 파벌정치가 약화되고 있는 가운데 특히 지지단체를 중심으로 지지를 받고 있는 우익정치인들 중심으로 망언이 진행되고 있다는 것이다. 이러한 분위기 속에서 역사 문제를 이슈로 한 모임을 만들어 자신들의 활동을 확대해 나간다. 물론 그들은 같은 파벌 속에서 활동하지만 때로는 초당적인 모임을 조직하여 자신들의 정치조직을 확대해 나간다.

마지막으로, 일본정치인들의 망언이 국가 간 관계에서 주변에 방치되었던 이슈에서 점점 중심으로 자리를 잡아 가고 있다는 점이다.

---

6) 渡辺修, 『安倍政権と日本政治の新段階』(旬報社, 2013), 109~110쪽.

고이즈미 정권과 역사인식

탈냉전 후 일본은 미일관계를 재조정하는 과정에서, 냉전기처럼 순응하는 외교정책을 전개하면서 국익추구와 경제발전을 이룩할 수 있을 것인가? 혹은 동아시아와 아시아·태평양지역에서 '보통국가' 내지 '국제국가' 혹은 '문민국가'로 자신들이 직접 국제질서 형성에 관여할 것인가?를 놓고 고민하기 시작하였다. 탈냉전기 일본은 이러한 의문점을 가지고 국제환경의 변화를 지켜보면서 자신들의 역할을 모색하였다. 물론 일본은 자국의 안전보장 확보, 국제적인 영향력 행사의 증대, 국제질서 형성에 적극적으로 참가하려 하였으나, 그러나 주변국으로부터 신뢰가 결여된 상태에서 일본의 구상은 많은 점에서 비판을 받았다.

오부치 전 수상은 '21세기 일본의 구상'에서, 21세기 일본은 열린 국익을 추구하는 글로벌 시빌리언 파워 국가로 국제사회에서 그 역할을 강조하면서, 인간의 안전보장과 국제적인 공익을 고려하면서 일본은 종합적이고 중층적인 안전보장을 확보하여야 한다고 강조하였다. 그리고 이러한 것을 실천에 옮기기 위하여, 일본은 동아시아 국가들과 협력관계를 강화하여야 한다고 하였으나, 고이즈미 정권은 주변국과의 신뢰 구축보다는 '국가의 정체성' 강화 정책을 실시하여 많은 비판을 받았다.[7]

당시 고이즈미 정부는 북한과 교섭을 진행하면서 북한에게 3가지를 요구하였다. 먼저, 북한이 납치 사실을 인정하고 사죄한 후 납치 피해자들

---

[7] 고이즈미 정권하의 우경화 문제는 김영춘, 『일본의 보수우경화와 국가안보전략』(서울: 통일연구원, 2005), 43쪽 참조.

의 정보를 공개할 것, 그리고 과거청산은 경제협력에 의한 '한일방식'으로 해결하여야 한다. 마지막으로 일본 측은 경제협력의 금액을 명시하지 않는다[8]는 것이다. 이 세 가지야 말로 고이즈미 정부의 대북한 외교의 핵심 내용이며 양보할 수 없는 선이었다. 물론 이 3가지는 정상회담 전 다나카 히토시(田中 均) 심의관이 북한의 '미스터 X'와 교섭하는 과정에서 계속 주장한 내용을 정리한 것이었다. 특히 교섭 과정에서 납치 문제는 일본에게 심각한 문제였으며, 이러한 문제 해결 없이는 북일 관계 개선은 있을 수 없다는 점을 수차례 북한에게 전달하였다. 극비 회담들을 통하여 북일 교섭 당사자들은 어느 정도 상대방에 대한 신뢰를 쌓아가며 정상회담의 조건을 정비하였다. 북일 사이에 이러한 교섭이 진행되는 동안 미국이 북한을 '악의 축'이라고 비판하자, 일본은 상당히 당황하면서 미국과 어떻게 조정하느냐가 중요한 과제로 남게 되었다. 결국 일본은 미국에게 고백하고 북일 정상화 교섭에 착수하였다.

고이즈미 준이치로의 등장은 일본의 대국화를 가속시키면서 동시에 군사대국화 단계로 진입시키려는 것이 그 목적이었다. 대국화의 내용은 전후 일본이 경험한 것에서부터 나온 교훈이었다. 첫 번째는 미국으로부터 가해지는 압력으로 대국화 문제였다. 냉전종식 이후 세계 여러 지역이 정치적으로 불안정해 지면서 새로운 전략이 필요하였기 때문이었다. 그리고 경제의 글로벌화 확대로 일본기업이 해외에서 활동할 수 있는 환경을 만드는 것이 중요하였다. 그리고 군사대국화는 미일 안전보장을 재정의하면서 분쟁지역에서 일본의 역할을 강화는 것이다.[9]

---

8) 『読売新聞』 2004년 11월 18일, 1면.

이러한 대국화와 군사대국화가 요구되는 상황 아래서, 고이즈미 총리의 역사인식은 보수를 넘어 우익적인 사고를 하고 있었다. 고이즈미 정권의 목표는 일본의 대국화를 가속화시키면서 군사대국화를 실현시켜 일본의 국가의 정체성을 강화하는 것이었다. 고이즈미는 2006년 8월 15일 야스쿠니 신사를 공식 방문하였다. 일본의 전쟁 패전일에 방문 한 것은 21년 만이었다. 이것은 선거공약을 실천하는 것이면서 일본 내셔널리즘의 복권을 알리는 것이었다.[10] 이러한 그의 활동은 이미 수상에 당선되기 전부터 계산된 행동이었다. 물론 그가 계산된 행동을 하게 된 배경에 대해서 두 가지 가설이 제기되었다. 먼저, 나카소네보다 더 훌륭한 총리로 일본역사에 남으려고 하였다는 것이다. 그의 노력은 미일관계의 강화, 우정민영화 그리고 야스쿠니 참배 등으로 충분히 역사에 남을 수 있었으나, 주변 국가와의 관계에서 특히 한국과 중국과 갈등을 남기면서 고이즈미는 과거의 침략성이나 식민지 문제와 같은 역사인식 문제에서 많은 한계를 보였다. 두 번째로 그는 야스쿠니 참배를 통하여 획기적인 외교를 전개하려고 하였을지 모른다. 그는 식민지 문제와 관련하여 계속 사과하는 자세를 취하면서 한국에게 이해를 얻으려고 노력하였다.[11] 그러나 그의 역사인식과 행동은 거듭되는 야스쿠니 참배로 모두 허사가 되고 말았다.

고이즈미 총리의 역사관은 두 가지로 정리할 수 있다. 먼저 그는 야스쿠니 참배라는 형태를 통해 자신의 정치적인 목표를 달성하려고 노력한 정

---

9) 渡辺修, 『安倍政権と日本政治の新段階』(旬報社, 2013), 77~78쪽.
10) 若宮啓文, 14쪽(『和解とナショナリズム』, 朝日新聞社, 2006).
11) 若宮啓文, 위의 책, 18~19쪽.

치인이었다. 즉 야스쿠니와 관련된 역사인식을 긍정적으로 보았다. 그는 일본에서 야스쿠니 문제가 논의되는 촉매 역할을 하였다.[12] 그리고 주변 국과의 관계를 무시하는 인식을 하였다. 한국과 중국 관계는 물론 미국과의 관계에서도 도쿄재판 부정론의 입장에 서는 등 관련 국가들이 이해 못하는 역사관을 가지고 있었다.

그러므로 고이즈미의 행동은 한국과 중국에서 반일의 움직임을 초래하였고, 그동안 자민당 보수파들이 전개한 역사 관련 정책들은 악순환을 거듭하였다. 그는 일본 국내에서 구조개혁이라는 이름 아래 개혁을 단행하여 자민당의 구세력을 약화시키면서,[13] 이웃 국가들에게는 침략의 역사를 부정하는 퇴행적인 행동을 하였다.

고이즈미 정권기 동안 한일 간에 세 가지의 역사 문제가 쟁점이 되었다. 하나는 '새로운 역사교과서를 만드는 모임(새역모)'의 교과서가 검정을 통과하였다. 새역모의 교과서는 일본의 전후 민주주의를 비판하면서 아시아 국가들과의 화해에 부정적이었다. 특히 위안부 기술을 삭제하는 등 일본의 애국주의에 기초를 두고 있었다.

그리고 두 번째는 고이즈미 총리의 야스쿠니 참배문제였다. 고이즈미는 야스쿠니 참배를 고집하여 결국 한일, 중일 관계가 단절되었다. 고이즈미는 야스쿠니 문제를 부분적으로 이용하여 총리에 당선하는 지도자였다. 과거 나카소네와는 달리 그는 야스쿠니 참배 문제를 철저히 이용하여 국내

---

12) Sheila A. Smith *Intimate rivals*(Columbia University Press, 2015), p.92.

13) 고이즈미는 다나카, 오히라 전 총리 등 구 우파들이 추진한 아시아 화해정책에 반하는 정책을 전개하면서 자민당 내에 새로운 복고주의적인 국가주의 그룹들이 등장하는 계기를 마련하였다.

정치에서 인기를 얻었다. 그는 자민당 총재선거 전부터 지란 특공대 박물관을 방문하여 일본 유족회의 지지를 얻어 총리가 되었다. 그의 야스쿠니 참배문제는 일본의 전쟁관을 긍정하는 것으로, 단순히 아시아만이 아니라 미국과의 관계에서도 많은 문제점을 남겼다. 이러한 문제는 한일 간의 외교 문제이면서 동시에 정치 문제가 되어 갈등을 촉발시켰다. 고이즈미 총리는 야스쿠니 참배 문제와 역사인식의 실패로 동아시아 외교의 재건과 동아시아 질서 구축이라는 자신의 목표는 전혀 진행하지 못하고 물러났다. 동아시아에서 일본은 스스로 커다란 약화를 초래하였으며, 그 결과 일본 재계의 불만도 점점 더해졌다. 세 번째는 위안부 문제 해결이 어렵게 되었다. 위안부 설치, 모집, 관리에 일본군이 간여하였다는 문제가 자료로 밝혀지면서 정치 문제로 나타나 소송도 제기되었다. 이러한 상황에서 일본의 우파들은 위안부 문제를 비판하면서 우파 언론과 정치인들을 옹호하기 시작하였다. 이러한 분위기는 제1차 아베 내각으로 이어지게 된다.[14]

고이즈미 정권기에 일본의 역사인식이 잘못되면 될수록, 아시아 외교는 경색되는 현상이 계속되었고, 결국 일본은 미국과의 관계를 강화하고 아시아의 통합보다는 분열을 부추기는 외교를 전개하였다.

포퓰리스트 혁신 지도자의 시대

1990년대부터 개혁파 지방지도자들의 등장이 약 20년 계속되면서,

---

14) 若宮啓文, 『戦後70年保守のアジア観』(朝日新聞社, 2014), 265~266쪽.

2000년부터 지방분권 일괄법이 시행되었다. 그 계기가 된 것은 2001년 4월 등장한 고이즈미 정권의 탄생이었으며 개혁의 시대가 시작된 것이다. 그리고 일본에서는 2013년 참의원 선거부터 네트에 의한 선거운동이 해금되었다. 이러한 네트 사회는 정치에 어떠한 변화를 야기하였는가? 네트를 이용하면서 유권자들은 정치에 대한 관심도가 높아졌고, 이로 인해 분극화가 발생할 염려가 있게 되었다. 기본적으로 인터넷을 통한 유권자들의 활동은 능동적이어야 하며, 그러한 행동에 의해 정치에 대한 관심도는 높아가게 되었다. 하시모토 도루와 같은 단체장은 네트 사회에서 새로운 모습을 보여주었다.

2013년 총선거 2003년 보수 2대 정당을 지지하던 유권자들 중 국민의 30% 정도가 보수 2대 정당으로부터 이탈하였다. 이탈한 유권자들은 혁신정당이 아니라 일본유신회 쪽으로 흡수되었다.

일본유신회의 역할은 두 가지였다. 첫 번째 역할은 보수 정당으로부터 이탈한 사람들을 흡수하여, 자신들을 보수의 틀 속에 머무르게 하였다. 민주당과 자민당이 실패할 경우를 대비한 대한 일종의 보험이었다. 일본유신회도 스스로를 잘 알고 있었기 때문에 자신들이 주장하는 구조개혁이나 군사대국화의 틀로부터 벗어나는 정책은 애매하므로 거꾸로 신자유주의 정책을 정면에 들고 나온 것은 보수층의 기대에 응하기 위한 것이었다(渡辺, 2013년, 42쪽). 그리고 다른 하나의 역할은 정치의 대립축을 우파쪽으로 끌고 가려는 것이었다. 그들은 처음부터 구조개혁의 급진적인 성격을 전면에 내세우면서, 구조개혁 관련 모순을 현재화하면서 급진적인 구조개혁을 주장하였다(渡辺, 2013, 43쪽).

최저임금제도 폐지를 시작으로 공무원의 신분보장 폐지 등을 주장하였지만 민주당 등의 비판으로부터 내려놓았다. 그러나 그들은 자주헌법 제정을 주장하면서 그들의 역할을 부각시켰다. 아베 정권 이후에도 일본유신회는 TPP 교섭 참가 등과 같은 문제에서 정부를 돕고, 헌법 개정론에서는 아베 정권을 적극적으로 끌어들이는 역할을 하였다. 2012년 총선거의 또다른 특징 중의 하나는 신자유주의에 반대하는 정당이나 정치세력이 많지 않았다는 것이다.

제2부

민주당 정권기의
정 치 와   사 회

2009년 민주당 정권의 탄생은 현대 일본정치에서 획기적인 사건이었다. 냉전과 함께 시작된 일본의 보수정당 자민당이 구축한 보수체제가 선거에서 패하였기 때문이다. 자민당의 패배는 단순한 패배가 아니라 그동안 일본의 정치사회가 안고 있던 '일본병[1]'이 더 이상 진행되면 일본은 침몰할지도 모른다는 선거민들의 간절함이었을는지도 모른다.

사상적으로는 신자유주의 글로벌화의 진전으로, 다른 한편으로는 보수주의 민족주의의 진전으로 계속 일본사회는 새로운 방향을 모색하여야 하는 상황이었다. 이러한 이념과 정책적인 면에서 민주당은 일본국민들에게 '새로운' 정치를 실현할 수 있는 기회를 갖게 되었다.

전후 자민당 정치 38년은 일본사회에 많은 문제 제기를 하였다. '55년 체제'가 성립한 이후 일본정치는 자민당 독주의 시대였다. 사회당은 단지 자민당의 정책전개에 문제 제기 정도를 할 뿐이지 정권 교체를 통하여 일본의 정치사회를 변화시키기에는 역부족인 정당이었다. 이러한 정치 지형

---

[1] 일반적으로 장기 쇠퇴를 말한다. 일본에서 경제 상황이 버블경제로 일본경제가 파탄되었고, 그 이후 일본의 정치경제는 쇠퇴의 길로 향하는 상황을 말한다(가네코 마사루·고다마 다쓰히코 저·김준 역, 『일본병: 장기쇠퇴의 다이내믹스』, 2016, AK).

이 완전히 바뀐 것이다. 그동안 자민당 정치에 대한 일본 국민들의 소리 없는 선거반란이었다고 볼 수 있다. 이것은 민주당이 대안정당으로서 충분한 능력을 갖추었다는 의미는 아니고, 자민당이 전개한 정책에 대한 불만이었다.[2]

특히 자민당의 패배는 냉전종식 이후 국제정세와 국내정치의 변화에 충분히 대응하지 못한 것이 그 원인이라고 지적한다. 그동안 장기집권으로 일본정치를 이끌어온 자민당은 신자유주의라는 국제적인 이데올로기 앞에서 정치개혁이라는 명분으로 여러 가지 시도를 하였으나 거듭 실패하는 정책을 전개하였다. 그리고 경제면에서는 계속 재정적자에 허덕이고 국채를 발행하는 등 근본적인 대책에 실패하였다. 이러한 상황 아래서 자민당 내부의 분열도 생겨 '55년 체제' 당시부터 존재해 온 자민당 본류와 방류들의 치열한 정치적 경쟁은 냉전종식 이후에도 계속되어 자민당 정치의 종언을 앞당기게 되었다.

여기서 이상과 같은 문제의식과 목표를 가지고 설명하지만, 어쩌면 자민당의 실패가 민주당 정권의 탄생을 앞당겼다고 생각하기 때문에, 민주당 정권 출발 이전에 자민당이 내부적으로 붕괴하는 과정도 동시에 설명하고자 한다.

일본의 중의원 선거에서 정권 교체를 달성한 민주당 정권의 탄생과 정책정당으로서의 운영 그리고 민주당의 실정으로 이루어지는 과정에 대한 분석은 일본정치의 우경화를 강화하고 그것을 재촉하는 요인이 되기도

---

[2] 진창수·신정화 편,『일본 민주당 정권의 탄생과 붕괴: 대외정책 분석을 중심으로』(오름, 2014년), 14쪽.

하였다는 것을 구체적으로 살펴볼 예정이다.

첫째, 민주당 정권의 탄생과 정권 교체의 의미에 대하여 역사적 문맥에서 그 과정을 설명한다. 여기서 민주당 정권은 자민당과 양당 경쟁 구도 속에서 정권을 획득하였다. 2009년 총선거 이후 민주당의 성장은 야권통합 아래서 가능하였으며, 당내의 분열과 신당 창당은 민주당에게 부정적인 영향을 가져왔음을 설명할 것이다. 둘째, 민주당 정권의 역사 문제와 관련된 정책은 한일관계에서 적극적으로 신뢰관계를 구축하려고 노력하였다. 특히 민주당의 매니페스토에 따르면 한일관계의 재구축은 대한 정책을 추진하기 위한 신호였음을 알 수 있다. 동시에 민주당 정권의 동아시아 공동체 구축 노력을 중심으로 그 내용을 설명할 것이다. 셋째, 민주당 정권 아래서 진행된 과거사 문제, 야스쿠니 문제, 영토 문제 등을 중심으로 민주당 정권의 정책 변화를 설명할 것이다. 제2부에서 강조하고 싶은 것은, 점점 강해지는 보수·우익정치가들의 정책전환에 맞서 민주당이 어떻게 민주화의 좌표축인 자유화와 포괄성에 관심을 기울였는지를 설명하였다. 그리고 민주당이 2대 정당제 아래 처음으로 정권 교체를 실현하고 일본정치의 민주화를 위해 어떠한 정책들을 전개하였는가를 중심으로 서술할 것이다.

제5장

민주당 정권의 탄생과 새로운 정치

드디어 정권 교체

2009년 8월 30일 총선거에서 308석을 얻으며 민주당이 정권 교체에 성공하였다. 총선거의 승리는 만년 야당이었던 민주당의 권력과 정책 운영을 평가받는 좋은 기회가 되었다. 그러므로 민주당 정권의 탄생과 정권 교체의 의미에 대하여 역사적 문맥에 기초하여 살펴보는 작업은 중요하다. 왜냐하면 55년 이후 전후 일본의 보수정치가 막을 내리고 민주당정권에 의하여 새롭게 시작되었다는 점에서 대단히 중요한 정권 교체라고 할 수 있기 때문이다.

그리고 정권공약(매니페스토, manifesto)을 통하여 선거를 준비한 민주당의 노력은 평가할 만하였다. 민주당의 정권 교체는 다음과 같은 중요한 의미를 가졌다. 먼저 그동안 자민당에 의해 지배되었던 일본정치에 새로운 분위기를 가져다 주었다는 것이다. '55년 체제' 이후 진행된 보수정치는 이익유도정치를 기초로 진행된 금권정치였다. 이러한 장기집권을 넘어 민주당이 정권 교체를 하였다는 것은 일본 정치사회에 획기적인 사건이었다. 그리고 1980년대 이후에 진행된 신자유주의 정책에 대하여 새로운 문제 제기를 하였다. 그동안 보수정치에 의해 시작된 우파의 새로운 정책전환이 비판을 받기 시작한 것이다. 1980년대 이후 일본 보수정치가들에 의한 개혁 작업은 미봉책에 불과하였으며 그 결과 여러 가지 개혁은 대체로 불충분하게 끝났다. 물론 고이즈미 총리에 의해 보다 적극적으로 진행되기도 하였지만 자민당 정치는 붕괴하였다. 1990년대 이후 일본의 정치사회는 경제불황으로 '격차사회'나 '하류사회'로 표현되는 사회로 진입하면서 보수정치의 개혁은 선거민으로부터 지지를 받지 못하였다. 셋째로 민주당 정권의 승리는 보수와 리버럴에 의한 양당제도의 정권 교체를 가능하게 한 계기를 마련하였다. 그러나 민주당의 승리와 정권 교체는 양당제를 안착시키는 데 의미는 있었지만, 그 이후의 민주당의 정치운영이나 선거를 보면 아직 부족한 점이 많았다.

자민당 정치의 붕괴와 민주당의 탄생

민주당의 탄생 직전 자민당의 상황은 일본의 선거민들에게 많은 실망감을 안겨주었다. 고이즈미의 개혁정치에 감동을 받으면서 생활해 온 유권자와 지지자들은 고이즈미 정치에 계속 미련을 가지고 있었다. 고이즈미 정치는 일본 국내뿐만 아니라 국제적인 문맥에서도 개혁이라는 메시지를 성공시키지 않으면 안 되는 상황이었다. 국내정치에서는 더욱 자민당 정치가 해 온 체질을 바꾸어 새로운 보수개혁정치를 실천해 나가야 하는 상황이었다. 이러한 움직임은 역시 국제적으로도 박수를 받게 되어 많은 관심을 끌었다.

다른 한편으로 고이즈미의 개혁은 사회를 분단하고, 경제불평등을 확대하는 부정적인 측면도 생겼다. 그동안 자민당을 지지하던 농민이나 건설업 그리고 자민당 지지 지역의 기반을 붕괴시키고 나아가 '무당파층'에게도 불안을 초래하였다.

2009년 선거의 승리의 의미

민주당은 2009년 선거에서 승리하였다. 이 선거의 의미는 자민당정치의 붕괴를 의미하였다. 자민당은 고이즈미 총리 이후 몇 명의 총리가 등장하였지만 자민당이 가지고 있는 연속되는 부정부패로 선거민들은 등을 돌렸다. 그들은 자민당 보수정치에 신물이 난다면서 정권 교체를 부르짖는 민주당을 선택한 것이다. 민주당은 선거 전부터 계속 매니페스토를 통해 정치공약을 부르짖으며 관료정치와 부정부패를 척결하겠다는 의지를 강하게 주장하자 이것에 공명하여 선거민들이 반응을 보여주었다. 이처럼 선거를 통한 정권 교체는 자민당의 붕괴와 민주당의 정치개혁이라는 분위기 속에서 진행되었다.

그러므로 2009년 선거는 2005년 고이즈미 총리가 선거에서 승리한 것과 많이 대비되는 모습을 가지고 있었다. 민주당은 자신들이 주장한 정치주도의 정치를 진행할 수 있게 되었다. 정치 주도의 정치를 통해 그들은 자민당이 못한 유권자의 희망을 실천해 나가려고 하였다. 당시 일본은 금융위기에 의한 경제후퇴와 사회적으로 위기에 직면하여 전반적으로 회복과 회생이 어려운 상황이었다. 이러한 상황 속에서 등장한 민주당은 자민당 체질을 빠르게 바꿔 나가지 않으면 안 되는 상황이었다.[1]

경제상황은 신자유주의가 비판되면서 적극 재정의 입장에 서서 케인즈 주의가 복권하지 않을까? 논의되고 있었다. 당시 민주당이 내세운 국민생활이 제일이라는 슬로건은 경제위기에 직면한 유권자들에게 폭넓게 침투된 결과 소선거제 우위라는 선거제도의 효과를 얻게 되었다. 2009년 총선거에서 기대 이상의 압승을 거두고 선거 전의 연립합의에 따라 민주당, 사민당, 국민신당이 연립정권을 이루고 하토야마 유키오(鳩山由紀夫)가 총리에 취임하였다.

당시 미디어와 지식인들은 새로운 하토야마 정권에 기대를 하면서 일본 최초의 시민혁명이라고까지 흥분하며 당시의 상황을 표현하였다. 아사히 신문에서는 연일 정권 교체 관련 주제를 기사화하면서 과거와 단절을 표현하기도 하였다(森, 113쪽).

민주당 정권의 과제

민주당 정권의 과제는 야당 시대에도 많이 지적되어 온 것처럼 의사결정에 대한 공유된 태도가 충분히 형성되어 있지 않다는 지적이 많았다. 그리고 민주당 국회의원들의 이념적 성향에 있어서도 너무 거리감이 있어 자민당과 같은 정권당으로서의 운영이 어렵다는 지적도 있었다. 이러한 문제는 당의 일체성과 응집성의 문제에서 보면 일체성과 응집성 모두 낮다고 볼 수 있다[2]. 당시 민주당이 직면한 문제는 정책공약인 매니페스토 작성을

---

1) 森政稔, 『迷走する民主主義』(ちくま書房, 2016), 113쪽.

통해 의견들이 어느 정도 통일되어 있었는가 그리고 정책결정 과정에 대한 서로의 공유된 태도가 형성되었는지, 그리고 당으로서 일체성을 유지하는 복수의 메커니즘이 유효하게 기능하지 않는 가운데 당을 어떻게 응집시켜 나갈 것인지, 자민당 보다 총리와 내각의 권한을 강화하고 집권적인 제도 구축과 운영이 가능할 것인지 등등의 문제들을 안고 출발하였다. 새롭게 출발한 민주당은 이러한 문제를 어느 정도 해결해 가면서 당과 정부를 운영할 것인지가 성공의 열쇠가 되었다고 볼 수 있다. 야당이 된 자민당처럼 오랫동안 당과 정권을 운영해 온 정권운영 경험이 부족한 민주당으로서는 자민당의 정권 운영 방식이 몹시 그리운 상황에서 시작하였다고 볼 수 있다.

정당조직의 관점으로부터 보면 민주당은 창당 이래 여러 가지 파벌들의 확대로 당을 유지 발전시켜 왔다. 그러므로 민주당 의원들은 다른 당에 비해 정책적 선호의 폭이 넓어 의견의 불일치가 있었다. 이러한 모습은 정책결정을 하는 과정에서 어떻게 공유할 것인가(前田, 28쪽 제5장 참조) 또한 민주당은 38년이라는 자민당 보수정치를 보면서 자민당의 운영 방식을 비판하면서 성장하였다. 대표적으로 족의원과 사전심사제를 비판하면서 관료 주도가 아니라 정치 주도 당내 권한을 내각에 일원화하는 것을 주장하였다. 이렇게 보면 자민당보다 수상과 내각의 권한을 강화하겠다는 것이다. 원래 민주당은 정당조직으로서 응집성이 약한 조직이었지만 정권 교체와 함께 규율을 강화하여 일체성을 유지하려고 노력하였다. 이렇게 보면 민주당이 정권 교체와 함께 직면한 문제는 조직적인 측면과 의사결정이라는 부분이었다. 이것은 정권 교체 이전부터 제기된 것으로 매니페스토를

2) 前田幸男·堤英敬,『統治の條件』(千倉書房, 2015), 29쪽.

작성하여 의사를 통일하고 의사결정의 프로세스를 공유하려고 노력하였다. 그리고 정책결정 메커니즘이 여러 가지가 기능함으로써 집권 정당으로서 일체성을 유지가 어려운 가운데 낮아지는 응집성을 높이는 방안을 모색하면서 정권운영을 하여야 하는 상황에 직면하였다. 마지막으로 중앙과 지방 조직의 차이가 생기면서 당내의 이익 조정과 의사통일이 어려워지는 상황에 직면하였다. 결국 민주당의 집권적인 제도 구축과 운영이 어려운 결과를 낳았다(前田, 29쪽).

민주당 정권의 포퓰리스트적인 측면

신자유주의와 포퓰리즘이 연계되어 나타나는 현상들은 2차 세계대전 이후 리버럴에 의해 추진되었다. 국가와 경제관계를 볼 때, 예전의 포퓰리즘은 빈곤층에 대한 국가의 재분배를 적극적으로 행할 것인가 혹은 국가에 의한 경제규제를 요구하였으나, 최근의 포퓰리즘은 신자유주의와 연계하여 치안을 강화하면서 경제의 영역으로부터 국가의 후퇴를 선거공약(매니페스토) 으로 주장한다. 다시 말하면 국가에 의한 사회의 평등화 정책에는 부정적이며, 국가의 관료를 특권적인 존재로 보고 자신들은 특권을 갖지 못하고 있는 보통사람이라고 보는 특징이 있다(森, 156쪽).

포퓰리즘은 일반적으로 자신의 입장을 전체의 이익 혹은 정의라고 주장하지만, 전체와 자신을 연결시킬 경우 포퓰리즘의 차이가 주목된다고 설명한다. 포퓰리즘은 좌우파 모두에 의해 주장되면서 관련 정당들에 의해서 실현되고 있다. 일본의 고이즈미 정권의 승리나 민주당의 정권 교체의 정치극들은 특정한 지지층의 지지를 받지 않고 무당파층의 지지로 이루어졌다. 그러므로 일본에서 신자유주의는 경제적으로 윤택한 층의 투자기회를 증대할 수 있는 기회를 제공하였으나, 다른 한편으로 젊은 저소득층들은 그러한 정책에 의해 이익을 누리지 못하고 있다.

민주당 정권의 정책 방향

민주당은 정권 교체를 위하여 선거전부터 정책공약집을 만드는 등 많은 노력을 기울였다. 그 공약집을 보면 '민주당 정책집, 인덱스 2009'에서 민주당이 진행하고자 하는 정책들이 잘 정리되었다.

먼저, 외교관계에서는 일본의 주체적인 외교전략을 강조하면서 대등한 파트너십을 주장한다. 미일관계를 중심으로 하면서 동아시아에서는 한국과 중국의 관계를 정상화하겠다는 것이다. 자민당 보수정치에 의해 문제되어 온 과거사 문제 등을 어느 정도 극복하는 차원에서 신뢰관계를 구축하면서 협력관계를 모색하겠다는 것이다. 특히 민주당은 아시아 국가들과의 협력을 강조하면서 아시아 국가들과의 관계를 강화하는 동아시아 공동체의 구상을 목표로 하였다. 이러한 정책은 아시아 국가들로부터 환영을 받았으며 특히 한국과의 관계를 우선적으로 고려하였다는 것은 그 이후 신뢰 구축에 많은 도움이 되었다. 그러나 민주당의 하토야마 내각은 미군기지 이전 문제로 긴장된 관계가 계속되는 등 자립외교는 실패로 돌아갔다.

그리고 한국과 일본과의 관계는 민주당의 적극적인 노력으로 동아시아 세계의 안정과 평화라는 기조 속에서 그들의 외교전략을 전개하였다.

과거사 문제와 위안부 문제 그리고 야스쿠니 문제 등과 관련하여 아시아 국가들과 대화하면서 신뢰를 구축하려는 입장을 제시하였다. 민주당 지도자들이 생각하고 있는 한국의 이미지는 자민당 보수정치인들이 가지고 있던 것과는 달리 망언과 같은 문제가 별로 발생하지 않았다. 그들이 생각하고 있는 아시아는 기본적으로 그동안 보수정치가 보여준 것과는 달리 아시아 여러 국가들을 상호 이해하는 협력자로 보면서 신뢰구축에 노력하고자 하였다고 볼 수 있다. 여기서 특이한 것은 북한과 일본과의 국교 정상화 문제를 전후 처리의 문제로 인식하고 있다는 점이다. 당시 민주당은 일본의 대북한 정책의 기본인 대화와 압력 가운데 대화라는 측면을 강조하면서 현안이라고 할 수 있는 일본인 납치 문제를 다루면서 북한과의 관계를 정상화하려고 하였다는 점이다. 그렇다고 민주당이 일본인 납치 문제를 후순위로 본 것은 아니다. 그들은 기본적으로 납치 문제는 일본의 국권의 침해이고 국제적으로 인권침해라고 보고 국가적인 차원에서 해결하여야 한다는 입장을 강하게 가지고 있었기 때문이다.[3]

당시 민주당 정권의 외교정책을 결정하는 그룹은 대체로 3가지로 이루어져 있다고 한다. 먼저, 오자와 간사장이 주도하는 현실주의 그룹이 대표적이다. 그리고 조금은 보수적인 마에하라 그룹이 존재하였다. 마지막으로 요코미치(橫路孝弘) 국회의장이 이끌고 있는 혁신 그룹이 있었다. 민주당은 정권 교체 이전부터 몇 개의 혁신적인 그룹들이 합쳐진 정당이므로 당의 결속력이 문제되어 왔다.

---

3) 이면우, 『일본민주당 정권의 정책성향과 대외관계』(세종연구소, 2010), 12~15쪽.

제6장

민주당과 하토야마 정권

초기 민주당의 이념

민주당은 정치개혁을 주장하면서 등장하였다. 먼저, 그들의 이념은 관료주의 타파와 민주주의 철저히 하겠다는 것이다. 둘째로, 자민당의 이익유도정치를 타파하고 탈물질주의를 추구하겠다는 것이다. 세 번째로는, 외교정책에서 시빌리언 파워와 소프트 파워를 추구하겠다는 것이다.[1]

먼저, 그들의 이념은 관료주의 타파와 민주주의 철저히 하겠다는 것이다. 1990년대 중반부터 일본의 정치사회에서는 불량채권 문제와 금융행정의 실패, 약품 피해로 인한 에이즈사건, 낭비적인 공공사업 등을 둘러싸고 관료들에 대한 비판이 쏟아졌고 그들에 의한 범죄행위가 계속되었다. 국민주권의 정치를 실현하기 위하여 관료의 부정부패를 책임지게 하고 정치가들에 의한 정책 형성을 주도하는 것이 필요하다고 생각되어졌다. 자민당 정부 이래 관료들과 정치인들의 유착관계뿐만 아니라 부정부패는 당시 민주당이 주장처럼 관료주의를 타파하지 않으면 안 되는 상황이었다(山口, 159쪽).

---

[1] 山口二郎, 『政權交代論』(岩波書店, 2009, 159쪽.

둘째로, 자민당의 이익유도 정치를 타파하고 탈 물질주의를 추구하겠다는 것이다. 선거 때 민주당은 미래에 대한 책임이라는 표현을 사용하면서, 당시 환경에 대한 관심이 많은 상황에서 1997년 지구온난화 방지를 위한 교토의정서를 작성하는 회의가 예정되었다. 그리고 재정과 사회보장의 지속가능성이 중시하려는 미래 지향적인 가치관을 민주당이 주장하게 되었다. 공공사업과 보조금과 같은 현재의 이익도 중요하지만 지구전체 그리고 인류전체를 위한 장기적인 시점에서 이익을 생각하는 이상주의적인 정책을 과감하게 제기한 것이다(山口, 160쪽).

세 번째로는, 외교정책에서 시빌리언 파워와 소프트 파워를 추구하겠다는 것이다. 당시 연립에 참가한 정치인들은 대체로 온건한 비둘기파에 가까운 사람들이었다. 그러므로 그들의 헌법관이나 안전보장관은 국제사회에서 권력정치에 기초한 힘의 과시가 아니라 국제사회에서 비군사 분야에서의 국제공헌과 같은 점에 관심을 기울이고 있었다. 이러한 의미에서 하토야마 총리로부터 시작한 일본의 민주당은 독일의 사회민주당이나 영국의 노동당과 같은 정치노선을 추구하였다고 볼 수 있다.

민주당이 생각한 '정치개혁'은 무엇인가?

민주당은 정치개혁을 설명하면서, 민주당의 탄생은 1980년대 이후 넓은 의미에서 보면 정치개혁의 산물이라고 생각하였다. 즉 정치체제를 정권교체가 가능한 구조로 바꾸는 것이다. 그러므로 정치개혁의 핵심은 2대 정당제의 구축, 정당과 정책 중심의 선거를 실시하는 것이다(마에다, 4쪽).

그러나 고이즈미 정부 때 진행된 신자유주의 정책들에 대한 개혁은 국내외적인 환경으로 한계에 부딪혔다. 신자유주의적인 구조개혁을 통하여 일본사회가 처한 문제를 해결하려고 어떻게 노력하였으며, 개혁의 문제성은 무엇인가? 민주당은 기본적으로 '증세 없는' 복지확대 정책이라는 반고이즈미적인 입장을 견지하였다. 그러나 간 나오토 총리는 소비세 인상을 통하여 재정건전성을 확보하려는 정책 의지가 강했다.[2] 민주당 정권이 주장하는 개혁의 애매함(山口, 171쪽)은 자민당이 정치가의 부정부패와 관료의 스캔들로 붕괴하기에 이르자 새로운 국면에 이르렀다. 민주당은 자민당의 실패를 비판하면서 민주당의 당의 성격과 이념을 정립하기에 이르렀다. 1996년 제1차 민주당이 탄생하였을 때 사회당의 우파와 신당 사키가케의 많은 부분은 시민화를 향해 노력하기로 하고, 당시 그들의 슬로건은 '시민이 주역'이라고 외쳤다.

그 이후 신진당이 와해되고 구 일본신당계 혹은 구 오자와 그룹 등이 1998년 민주당에 합류하였다. 구 보수계 정치가들 가운데 시장화를 중시하는 사람들도 존재하였다. 그리고 민주당이 점점 커가는 가운데 전 관료, 미국에서 유학 경험이 있는 전 비즈니스맨들은 강하게 시장화를 추구하는 사람들이었다. 그들은 관료정치와 이익유도정치를 비판하면서 시장화를 철저히 하면서 일본의 정치개혁과 행정개혁을 하여야 한다고 생각하였다 (山口, 171쪽). 그들은 '시장화'와 '시민화'를 동시에 진행하여 일본의 정치개혁을 성공적으로 달성하려고 하였다. 그들의 전략은 대도시에 많은 무당

---

[2] 이정환, 「민주당 정권의 소비세 인상으로의 정책전환과 분열」(진창수 · 신정화 편, 『일본민주당정권의 탄생과 붕괴』, 도서출판 오름), 220쪽.

파층의 지지를 얻으면서, 이익유도정치에 비판적인 민주당이 되고자 하였다. 당시 일본의 대도시 시민들은 자신들의 세금이 제대로 쓰이지 않는다고 생각하고 있었기 때문에, 민주당의 입장에서는 여러 가지 문제의식(예를 들면, 환경파 의원, 공공사업 비판 등)을 가지고 있는 정치가들에게 좋은 비판의 자료가 되었다. 그들은 정부의 정책에 불신감을 가지고 있었으며 무당파층과 공감하는 문제의식을 배양하는 효과가 생겨났다.

정권운영을 '정치 주도'로 하였는가?

민주당은 정치개혁을 설명하면서 '정치 주도'의 정책결정을 강조하면서 정권운영을 진행하였다. 먼저 결론부터 이야기하면 민주당 정권 집권기간 3년 3개월(2009년 8월~2012년 12월) 동안 진행된 민주당의 정치개혁은 개념의 애매함과 정책결정 과정의 혼선으로 정치 주도의 정치운영이 실패로 끝났다.

민주당이 그동안의 관료 주도의 정책결정에서 정치 주도의 정책결정으로 전환하면서, 정부와 여당의 일원화로 관저가 중심이 되는 집권당으로서 지도력을 발휘하면서 기존의 관료들에 의해 진행된 정책결정을 타파하자는 것이다. 그러나 정치 주도는 먼 상태였다. 당내 항쟁으로 정치개혁의 시간을 낭비하는 상황이 전개되었다. 민주당은 정치 주도를 내걸고 정권을 잡는 데 성공하였다. 이것은 그동안 진행된 관료제에 의해 진행된 일본정치로부터 보면 많은 변화라고 할 수 있다. 막스 베버가 주장한 관료제는 근대국가의 발전과 함께 진행되었으며, 국가의 발전 과정에서는 필요불가

결한 것이었다.[3] 민주당이 내걸은 정치 주도라는 것은 어떤 것일까 분명히 설명하지 않으면 안 되었다. 왜냐하면 관료제는 비합리적인 것으로 되기 때문이다. 당시 민주당이 주장한 '정부와 여당의 일원화'는 민주당 정치를 상징하는 것으로 보였다(吉田, 21쪽).

2009년 여름 선거에서 민주당 정권은 정권 교체를 이루었다. 하토야마 총리는 새로운 정치를 만들고 싶다고 포부를 밝히고 참가 정치 실현을 목표로 하였다. 그동안 자민당에 의해 진행된 관료정치 중심의 내각제가 여러 가지 문제점이 있었기 때문에, 선거민들이나 민주당 지지자들은 '정치 주도'의 정권운영에 기대를 하였다. 실은 이러한 형태는 어쩌면 포퓰리즘의 시작이 아닐까? 고이즈미 정치에 대하여 포퓰리즘 정치라고 비판하는 입장에서 시작한 민주당의 정치 주도는 그러면 고이즈미 정치와 어떻게 다른 것인가? 그동안 자민당이 주도한 관료제가 이익유도 정치를 가져와 정경유착과 여러 가지 정치부패를 초래하여, 국제정치경제의 변화에 대응이 부족하다는 민주당의 인식은 관료제를 비합리적인 것으로 보고 자신들의 합리적인 정치 주도로 정국을 운영해 나가겠다는 것이었다. 그러면 민주당이 생각한 정치 주도는 어떻게 진행되었는가? 이것은 당시 전개된 정책을 보면 어느 정도 이해가 갈 것이다. 그들은 정부와 여당의 일원화를 통해 정책결정을 진행하기 위하여 내각에 국가전략실과 행정쇄신회의를 설치하였다. 이 기구들은 세금과 재정이나 경제운영을 기본 정책으로 정하고 중요 정책을 입안 조정을 행하면서 동시에 '사업분리' 방법으로

---

[3] 吉田徹, 『ポピュウリズムを考える』(NHK出版, 2011), 20쪽.

국가예산 낭비를 없애기 위한 목적으로 만들어졌다. 민주당의 정책은 오랫동안 자민당이 진행한 정책적 실패와 폐해를 수정하고 줄여, 일반 선거민들이 생각하는 수준으로 민주주의 체제에서 민의를 대표하는 정치인이 기존의 정관재(政官財)라는 '철의 3각형'을 약화시키는 데 그 방향이 모아졌다.

고이즈미 때에는 고이즈미 구조개혁이라고 불리는 형태가 진행되어 그동안 일본정치에서 볼 수 없었던 정치 구상이 진행되었다. 이러한 정치 구상에 국민을 동원하는 모습은 나카소네 정권이 진행한 나카소네 개혁에 흡사한 것이었다(吉田, 31쪽). 새로운 형태의 리버럴을 살펴보면 자민당이 진행해 온 안정적인 정치운영이 어려움에 봉착하게 되었고 이익유도형의 형태 또한 어려움에 직면하면서 일본 정치사회가 방향성을 잃어가는 상태였다. 이러한 상황에서는 새로운 지도자가 필요하였으며, 국제적인 환경과 일본국내 환경의 변화의 흐름을 읽으면서 대응하지 않으면 안 되는 상황이었다. 고도성장 이후 다양해진 일본의 사회의 여러 층을 이해하고 그들에게 알맞은 정책을 실시하는 것은 어려운 일이었다. 전후 일본 정치경제의 변화 속에서 일본 사회는 과거와는 다른 형태로 변화하였으며, 개인들은 개인주의의 침투로 변화하였으며 그리고 노동조합과 시장 같은 조직도 변화하였다. 그러므로 민주당은 정치 주도를 통하여 이러한 상황을 이해하고 계층과 사회영역을 안정화시켜가야 하는 임무를 가지고 있었다.

이러한 경우 정치 주도의 해법은 역시 정책을 통하여 목표를 달성하여야 하며, 그중에서 가장 가능성이 있는 것은 정부나, 공공부문의 낭비나 비효율의 문제를 잘 해결할 수 있는 것이다. 이러한 문제는 무당파층이나 도시 중간층들이 가장 많은 관심을 가지고 있으며 민감한 쟁점이다.

하토야마도 '생명을 지키는 정치'를 주장하면서 자신의 경험을 에피소드로 소개하면서 스토리를 강조하였지만 자신의 삶과 국가의 역사를 연결시키지 못하였다. 이러한 점에 있어서 미국과 유럽의 정치인들과는 다른 모습이었다. 미국의 부시 대통령은 악의 축이나 테러와의 전쟁을, 오바마 대통령은 '핵 없는 세계' 그리고 '하나의 미국'이라는 것을 중심으로 꿈을 미국 국민에게 제시하면서 지도력을 발휘하였다(吉田, 48쪽). 일본 정치인들도 '스토리텔링'을 신경 쓰면서 선거민들에게 다가가는 모습을 보이기 시작하였다는 점에서 보면 커뮤니케이션 전략을 사용하고 있다고 볼 수 있다. 그러나 문제는 자신의 경험과 선거민을 일체감 있게 묶어 내지 못하였다는 점에서 선진국들의 정치지도자들과 다르다.

매스컴의 변화와 변질

2007년부터 일본의 매스컴은 미일동맹과 신자유주의 정치가 일본의 번영을 보증하는 자민당 보수의 논리를 옹호하기 시작하였다. 그들은 오자와가 이끌고 있는 민주당의 매니페스토에 대해 위기감을 느꼈다. 매니페스토에서는 어린이 수당을 비롯하여 복지급부가 점점 증가하고 농가별 소득보상을 위한 농가유지 정책이 주장되고 소비세 인상 동결안이 제기되었다. 특히 일본 보수 매스컴은 2009년 총선거에서 민주당이 승리하면서 하토야마 정권이 후텐마 기지 국외이전의 움직임 등이 있자 더욱 위기감을 느끼면서 신자유주의 국가이데올로기를 옹호하는 입장을 견지하였다. 즉 일본의 매스컴은 정치개혁에 위기감을 느끼면서 민주당 정권의 동요를 구조개혁과 군사대국화노선에 대한 무책임한 '포퓰리즘'이라고 보았다. 민주당은 매스컴의 반대와 여론의 영향으로 구조개혁이나 미일동맹노선으로 회귀하였지만, 그들의 정치력은 저하하면서 자민당에 의한 정권 탈환이 노골적으로 보이기 시작하였다. 당시 매스컴의 지도부는 구조개혁과 군사대국화의 과제를 수행하기 위해서는 대연립이 형성되어야 한다고 주장하면서 민주당을 비판하였다.[4]

2011년 1월 아사히 신문과 요미우리 신문은 사설에서 "보수 대연합을 만들어라"고 주장하면서, 소비세와 집단적 자위권을 인정하라고 하였다. 이렇게 일본의 매스컴은 정치에 적극적으로 개입하면서 구조개혁을 위한 대연립을 주장하였다. 당시 매스컴은 신자유주의 정치의 모순에 동요하고 있는 정당을 질책하면서 지배계층의 뜻을 전달하는 역할을 하였다(渡辺, 48쪽).

이러한 모습은 매스컴으로서 좋은 모습은 아니다. 왜냐하면 소수 혁신정당들이 주장하는 반신자유주의적인 태도는 일본의 미래를 위한 선택지는 아니며 포퓰리즘적인 논의에 불과하다고 보았기 때문이다. 언론이 하여야 할 본분을 도외시한 보도 자세라고 볼 수 있다. 원래 진정한 언론이라면 소수의견을 존중하면서 국민 앞에 제시하고 선거에서 선거민들이 다양한 의견을 선택할 수 있도록 소재를 제공하여야 한다. 그러나 당시 매스컴은 자민당 보수의 노선을 선전해 주는 역할을 하였다.

---

[4] 渡辺修, 『安倍政権と日本政治の新段階』(旬報社, 2013), 47쪽.

하토야마 정권의 정치와 정책

하토야마 정권은 2009년 중의원 총선거에서 승리하면서 대망의 정권 교체를 실현하였다. 그동안 민주당은 정권 교체를 목표로 이합집산을 거듭하면서 당세를 확대하면서 드디어 제1당이 되었다. 문제는 민주당이 매니페스토를 주장하면서 생활정치를 전개하겠다는 데에 대한 지지도 있긴 하지만, 당시 자민당이 일본의 선거민들로부터 신뢰가 무너진 상태였다. 계속되는 부정부패와 신자유주의 개혁에 대한 비판 여론은 자민당을 붕괴시켰다. 고이즈미 총리가 물러난 이후 자민당의 모습은 신자유주의 개혁과는 거리가 먼 정책노선을 취하였다. 이러한 자민당의 모습은 글로벌화 이후 대도시 중심의 중산층 중심으로 형성된 무당파층의 표심을 움직여 자민당이 추구해 온 이익유도정치에 대한 종식을 선언하게 하였다.

2007년 이후 지속적으로 복지노선을 정책으로 선택한 민주당은 자민당과는 반대로 신자유주의가 남겨놓은 폐해를 극복하기 위한 노력을 하였다. 우선 고용안정을 도모하려고 고용창출과 유지를 위해 직업훈련제도를 도입하고, 고용제도면에서 최저임금을 설정하고 인상하는 방안을 공약으로 제시하였다. 그리고 제조현장에 대한 파견과 일용파견을 원칙적으로 금지하고, 기간제한을 초과한 파견노동의 경우에는 직접고용을 인정하는 직접고용간주제도를 도입하겠다는 것을 매니페스토를 통해 제시하였다.

민주당은 선거를 치르면서 생활정치에 정책 방향을 집중하고 국민들이 직접적으로 지원을 받을 수 있도록 선거공약을 제시하였다. 물론 민주당의 정책 공약은 재정적인 문제를 충분히 고려하지 않고 구체성이 결여된 것이라는 자민당의 비판이 가해졌지만, 당시 민주당의 제시하는 매니페스토의 내용은 분명히 자민당이 제시하는 것과 많이 달랐다.

　총선거에서 승리한 후 하토야마 정권은 70%라는 높은 지지를 받으면서 탄생하였고, 곧 바로 공공사업을 재검토하는 등 적극적인 정책을 전개하였다. 그러나 오자와 간사장의 정치자금 관련 보고서 허위 기재 문제와 하토야마 총리의 증여세 문제가 불거지면서 내각은 지지율이 갑자기 떨어지기 시작하였다. 이러한 상황 속에서 더욱 어려워진 것은 하토야마 총리의 후텐마 기지 이전 문제 관련 선거공약이 백지화되자 사민당은 연립정권에서 이탈하였고 지지율이 하락하자 2010년 6월 총리직 사의를 표명하였다.[5]

단명으로 끝난 하토야마 정권

　하토야마의 총리 취임으로 시작된 민주당의 실험은 10개월 만에 막을 내렸다. 당시 일본의 유권자들은 '잃어버린 20년'의 중반에 해당하는 시기를 살아가면서 어려운 상황이었다. 이러한 상황 속에서 우애정치를 주장하면서 등장한 하토야마에 대한 기대는 물거품이 되었다. 당시 민주당은 재정의 건전성 회복을 위해 그동안 자민당이 하였던 공공사업을 감축하는 등 재정지출을 축소 삭감하는 정책에 매진하였다. 그리고 민주당의 정책공약에서 보듯이 그들은 재정 지출의 감소와 복지정책을 통한 적극적인 재분배

5) 정미애, 「민주당 증세없는 복지확대를 둘러싼 정치과정」(진창수·신정화 편, 『일본민주당정권의 탄생과 붕괴』, 도서출판 오름), 175쪽.

정책을 실시하려고 하였다. 동시에 새로운 성장전략을 전개하려고 하였다. 이것 모두 재정의 건전성을 확보하면서 진행하여야 하는 어려운 일이었다. 당장 민주당은 선거공약으로 중소기업과 일반 서민들을 위한 분배에 중점을 두면서 자신들의 정책을 전개하였다. 선거공약에서 제시한 내수 주도의 경제구조로 가려면 글로벌 경제위기 상황을 벗어나야 하는 현실적인 어려움이 존재하였다. 이러한 가운데 오카다 외무성 장관은 동아시아의 지역협력을 강조하면서 경제공동체의 구축을 주장하였다. 그리고 민주당은 국내 경제와 재정정책으로 소비확대와 내수주도형 경제체제로 전환하는 정책을 전개하였다.[6] 또한 성장산업으로 환경과 의료 분야를 육성하고 당시 소비세 증세를 보류하는 선택을 하면서 자민당과 차별성을 유지하려고 노력하였다.

민주당의 취약점과 국가와 사회

총선 승리로 민주당은 정권을 획득하고 정책공약을 실현하기 위하여 여러 가지 정책안들을 제시하였다. 여기서 민주당의 난제는 선거공약에서 제시한 정책적인 재원을 어떻게 마련할 것인가의 문제였다. 이러한 것에 대해 정권 붕괴로 야당이 된 자민당은 정권을 민주당에게 맡겨도 되는가? 문제 제기하며 민주당의 정권 담당 능력에 의구심을 보였다.

[6] 김영근, 「민주당의 대외경제정책」(진창수 · 신정화 편, 『일본민주당정권의 탄생과 붕괴』, 도서출판 오름) 294쪽.

예를 들면 자민당의 요사노 재무·금융 담당 장관은 "공상과 환상의 세계에서 즐기는 것은 재미있지만, 국민생활이 그것에 의해 보장될까라는 착각을 주는 것은 범죄에 가깝다"고 비판하였다. 민주당은 민주당의 재정론에 비판을 가하였다. 또한 농가에 대한 가구별 소득 보상정책에 대해서도 "기본적인 것에 잘못이 있다고 국민에게 주장하는 정당을 신용해서는 안 된다"고 거듭 비판하였다. 이처럼 민주당의 재정 관련 논의는 계속 비판의 대상이 되었다.[7]

2008년 9월 미국발 글로벌 금융위기는 자민당 정치에게 영향을 미쳐반 자민당이라는 분위기 만들어 냈다. 그리고 일본 선거민들의 자민당에 대한 신뢰가 무너져 민주당을 지지하기에 이르렀으며, 이것은 그동안 자민당이 추진해 온 신자유주의적인 정책이 한계에 직면해 있음을 보여주는 것이었다.[8] 고이즈미가 추진한 신자유주의적인 개혁의 문제점이 그대로 민주당에 부담으로 작용하면서, 민주당은 경기침체 상태에서 정치 주도의 정치를 하여야 하는 어려움에 직면하였다.

민주당 정권이 시작하면서 일본의 국가와 사회에 어떤 변화가 생겼는가? 민주당은 정권 교체 후 시민참가와 지역공동체 복원에 관심을 기울이면서 이러한 움직임은 시민운동을 변화시켰다. 당시 총리 자문기관으로 새로운 공공성 추진회의가 설치되면서, 정부와 기업, NPO가 협력하여 시민활동을 육성시키기 위하여 노력하였다.[9]

---

7) 세오리 편, 『민주당 정권』(講談社, 2009), 166쪽.
8) 정미애, 「민주당 증세없는 복지확대를 둘러싼 정치과정」(진창수·신정화 편, 『일본민주당정권의 탄생과 붕괴』, 도서출판 오름), 171쪽 이하.

당시 글로벌 스탠더드 그리고 포퓰리즘 시대 일본은 몰락할 것인가? 이러한 위기감 속에서 개혁이 진행되지 않으면 안 되는 상황에서 개혁을 정당화하는 여러 가지 논의가 진행되었다(森, 2016, 제10장). 다시 말해 일본의 자본주의의 모습이 어떤 것이며 이러한 자본주의가 어떤 모습을 성장하여 현재 일본사회는 어떻게 되었는가를 놓고 결국 이러한 것이 일본의 민주주의와 관련된 논의와 깊은 관계가 있기 때문이다.

금융위기의 여파로 국가와 사회는 양극화되어 가는 양상이었다. 부유층과 빈곤층, 강자와 약자로 분단되는 현상이 나타났다. 신자유주의가 가지고 있는 문제점들이 예외 없이 일본의 정치사회에도 영향을 미쳤다. 그 결과 일본사회에서도 '격차사회', '하류사회'라는 말이 나타나기도 하였다. 자민당은 그동안 신자유주의 경제정책을 전개하였으나 경제의 후퇴와 국가와 사회의 양극화 현상의 확대로 한계에 직면하였고, 민주당은 거듭되는 선거에서 승리를 하면서 생활정치를 강조하는 새로운 국가구상을 제시하면서 등장하였다.

---

9) 양기호, 「민주당 정권의 중앙과 지방의 관계」(진창수·신정화 편, 『일본민주당정권의 탄생과 붕괴』, 도서출판 오름), 276~277쪽.

제7장

간 나오토 정권의 생활정치 구상

    간 나오토(菅直人) 총리는 시민운동 출신으로 후생장관을 역임한 인물이다. 그는 기본적으로 생활정치의 실천에 강한 의욕을 가지고 있었다. 그는 자민당이 전개한 신자유주의 정책을 비판하면서 새로운 성장모델을 제시하였다. 그러나 그의 정책은 과거 자민당이 전개한 공공사업을 통한 성장전략과는 다른 사회 부분이나 보건의약 분야에 재정지출을 확대하여 성장 산업으로 육성한다는 내용이었다.[1]

    그러나 간의 성장전략은 성공하지 못하였다. 그 이유는 정책목표와 정책 간에 서로 어울리지 않았기 때문이다. 즉 민주당이 매니페스토에서 상정한 정책과 정책목표 사이에 차이가 있었다. 강한 경제, 강한 재정, 강한 사회보장을 슬로건으로 내걸었지만, 실제로 전개된 정책에서는 잘 나타나지 않았다. 당시 간 총리는 '제3의 길'을 추구하면서, 강한 경제, 강한 재정 강한 사회보장을 선호하였다(前田, 135쪽 이하). 그는 강한 경제를 실현하기 위하여 신경제전략을 구상하면서 그린 이노베이션, 생활 이노베이션, 아시아 경제, 관광 입국과 지역의 활성화 등을 내용으로 하는 전략을 제시

---

[1] 박명희, 「민주당의 생활자 중심정치로의 시도와 좌절」(진창수 · 신정화 편, 『일본민주당정권의 탄생과 붕괴』, 도서출판 오름), 140쪽.

하였다. 그리고 강한 재정을 위한 정책으로는 중기재정 프레임과 재정운영 전략을 만들었다.

그리고 일본 국민들은 민주당을 신뢰하지 않았다. 총리가 제시하고 있는 정책들과 그것을 실현하기 위한 전략들은 민주당이 주장하는 생활정치 실현과 거리가 있었기 때문이다. 이러한 상황에서 나온 소비세 인상안은 민주당의 공약에 위배되는 것으로 집권당의 정치운영에 결정적인 타격을 가하였다.

마지막으로, 민주당은 생활정치를 하기 위하여 여러 가지 공약을 제시하였으나 국민들과의 대화 부족으로, 일반인들은 민주당의 사회보장제도에 부정적인 태도를 보였다. 이렇게 국민들의 이해가 부족한 상태에서 제시된 정책은 성공할 수 없었다.

생활정치 이전의 일본

냉전기 일본 국민들은 자민당 정권의 정치에 만족을 표시하면서 정권을 지지하였다. 그 이유는 아마 장기집권을 하면서도 경제발전이 이루어졌기 때문이었을 것이다. 자민당 정치인들은 전후 자신들이 상정한 국가목표는 경제부흥과 경제성장을 추구하는 일이었기 때문에, 냉전구조를 잘 활용하면서 이러한 목표를 잘 수행하였다. 이처럼 자민당이 전개한 냉전기의 정책은 당연한 것으로 여겨져 유권자들은 선택할 여지가 거의 없었다. 말하자면 국민이 정책의 선택에서 소외되어 있었다. 거의 모든 일은 정치가와 관료가 진행하는 이익유도정치에 의하여 진행되었다. 이것이 자민당과 일본 관료들의 정책형성과 정책결정 관련 일이었다(山口, 119쪽).

자민당 정권은 경제성장을 통하여 부의 평등한 분배라는 과제를 수행하여서 전후 일본의 정치사회를 운영하였다. 그들의 노력은 민간부분에도 영향을 미쳐 장기안정고용이나 농업과 유통업 등과 같은 분야에 보조와 보호정책을 전개하였다. 이러한 정책에 의해 저생산 부문에서도 고용이 확보되고 사회의 평준화가 촉진되어 1980년대는 '총 중류사회'가 되었다.

이러한 고도성장 사회는 일본의 정치사회를 변화시켜 도시와 농촌, 농민과 산업근로자, 블루칼라와 화이트칼라 등과 같은 계층 간의 차이를 가져오게 하였다. 그러나 그들은 생활하는 데 상당히 균질한 삶을 공유하게 되었다. 이렇게 균질한 생활양식을 공유하는 사람들을 '신중간 대중(新中間 大衆)'이라고 하였다. 이 신중간 대중은 경제성장과 자민당의 정권에 의한 재분배정책의 은혜를 입고 정도의 차이는 있지만 수익자이면 기득권층이 되었다. 이러한 상황에서 그들은 자민당을 지지하는 생활 보수주의라는 정치의식을 갖게 되었다(山口, 121쪽).

냉전종식 이후 일본사회는 자민당 보수의 붕괴가 진행되면서 다시 선거민이 중시되는 생활정치에 관심을 보이기 시작하였다. 당시 자민당 내부에서는 재분배주의자와 신자유주의자가 혼재하는 상황이었다(山口, 121쪽).

민주당은 유럽의 사회민주주의적인 모습을 선호하는 가운데, 1998년부터 합당을 시작하면서 점점 신자유주의적인 정책으로 수렴되어 갔다(정미애, 164쪽 이하).

1996년 하토야마 유키오에 의해 창당된 민주당은 신자유주의에 반대하는 입장을 분명히 하였다. 이것은 자민당이 추진하는 정책과 반대하는 것이며, 자민당이 추진해 온 폐해를 극복하기 위해서는 민주당의 새로운 정치가 필요하다는 것을 제시한 것이다. 그러나 당시의 분위기는 신자유주의가 가지고 있는 문제점을 어떻게 하면 극복하느냐에 모두 관심을 가지고 있었다. 이렇게 보면 자민당과 민주당은 정책적으로 별로 차이가 없는 것처럼 보였다. 그러나 민주당은 기본적으로 반자민당 정책을 슬로건으로 내걸고 나오면서 자민당의 개혁을 비판함으로써 자신들의 이념과 정체성을 확보하려고 노력하였다.

민주당에게 전기가 온 것은 2003년이었다. 자유당의 오자와 이치로(小沢一郎)와 합당하면서 제1야당으로 성장하였다. 그들은 자유당의 정책 이념을 받아들이면서 복합화하였다. 당시 구체적인 정책으로는 공공사업의 축소나 자유시장 원리의 확대, 작은 정부, 민영화를 추진하는 것 등을 제시하였다(양기호, 2010, 328~332쪽; 정미애, 164쪽).

원래 민주당은 자민당의 이익유도 정치와 관료들의 부패로 어려움에 처한 일본정치의 상황에서 새로운 대안을 모색하기 위하여 생활자 중심의 정당으로 시작하였다. 당시 일본의 선거민들은 생활이 위기에 처하면서 불안한 생활을 하여야 하는 상황이었다. 이러한 정치사회의 상황을 지켜본 혁신 정치가들은 열악한 정치 환경을 바꾸려고 노력하였다. 그래서 시민사회를 건설하기 위한 개혁운동을 전개하면서 자민당이 전개하는 이익정치를 비판하기 시작하였다.

2000년 이전까지의 정당 활동을 보면 민주당은 아직 본격적으로 생활정치를 실천에 옮기는 정책을 전개하는 것이 아니라 정책적 의미를 강조하면서 슬로건으로 제시하는 단계였다고 불 수 있다. 본격적으로 전개할 수 없었던 이유는 정권 교체를 통해 실질적인 정권의 담당자가 아니었다는 것으로 생각된다. 그리고 그 이후 민주당은 생활정치와 신자유주의적인 정책이 수렴하면서 서로 별다른 차이가 없자 민주당의 정체성이 애매해졌으나, 2005년 9월 총선에서 고이즈미(小泉純一郎) 자민당과의 경쟁에서 패배함으로써 새로운 국면에 접어들었다. 그 이후 민주당은 고이즈미 개혁에 반대하는 선거민을 향해 복지확대라는 정책을 전개하면서 생활정치의 실현을 위해 노력하였다(정미애, 165쪽).

생활정치의 등장

그동안 일본정치는 보수정치와 경제성장이라는 두 가지 축으로 진행되었다. 그러나 1990년대 이후 신자유주의 경제정책의 쇠퇴와 국가와 사회의 양극화 현상이 확대되면서 점점 대중정치는 다른 차원으로 접어들었다.

자민당 정치에 의해 진행되었던 전후 보수주의 정치는 여기저기서 한계를 드러냈다. 공공정책뿐만 아니라 생활정치에서도 고령화가 급속하게 진행되고, 재정적자 현상이 심해지면서 일본의 정치사회는 새로운 시대에 접어들었다. 전후 보수와 혁신의 대립에서 점점 벗어나면서 일본정치는 대중정치로 접어들었다. 그리고 매스컴의 발달로 정치는 점점 언론중심의 정치로 변화해 갔다. 민주당이 2009년 선거에서도 승리할 수 있었던 것도 역시 대중정치 속에서 언론의 영향이라고 할 수 있다. 민주당은 전후 강력한 조직력을 가진 보수 자민당과는 달리 조직이 약한 상태에서 선거를 치러야 하였다. 이러한 상황 속에서 매니페스토라는 선거공약을 통하여 늘어가는 무당파층의 마음을 잡을 수가 있었다.

당시 민주당이 주장한 생활정치는 이미 2003년 선거에서 선거공약으로 도입하였고 그 이후 국정선거에서 지속적으로 생활정치를 강조하였다. 민주당이 주장한 선거공약은 1990년대 이후 변화하는 국제 정치·경제의 변화를 잘 이해한 결과라고 할 수 있다. 그들은 신자유주의 경제정책의 후퇴를 보면서 자민당 보수정치의 한계를 예측하였는지도 모른다.[2]

특히 냉전종식으로 이념 대립이 약화되는 가운데 선거민들은 부패정치에 매서운 눈초리를 보이며 비판하였다. 정권 교체론이 주장된 이유였다.[3] 이러한 상황 속에서 일본정치의 중요한 주제는 정치개혁 문제였다. 리쿠르트 사건이나 사가와 택배 회사의 부정부패는 선거민들에게 비판의 대상이 되었다. 이렇게 보면 일본 정당정치를 둘러싼 환경이 격변한 것이다. 이러한 격변은 자민당의 장기집권을 붕괴하게 만들었으며 그동안 지속적으로 유지되어 온 이익유도정치는 이제 효용 불능상태에 빠졌다고 볼 수 있다.

냉전기 동안 존재하였던 사회주의의 붕괴는 결정적으로 영향을 미쳤고, 자본주의의 승리와 자민당에 대한 찬사가 계속될 것으로 생각하였으나 거듭되는 부패와 스캔들은 일본의 선거민들이 용납하지 않았다. 일본의 여론은 정권 교체론을 통한 근본적인 정치개혁만이 일본의 부정부패를 막을 수 있다고 생각하였다. 지금까지와는 달리 체제를 선택하는 데 유권자들에게 자유도를 확대하여 시장경제를 활성화하고 자유민주주의를 발전시켜야 된다고 생각하였다. 이러한 상황에서 1990년대 전반에 등장한 일본신당과

---

2) 박명희, 「민주당의 생활자 중심정치로의 시도와 좌절」(진창수·신정화 편, 『일본민주당정권의 탄생과 붕괴』, 도서출판 오름), 137쪽.

3) 山口二郎, 『政權交代論』(岩波書店, 2009), 126쪽.

신당 사키가케, 신생당 등은 보수세력 가운데서 자민당을 비판하는 세력으로 움직임을 보이기 시작하였다.

생활정치의 진행과 성과

2003년 이후 민주당은 일본정치에서 '생활정치'를 실천하는 정당으로 인식되었다. 2003년 이후 민주당은 매니페스토에 생활자 중심의 정책을 주장하면서 생활정치는 시작되었다. 그리고 2004년, 2005년에 신자유주의 노선을 개혁하는 차원에서 제기되었다. 그리고 2007년 오자와 이치로는 민주당을 생활정치의 당으로 자리매김하였다. 이러한 노력은 2009년 선거를 통해 민주당의 생활정치는 자리를 잡았다. 문제는 민주당의 이러한 노력은 2007년 이후 복지부담 문제가 추가되었다는 것이다. '증세 없는 복지'의 내용은 아동수당과 고교무상화 정책이 중심이었으나 이러한 정책은 퍼주기 정책이라고 비판받으면서 민주당의 생활정치 정책은 어려움에 직면하게 되었다.[4]

당시 민주당의 정책공약인 생활정치의 슬로건은 '콘크리트에서 사람으로'라는 것이었다. 기존 자민당이 사용한 인프라를 중심으로 한 공공사업이 아니라 사람을 위한 복지예산으로 사용하겠다는 의미였다. 이러한 구상은 민주당이 90년대 후반부터 주장해 온 생활정치를 실현하기 위한 것이었다. 다시 말해 자민당이 추진해 온 공공사업 부분을 삭감하여 사회복지

---

4) 박명희, 앞의 논문, 139쪽.

확충을 위해 사용한다는 것이다. 그리고 사회복지 예산으로 활용할 때 보편적인 복지를 실천에 옮기겠다는 의지였다. 그러나 이러한 정책전환은 기본적으로 재정적인 뒷받침이 없으면 어려운 것이었다.

자민당의 고이즈미 정부에 의해서 자유주의적인 구조개혁이 진행되었으나, 일본이 직면한 국가재정의 위기와 정부관료 및 정치가들의 부정부패가 계속되는 상황에서 구조개혁은 어려운 상황에 직면하였다.

이러한 상황에서 집권한 민주당은 자민당이 추구해 온 이익유도정치를 타파하면서 새로운 사회복지 예산을 확충하여야 하는 상황에 처하였다. 이렇게 하기 위해서는 자민당이 추진한 공공사업을 축소하면서 재정의 건전화를 통해 선거민들에게 피부에 와닿는 복지를 제공하지 않으면 안 되었고, 국내적으로 내수시장을 진작시켜야 하는 상황이었다.

그러나 당시 일본이 처한 재정 상태는 그렇게 유리한 것은 아니었다. 그동안의 재정지출의 변화를 보면 공공사업비는 계속 감소하는 추세를 보였다. 이러한 상황에서는 공공사업비의 절감으로 복지예산 확충이 어렵게 된다는 것이다. 이미 고이즈미 정권기부터 공공사업비는 줄어들었기 때문에 예산 절약으로 사회보장비용을 충당한다는 것은 어려운 것이었다. 그 결과 민주당은 보편적인 복지에서 선별적인 복지로 회귀하게 되었다(박명희, 145쪽 이하).

민주당이 생활정치를 슬로건으로 새로운 정치를 시작하였지만, 일본의 상황은 계속되는 장기불황과 금융위기의 여파로 실업이 증가하는 등 일반 국민들의 생활을 위기 상황에 직면하였다. 이러한 상황을 극복하기 위해서는 민주당의 정책적인 전환이 반드시 필요하였다. 그러나 지금까지 자민당이 전개한 정책을 하루아침에 전환한다는 것은 또 다른 혼란을 초래할 수 있다. 전후 일본의 정치사회에서 선거민들이 생활이 중요하다고 생각하는 것은 당연한 것이었으나, 여태까지 생활의 질 문제에 대해 정치권에서 논의된 적은 없었다. 이러한 의미에서 민주당의 슬로건은 당연한 가치를 다시 한 번 소비자로서의 유권자가 관심을 갖는 것은 중요한 계기가 되었을 것이다.

앞에서 설명한 것처럼 1980년대 이후 일본의 물가는 매우 높은 편이어서, 민주당이 정권을 잡은 후 경제정책을 어떻게 효과적으로 진행할 것인가의 문제가 존재하였다. 왜냐하면 소득에 비해 물가가 비싸므로 생활면에서 풍요로움을 느끼지 못하기 때문이다. 고이즈미 정권 이후 신자유주의적인 정책 아래서 규제완화가 진행되었으나 경쟁이 격화하면서 경비가 줄어들고, 노동에서는 비정규직 고용이 증가하면서 젊은 층들의 임금이 줄어드는 상황이 발생하였다. 이러한 상황 속에서 물가하락과 이익감소가 가져오는 심각한 상황은 민주당이 목표로 하는 생활정치 실현에 장애가 되었다.

그리고 다른 하나는 사람과 물건의 관계이다. 지금까지 자민당들은 공공사업을 중시하는 정치를 진행하였다. 다시 말해 인간보다는 사업이나 물건에 대한 생각이 지배적이었다. 그러나 민주당 정부는 사람을 중시하는 정책의 전환을 시도하였다. 이러한 정책전환은 시대의 흐름인지도 모르지만 자본주의 정치사회의 중요한 변화이다. 소비화와 정보화가 진행되면서 사람중심의 서비스 산업이 중요시되고 이러한 경향이 시대의 흐름이었다. 즉 '탈물질주의'의 현상이라고 볼 수 있다(森, 133~134쪽).

그러면 민주당은 정책공약을 통해서 주장하고 있는 사람 중심은 무엇을 의미하는 것일까? 여기서 말하는 사람 중심은 사람들에게 복지를 제공하겠다는 의미이다 즉 세금을 통하여 개별 국민에게 복지를 제공하겠다는 것이다. 이것은 복지정책과는 달리 기본소득제가 주목을 받게 되었다. 지금까지의 복지정책은 관료제의 기능을 강화하면서 시민을 수급자로서 수동화시키면서 자유를 제약하는 단점이 있었다. 그러나 기본소득제는 전원에게 무조건 급부하는 원칙이므로 행정의 개입이 없고 사용에 관해서도 전혀 관여하지 않는다는 이점도 있었다. 이러한 제도는 수급자의 자유를 확보하고 시장사회와 서로 상호보완하면서 신자유주의에 의해 초래된 빈부의 격차를 조금이라도 해소할 수 있는 것이다(森, 134쪽). 그러나 문제는 재정의 확보이다. 점점 증가하는 재정부담을 해결할 수 있는 방안이 없는 가운데 민주당은 2011년 3월 11일 동일본 대 재해에 직면하였다. 결국 소비세 증세라는 카드를 들고 정권운영에 돌입하였으나 당내의 불화로 진전 없이 끝났다.

새로운 생활정치와 시민의 탄생

　　민주당 정부는 생활정치를 주장하면서 그들은 새로운 실천전략으로 새로운 공공을 채택하였다. 생활정치가 주장되어 온 이래 20여 년이 지나면서 일본의 시민사회는 성숙하면서 리버럴에 의한 시민정치를 기대하였다. 마침 민주당 정부의 탄생과 함께 시민사회는 민주당이 주장하는 새로운 공공에 관심을 가지면서 반응을 보이기 시작하였다.
　　민주당 내에서 개혁을 둘러싼 논의가 혼란스러운 가운데 출발하였지만 자민당 정치에 대항하는 개혁세력으로 등장하였다. 그러나 문제는 개혁에 대한 문제의식이 명확하지 못하여 민주당내에서 항상 정책의 혼선이 거듭되고 정책결정이 애매하였다.

그러나 민주당의 개혁론자들이 주장한 것은 생활자와 소비자를 우선시한다는 이념이었다. 그들이 주장한 3가지 개혁을 보면, 먼저 정치개혁이란 생활자 기반의 정당을 만들고 부패를 방지하여 정책능력을 향상시킨다는 것이었다. 그리고 행정개혁이란 생활자의 이익을 옹호하는 관료지배로부터의 탈각을 의미하고, 마지막으로 경제개혁이란 시장원리의 해방과 저비용 사회를 실현하는 것으로 이 세 가지가 하나가 되어 운영되어야 한다는 것이다. 이처럼 개혁론자들의 주장은 시장화와 시민화의 방향을 가진 것으로 이해할 수 있다(山口, 166쪽).

당시 민주당의 개혁 슬로건은 관으로부터 민에게 그리고 작은 정부를 주장하였다. 이러한 주장은 1990년대 정치개혁과 행정개혁을 실시하는 데 있어서 매력적인 정책 주제들이었다. 실질적으로 공공정책을 축소하고 시장원리를 확대하는 정책을 전개하여야 하는 상황에서 강력한 무기는 역시 시장시스템을 순화시켜 시장이 제대로 기능하게 하는 것이다. 이렇게 하려면 관료들의 규제권한을 축소 혹은 폐지하여 시장이 제 기능을 할 수 있도록 하여야 한다. 규제를 어떻게 완화할 것인가를 고민하면서 당시 시장기능을 확대하기 위하여 민주당은 규제완화가 정당하다는 생각을 가졌다. 그리고 자민당 보수정치인들이 오랫동안 지켜온 족의원 정치도 규제를 완화하면 서서히 없어질 것이라고 보았다. 즉 민주당에 의해 시장화는 정치개혁의 수단이라고 보았던 것이다. 하시모토 정권기의 재정구조개혁 역시 정부의 기능을 적게 하면서 시장기능을 확대한 것으로 볼 수 있다.

이러한 민주당의 시장화에 대한 의지는 공공서비스 영역에서도 소비자 주의의 원리를 가지고 오는 의미가 있었다. 공공시설 관리에 있어서 행정기관의 업무의 경직성, 획일성, 시민이 없는 상황 등이 기본적인 영역이었다. 그리고 공공서비스 분야에 있어서 권위주의적인 태도나 관에 의한 공공서비스 공급의 독점 등을 없애 경쟁원리를 도입하여 시민들에 대한 서비스를 향상시키는 것 등에 관한 논의가 시작되었다(山口, 167쪽).

시민화와 시장화 공동 노력

'시민화'는 민주주의를 철저히 하기 위하여 정책형성의 잘못을 시정해 나가는 운동이다(山口, 170쪽). 당시 정당의 기능 불능과 선거제도의 결함이 잘못된 정책을 만들어 냈다는 인식이 있었다. 민주당의 급선무는 '정치적 의미의 공간의 분단'이라는 문제를 해결하는 것이었다.

민주당 정부의 등장은 90년대 중반 이후 민주당이 소리 높여 주장한 생활정치와 혁신정치의 실현을 위한 시작이라고 볼 수 있다. 그동안 시민들의 사회적 관심도를 높여가면서 생활 속의 문제점들을 해결해 나가려고 노력한 리버럴들의 활동은 시민정치의 성장에 큰 힘이 되었다. 때로는 혁신자치체의 등장으로 시민들의 활동영역은 넓어졌고 시민들의 혁신성은 자치체뿐만 아니라 국가의 정책을 전개하는 데 기준이 되기도 하였다. 시민들의 성장은 민주주의 발전에 있어서 좋은 방향성을 제공하였으며 국가정책의 잘못을 시정하는 역할도 하였다. 또한 자민당이 전개한 신자유주의 정책들의 폐해를 시정하는 데 있어서 문제 제기하고 정책정당들의 역할을 견제하는 역할도 하였다. 특히 자민당의 족의원들에 의해 전개된 정당의 기능불능에 문제 제기하였다.

시민정치를 통하여 자민당이 행하는 종적인 행정(縱割り)의 잘못을 지적하고 그리고 행정부의 자원배분과 권한배분의 변경 관련 의사결정이 불가능한 것을 지적하며 자원배분의 방식에 대해 지적하기도 하였다. 민주당은 시민을 대표하는 정당으로 마비되어 가는 정당정치를 재편하는 데 노력한 것은 평가할 만하다. 그리고 이러한 노력이 1990년대의 지방차원에서 민주당 정치가 활성화되었다.

'시장화'는 공공정책 부분을 축소하면서 시장원리를 확대하여 정치나 행정시스템을 재구축하는 것이다. 민주당 정권에서 사용하는 '관으로부터 민으로', '작은 정부'와 같은 논의가 여기에 해당된다. 시장화의 문제는 상당히 매력적인 정책안으로 시장시스템의 강화만이 아니라 시장의 힘을 자유스럽게 하여 정치개혁이나 행정개혁이 원만하게 이루어질 수 있도록 하는 것이다. 자민당 정부 때 진행한 관료 주도의 행정은 관료의 재량권에 너무 의존하여 시장의 기능이 제한적으로 되어 시장의 효율성이 떨어졌다. 결국 이러한 것은 행정의 부패를 가져오고 부정부패의 원인이 되기도 하였다. 이러한 원인을 완화하기 위하여 규제완화가 필요했으며 민주당에 의한 규제완화는 정당성을 얻게 되었다. 또한 시장화는 규제가 초래한 문제점을 완화할 수 있는 것이고, 족의원과 같은 수익자들을 관리하여 규제를 자의적으로 행하던 것을 방지할 수 있었다. 투명하고 공정한 경쟁 룰을 적용함으로써 일본의 정치와 사회는 깨끗하게 되므로 이것은 정치개혁을 위해서 중요한 수단임에는 틀림없다. 하시모토 정권 때 시작된 재정구조 개혁 역시 공공사업을 중심으로 한 정부 지출을 삭감하면서 작은 정부를 지향하며 시장을 확대하는 방향으로 나갔다. 그리고 시장화는 공공서비스 영역에서 소비자 주권의 원리를 가진다는 의미를 가지고 있다.

일본의 신자유주의 상황과 변화

민주당 정부는 생활정치를 주장하면서 동시에 리버럴 정치를 희망하며 새로운 정치를 시작하였다. 그들은 새로운 실천 목표로 생활정치 그리고 그 전략으로는 새로운 공공을 채택하면서 그동안 일본 리버럴이 보혁대립 속에서 하지 못한 일들을 진행하고자 하였다. 그들은 기본적으로 경제적으로 신자유주의의 입장에 서서 정책을 전개하였다. 민주당은 시장을 방치하지 않고 약자를 보호하기 위하여 개입하려하는 리버럴의 입장도 취하고 있었다.

전후 일본의 경제정책은 복지정책을 중시하는 '큰 정부'와 시장경제를 중시하는 '작은 정부'로 구분되었다. 그동안 자민당 수구파 정치인들은 국가가 적극적으로 공공사업과 보조금 정책을 통해 분배정책을 진행하였다. 그리고 자민당 우파정치인들은 작은 정부를 추구하면서 민간 활성화 정책을 진행하였다. 이러한 정책들은 고이즈미 정권기까지 진행되었고 민영화 정책으로 알려졌다.

그러나 이러한 신자유주의 개혁도 국제적인 금융위기로 그 한계에 직면하였다. 동시에 반 글로벌리즘 운동이 전개되어 글로벌 경제를 규탄하면서 운동이 대항적으로 글로벌화 하였으므로 반자본주의적인 글로벌화 운동이라 하였다. 민주주의를 주장하는 사회운동이 한 나라의 정치제도를 넘어서 전개되었다. 이러한 운동은 글로벌 경제의 패자들에 의한 고립된 것이라고 이해된다.[5] 그 결과 금융위기 후 재정지출의 적자로 약체화된 금융시장은 금융 불안의 요인이 되었다. 이러한 분위기 속에서 금융자본주의에 대한 항의운동은 국제적으로 연대를 하면서 확대되고 '월가를 점거하자'고 주장하면서 대중운동을 전개하였다.

---

[5] 森政稔, 『迷走する民主主義』(ちくま書房, 2016), 74쪽.

제8장

민주당의 정책과 영향

선거를 치르면서 정치 주도의 슬로건으로 등장한 민주당 정권은 기본적으로 자민당 정권이 전개한 정책과 거리를 둠으로써 자신들의 정책적 우위를 보이려고 노력하였다. 민주당 정권의 정책은 매니페스토에서 제시한 것처럼 크게 경제성장, 고용, 육아지원, 연금, 의료간병, 농업, 환경자원, 행정·국회개혁, 지역주권 등을 제시하였다. 그들이 제시한 정책들은 자민당 정권이 진행한 신자유주의와는 다른 복지 중심으로, 어떻게 보면 케인즈 경제의 부활을 알리는 듯한 정책들이었다.

국제적으로는 미국과의 관계를 비롯하여 동아시아 국가들과 신뢰관계를 회복하고 그리고 한국, 중국, 일본과의 관계에 관한 정책들을 전개하였다. 역사 관련 정책은 한일관계에서 적극적으로 신뢰관계를 구축하려고 노력하였다. 특히 민주당의 매니페스토에 따르면 한일관계의 재구축은 우호적이고 협력적인 대한 정책을 추진하기 위한 신호였다.

민주당 정권의 정·관 관계

민주당 정권은 각료기구를 통제하면서 정부 내 의사결정이 잘 진행되지 않았다. 그 구체적인 것으로 사무차관회의의 폐지, 정무 3역에 의한 조직운영 그리고 행정조직 개편상의 제약 등이라고 할 수 있다(前田, 9쪽).

간 총리는 사무차관 회의를 관료지배의 상징이며 각의를 형해화시키는 원인이라고 비판하였다. 그리고 민주당 의원 가운데 정치주도는 사무차관 회의만이라도 없애면 하룻밤 사이에 온다고 생각하는 사람들도 있었다. 그러나 실무자들은 사무차관회의가 결코 관료지배의 도구가 아니라고 생각하였다. 사무차관회의 역할은 먼저 정부의 최고 의사결정 기관인 각의 전에 충분한 조정이 이루어졌는가를 확인하는 것이며, 이때 정부나 여당의 조정이 진행되었는가를 확인도 한다. 그리고 총리의 지시 등을 각성청의 사무 톱에게 지시한다. 마지막으로 정보를 공유하고 전달하는 역할을 한다는 것이다. 이러한 역할을 보면 성청 간의 정보전달이나 조정을 체계화하는 페이스메이커 역할을 하는 기능이 있었다고 볼 수 있다. 결국 이러한 제도가 폐지됨으로써 정책의 방향성이 직접적으로 영향을 받았는지 검정할 방법이 없어지는 등 정부의 정책 관련 활동량이 줄어들었다. 물론 각료위원회에서 조정을 하기는 하였지만 여러 시행착오를 거쳐야 하였고, 관련자들은 혼란스러운 상태에 직면하였다.

다음으로, 정무 3역에 의한 조직운영은 민주당이 작성한 매니페스토에서 5원칙 5가지 시책(施策)을 보면, 제1 시책에서 정부에 장관, 부장관, 정무관(이상 정무 3역), 장관보좌관 등 국회의원을 100여 명 배치하고 정무 3역을 중심으로 정치 주도로 입안, 조정, 결정한다고 되어 있다. 이것에 대한 해석은 사람에 따라 다를 정도로 혼란스러웠다. 이러한 운영은 관료기구에 너무 개입하는 것으로 보고, 정무 3역은 너무 바쁘고 국가운영의 프레임워크(framework)에 대한 방향 감각을 잃어버릴 수도 있다는 지적도 있다.

마지막으로, 행정조직 개편상의 제약이 있다. 행정학에서 설명하는 정치 주도는 지적 권위가 있는 집행부가 관료기구를 통제하는 것이라고 말한다. 그러기 위해서는 관료기구를 적으로 볼 것이 아니라 정권이 전략을 실행하기 위하여 관료기구의 보조 보좌 기능을 높일 필요가 있다. 이러한 입장에서 보면 민주당 정부에서는 관료조직에 대한 전반적인 개혁이 이루어지지 않는 상황 아래서 정치 주도를 실현하려고 한 것은 무리였다. 바로 민주당 정권이 정책적인 난맥상이나 혼란의 원인은 여기에 있지 않을까? 바로 민주당의 포퓰리스트적인 측면이 이러한 곳에 있어 결국 자민당이 진행하였던 운영 방식대로 진행되는 경우가 다시 생기기 시작하였다.

매니페스토는 무엇을 의미하는가?

일본정치에 있어서 매니페스토는 어떠한 의미를 가지고 있는가? 그리고 그것이 일본정치에 무엇을 제공하였는가?(山口, 144쪽 이하; 森,제6장, 173쪽 이하) 일본이 전개한 매니페토토는 정당정치에게 긍정적인 측면을 제공하였는지 확실하지 않았으나, 일본에서 제시된 공약들을 보면 정책에 관한 수치 목표, 재원 그리고 실현에 필요한 기간 등을 제시하는 등 어쩌면 선거민들의 심리적인 선택을 강요하는 포퓰리스트적인 측면도 가지고 있었다. 왜냐하면 지금까지 일본정치에서 매니페스토에서 정한대로 정책이 실현된 것이 없었기 때문이다. 원래 매니페스토라는 말은 마르크스가 공산당선언에서 사용한 것처럼, 어떤 세계관에 기초한 정치적인 행동 목표의 선언이라는 것이다.

민주당이 제시한 매니페스토는 관료정치의 한계를 극복하면서 정당정치의 활성화를 위하여 제안된 것이나, 사실은 야당이 정권을 획득하기 위한 수단으로 사용되기도 하였다. 야당의 매니페스토는 재정적인 문제를 어떻게 해결하느냐가 가장 중요한 관심이었으며, 정권획득을 위해서는 집권 여당을 비판하면서 자신들이 구상하는 미래상을 제시하지 않으면 안 되는 것이다. 민주당이 제시한 매니페스토 역시 이러한 한계점은 있었지만 기본적으로 중요한 것은 정당으로서의 기본적인 이념이 정상적으로 표현되는 것이었다.

그러나 민주당뿐만 아니라 자민당이 제시한 매니페스토는 선거에서 승리하기 위해 정당정치의 기본적인 원칙을 무시한 경우도 있었다. 고이즈미 총리가 선택한 2005년 우정(郵政) 해산이 바로 자신들이 제시한 매니페스토를 무시한 사례라고 볼 수 있다.

여기에 한발 더나가 국민들과 약속하지 않은 공약도 정책적으로 전개한 경우도 존재하였다. 예를 들면 후기 고령자 의료제도 도입, 교육기본법 개정, 그리고 헌법개정을 위한 국민투표법 제정이 대표적이다. 이러한 국민들에게 명시적으로 제시하지 않은 정책 전개를 실시하는 등 사실 점점 실체적인 정책 대립축을 세우기 어려운 상황도 전개되기도 하였다.

매니페스토 정치의 정합성과 한계

국민생활을 우선시한다는 민주당의 정책공약은 대규모의 재정 지출을 필요로 하는 리버럴에 가까운 인상을 주면서 동시에 사민당이나 국민신당에게 접근하였다. 2009년은 금융위기로 신자유주의가 비판의 대상이 되었고 민주당은 확실한 경제정책을 가지고 있지 않았다. 당시 민주당의 경제정책은 국민의 생활 제일이라는 슬로건을 달성하기 위하여 어떠한 계획을 가지고 있었는가? 즉 민주당의 경제정책이 생활 중시 방침과 어떠한 관계에 있었는가? 일반적으로 여러 선진국들의 경제정책은 신자유주의적인 입장을 취하는 입장으로 정부지출을 줄이고 시장에게 맡기는 것과 복지나 사회보장에 관하여 정부의 역할을 강화하려는 쪽으로 나뉘어져 있다. 일본 정치에서는 대체로 이 두 가지 구조가 동시에 나타나고 있으며, 그 결과 정책들 사이에 경계가 분명하지 않아 애매한 상황이다.

고이즈미 정권에 의해 신자유주의가 새로운 단계로 접어들었다. 이것은 자민당 내부의 분열과 갈등을 초래하여 자민당이 약체화하는 이념이 되었으며, 정책적으로도 아소 내각 때 많은 재정지출을 실시하여 자민당의 경제정책이 흔들리는 상황에 이르렀다.

반면에 민주당은 자유당과 합쳐 새로운 민주당을 만들면서 신자유주의를 옹호하고 있는 오자와 이치로와 같이 정책 실현을 위해 노력하였다. 그러므로 민주당도 자민당과 비슷하게 신자유주의적인 입장과 복지우선이라는 정책을 동시에 전개하여 혼합적인 대립 구도를 유지하였다.

이러한 모순을 가지고 민주당은 유권자들에게 매니페스토를 제시하였다. 당시 유권자들은 반 신자유주의적인 감정 속에서 투표하면서, 민주당이 생활제일이라는 슬로건을 실천할 것인가 사실은 반신반의하였을 것이다. 왜냐하면 매니페스토에서 제시한 공약들이 너무 이상적이고 실현 가능성이 의문시되었기 때문이다(森, 154쪽).

이러한 가운데 민주당이 평가된 것은 '업무의 분리'라고 불리는 행정의 효율화를 통하여 예산을 절약하려는 것이다. 그러나 이것은 정부재정을 축소하는 신자유주의적인 노선에 가까운 것이었다. 매니페스토는 재정확대를 생각하고 구상한 정책이므로 업무의 분리와는 정합적인 문제가 발생하였다(森, 155쪽 이하).

매니페스토를 실행하기 위하여 예산을 확보하는 문제는 사업의 분리를 통해 재원을 확보하려고 하였지만 사실 이것은 모순된 것이다. 문제는 기존사업을 희생시켜 매니페스토에서 제시한 정책을 시행할 가치가 있느냐의 문제이다. 사례로 폐지된 사업은 작은 규모의 것이었으므로 예산 절약에는 큰 도움이 되지 않았다. 당시 희생된 사업들은 대체로 과학이나 스포츠 분야 그리고 제방이나 방재 관련 예산들이었다. 그러나 희생된 사업들(하야부사, 슈퍼 컴퓨터, 나데시코 등)이 계속해서 성과를 내자, 사업 분리에 참여한 사람들의 인식 부족을 비판하기도 하였다. 결국 매니페스토에 제시된 여러 정책들은 정책평가를 하는 과정에서 일정한 기준과 우선순위 등을 정하는 과정 모두가 결여되어 있었다(森, 155쪽).

갑작스러운 증세(增税) 제안

민주당은 경기대책과 재정건전화 사이에서 고민이 깊어가기 시작하였다. 2010년 참의원 선거를 앞두고 갑자기 간 총리는 재정건전화를 위해 소비세 10%의 증세가 필요하다고 주장하였다. 민주당의 정책전환은 당내에서 논의도 하지 않고 당돌하게 진행되었다. 당시 국제적으로 국채가 하락하면서 신용이 하락하는 상황에서, 일본 재무성은 일본의 부채를 줄이기 위하여 재정안정화를 정당화하는 근거를 찾고 있었다. 그러나 재무성의 판단은 너무 성급하게 진행되었으며, 또한 간 총리가 준비 없이 정책전환을 서두르면서 참의원 선거에서 참패하였다. 여기서 문제는 민주당 내부에서 전혀 논의되지 않고 정책전환을 진행하였다는 것이다. 이러한 모습은 정치적으로 불신을 초래하여 정권 차원에서 불안정을 야기하였다.

일반적으로 재정 문제를 둘러싸고 작은 정부와 큰 정부 논의가 있다. 즉 작은 정부는 감세와 재정지출의 삭감을 주장하고, 큰 정부는 많은 재정 부담과 복지를 주장한다. 이러한 논의가 민주당 정부에서도 그대로 재현되었다. 특히 매니페스토를 만들어 재정적자를 인정할 것인가 아니면 재정건전화를 우선시할 것인가의 논의가 바로 그것이었다. 민주당내 오자와, 하토야마 그룹과 반오자와 그룹의 정책적 대립 구조가 재현되면서 더욱 민주당내의 정책 조정은 난항을 거듭하여 결국 실패하기에 이르렀다. 이것이 바로 매니페스토 유지파와 수정파의 무모한 대립이고 민주당의 정책결정의 한계였다(森, 155~156쪽).

민주당의 역사인식과 역사정책

민주당의 역사인식은 하토야마 유키오와 간 나오토 총리의 역사인식으로부터 잘 알 수 있다. 먼저, 하토야마 유키오 총리는 과거사 인식에 있어서 자민당과는 달리 무라야마 담화를 계승하였다. 그리고 2009년 민주당의 매니패스토를 보면 민주당의 대한정책은 상당히 전향적이었음을 알 수 있다. 또한 지방참정권 문제나 과거사 해결을 위한 노력 등을 기울였다는 점에서 한국으로부터 어느 정도 평가를 받았다.

다음으로, 간 나오토는 한국과의 관계를 2010년 8월 10일 '간 담화'를 발표하였다. 그 내용은 일본의 제국의 폭력성과 강제성을 인정하면서 식민지 지배를 사죄하고 강탈해 간 조선의궤를 반환하기로 한 것이다. 간 총리 주변에 한국과의 관계를 중시하는 정치인들도 있어 그는 한국과의 관계를 중시하면서 전략적 협력관계를 유지 발전하기를 희망하였다.[1]

당시 민주당 정권의 대한 정책은 중국에 대응하기 위하여 한국과 전략적 협력관계를 중시하면서 전개하였다. 그리고 과거사 문제에 대해서도 간 총리는 전향적인 정책을 추진하였다. 그러나 일본 내의 내셔널리즘이 강해지면서 한일 간의 협력 문제는 어려움에 직면하였다.

---

[1] 이기태, 「민주당 정권의 대한정책」(진창수 · 신정화 편, 『일본민주당정권의 탄생과 붕괴』, 도서출판 오름), 404쪽.

제3부

아베 정권기의
정치와 사회

아베 신조는 과거의 자민당의 모습을 되찾기 위하여 자민당의 지지기반인 보수단체를 중심으로 세 결집에 나섰다. 그래서 그가 찾아 나선 것은 보수의 중심 세력들인 우익단체를 중심으로 그는 기반 구축에 착수하였다. 그리고 지방을 돌면서 강연회를 개최하면서 지방의원을 조직화하여 그들을 운동체로 만들어 나갔다(中北, 238쪽). 그리고 그는 이전에 자신이 설정한 전후 레짐의 탈각이 처절하게 무너진 것에 대한 후회를 극복하기 위하여, 민주당 정치에 대하여 전후 레짐의 상징이라고 비판하기 시작하였다. 민주당의 정치는 국가관을 부정하고, 교육의 현장에서 일본인의 자랑스러움을 부정하고 있다고 비판하였다. 그래서 아베는 전후 레짐으로부터 탈각하기 위해서 자신은 '창생일본'을 원동력으로 활동한다고 주장하였다. 아베는 민주당의 하토야마 정권의 미일동맹관계의 문제점이나 악화하는 재정적자에 대하여 비판하고 그리고 부부 별성과 정주외국인의 지방참정권 추진에 대하여 비판하기 시작하였다. 그리고 참의원 선거를 앞두고 히라누마가 이끌고 있는 신당 '일어서라 일본' 등 '일본을 구하는 네트워크'를 결성하고 민주당 정권의 타도를 향해 우파 결집을 시도하였다(中北, 238쪽).

그리고 민주당의 간 내각에 대해서도 아베는 음습한 좌익정권이라고 비판하면서, 아베는 창생일본을 통하여 한국강제병합 100년에 즈음하여 실시한 간 담화를 비판하고 그리고 재일조선학교의 수업료 무상화, 댜오위다오에서의 중국어선 충돌 사건 등에 대하여 비판 하였다. 그 다음에 이어진 노다 정권에 대해서는 아베는 계속 정책에 대한 잘못을 비판하면서 민주당 정권의 타도를 위해 자신의 신념을 관철시키려고 하였다.

아베는 우익단체들과 함께 활동하면서 자민당 총재선거에 재도전하려는 계획을 가지고 있었다. 물론 5년 전에 정권을 반납한 전력으로 많은 비판이 존재하였지만, 그는 지방을 돌면서 정치에 재도전한다는 것을 스스로 생각하면서 신중하게 움직였다. 이러한 때 국제적인 환경에 변화가 생겼다. 러시아의 메드베데프 대통령이 남쿠릴 열도를 방문하고 그리고 한국의 이명박 대통령이 독도를 방문하였다. 그리고 일본은 센카쿠열도를 국유화하기도 하였다. 이러한 일련의 국제 환경의 변화에 아베는 자민당 총재선거에 출마하기로 결심을 하였다(中北, 243쪽).

제3부에서는, 이러한 배경 아래서 등장한 아베 정권의 정치와 사회를 분석하였다. 주요 내용은 첫째, 아베 정권의 역사인식에 관하여 역사적 문맥과 이론이라는 관점에서 아베 정권의 역사정책 변화의 과정을 서술한다. 여기서 아베 총리의 역사정통성 수립 과정을 면밀하게 검토하여 국내 보수·우익 정치세력과의 관계를 설명한다. 둘째, 아베 정권은 '탈전후 내셔널리즘'을 중시하고 있다. 그것은 전전 일본 제국주의가 저지른 침략전쟁에 대하여 인정하지도 않으면서 반성도 하지 않겠다는 것이다. 그러나 아베의 탈전후 내셔널리즘은 전후 보수정치인들과 다른 모습을 가지고 있다고 설명한다. 아베의 내셔널리즘은 글로벌화가 진행되는 과정에서 나타나는 폐해들에 대한 비판은 하지 않고 오히려 글로벌화와 신자유주의 개혁에 친화적인 모습을 보이고 있다. 셋째로, 아베 정권은 일본의 전통, 가족, 국

가재건론을 주장하는 신보수주의의 입장을 취하고 있음을 강조한다. 마지막으로, 아베 총리는 신국가주의 사상을 주장하고 있다. 구체적으로는 아름다운 나라 일본을 만들기 위해서 교육기본법 개정, 개헌절차법 제정 등을 주장하면서, 전후로부터 새로운 자주를 주장하고 있다. 이러한 아베 정권의 정치와 사회를 분석하여 21세기 일본이 지향하는 진로의 향방을 예측할 것이다.

제9장

아베 정권의 이념, 사상과 정책

아베 정권의 이념

아베는 5년간 야인으로 지내면서 정책적인 준비를 많이 하였다. 특히 그가 열심이었던 것은 우익단체들을 중심으로 한 우익 프로그램의 가동이었다. 물론 경제정책을 중심으로 '아베노믹스'라는 신조어를 만들어 적극적인 금융완화와 공공사업 등의 재정지출, 규제완화 등을 적극적으로 추진하겠다고 다짐하였다. 이러한 정책을 3개의 화살이라고 표현하면서 디플레이션으로부터 벗어나는 것과 경제성장을 추진하겠다는 아베노믹스는 아베 정권의 정책을 상징하는 것이 되었다. 이러한 정책을 추진하기 위하여 그는 고이즈미 정권과는 달리 신자유주의적인 개혁과 대립하지 않고 국력을 향상시키려고 하였다. 그는 우파적인 이념을 가지고 새로운 정책들을 만들어 내는 데 노력하였다.

아베는 보수우파의 정치인으로 역사수정주의, 신자유주의 사상을 긍정적으로 평가하면서 일본의 우경화 그리고 민족주의 대두를 촉진시켰다.[1] 특히 헌법 문제, 역사관, 정책적인 측면에서 보면 과거 자민당의 정치

---

[1] 渡辺修, 『安倍政権と日本政治の新段階』(旬報社, 2013).

인들 보다 훨씬 우파적인 성향을 가지고 자신이 그러한 조직을 운영하는 인물이었다.

우경화의 이념에서 보면 일반적으로 자민당 내부에 두 가지 파가 존재하였다. 먼저 리버럴파로 일본헌법에서 체현되는 전후적인 가치를 옹호하는 그룹들이다. 그리고 우파정치인들은 자주헌법의 제정을 주장하는 사람들로, 아베 신조와 같은 '전후 레짐의 탈각'을 옹호하는 사람들이다. 1995년 고노 총재 때 실시된 강령문서 개정 때 리버럴이 우파를 억제할 수 있어 연기되었다. 그 이후부터 우파의 결집으로 서서히 자민당의 우파결집이 조직적으로 이루어지기 시작하였다. 그리고 자민당은 민주당에 대항하기 위하여 당내 결속을 하면서 그리고 선거민들의 지지기반을 강화하기 위하여 자주헌법 제정을 당의 방침(黨是) 등 우파들의 이념을 강조하였다.

자민당 내에서 우경화를 주도한 사람은 아베 신조(참고, 고이즈미는 한정적인 우경화)이다. 그는 간사장 시절부터 신자유주의적인 개혁의 한계를 참고하면서 당 개혁을 가속화하여야 한다고 생각하였다. 그리고 자민당은 독자적으로 이념을 중요시하면서 2005년 창당 50주년을 맞이하여 새로운 헌법 제정을 주장하면서 새로운 강령과 신헌법 초안을 책정하고 실현시켜나갔다. 당시 신헌법 재정의 중심 내용은 먼저 제9조 2항을 수정하고 자위군의 보유를 명기하는 것 그리고 국가의 환경보전의 책무나 범죄피해자의 인권 등 새로운 인권을 삽입하는 것 마지막으로 정당 조항의 신설 등을 시작으로 하는 통치기구의 개혁 등이었다. 당시 온건한 내용으로 보이는 개정안들은 사실 고이즈미의 판단에 의해 이루어진 것이다. 만약 아베가 총리였다면 천황제나 국민의 권리 등과 관련하여 자민당의 우파의 인식이 반영된 것으로 채워졌을 것이다.

2009년 선거에서 자민당의 정권을 탈환하자 리버럴 색이 강한 타니가키(谷垣禎一) 총재는 아베의 '창생일본(創生日本)'의 압력으로 일본다운 보수주의를 정치이념으로 주장하는 신헌법의 제정을 주장하면서, 지방의회에서도 우파적인 내용이 반영된 의견서를 채택하는 캠페인이 전개되었다. 더디어 2012년 새로운 개헌안으로『일본국 헌법개정 초안』으로 정리되었다(中北, 184쪽). 2012년 개헌안의 내용을 보면 눈에 뛰게 우경화(右傾化)하고 있음을 알 수 있다.

이렇게 우경화를 주제로 아베는 철저히 정권 탈환을 위해 노력하면서 자신의 우익 프로그램을 가동시켰다. 그리고 아베가 가지고 있던 이념들을 살펴보면 다음과 같다.

먼저, 아베 총리는 '탈전후 내셔널리즘'을 중시하고 있다. 그것은 전전 일본 제국주의가 저지른 침략전쟁에 대하여 인정하지 않고 반성도 하지 않는 특징을 가지고 있다. 과거 기시 노부스케 전 수상이 주장한 내셔널리즘이 아시아주의를 주장하면서, 동시에 반유럽·반미국적, 반식민지주의를 주장하고 아시아의 해방을 주장하며 식민지 지배와 정쟁을 정당화하려는 것이었다.

둘째로, 일본의 전통, 가족, 국가재건을 주장하는 신보수주의를 기초로 하고 있다. 그는 교육기본법이 추구하는 개인주의, 자유주의 그리고 이러한 것이 초래한 폐해를 개혁하여 어린이들에게 규율과 도덕을 가르쳐 국가발전에 기여하게 하여야 한다는 것이다. 이러한 문제를 해결하기 위해서는 전통적인 공동체를 유지하고 재건하는 것이 필요하다는 것이다.

셋째로, 아베 신조는 새로운 국가주의 사상을 주장하고 있다. 구체적으로는 아름다운 나라 일본을 만들기 위해서 교육기본법 개정, 개헌절차법 제정 등을 주장하면서, 전후로부터 새로운 자주를 주장하고 있다. 그러나 이러한 주장에 대해, 지금까지 일본은 아름다운 나라를 바라는 기분을 가지지 못하게 한 것이 아닌가라는 반론도 있다. 그러므로 무엇이 아름다운 나라인가를 정의가 필요하다는 것이다.

글로벌화와 신자유주의 개혁에 친화적인 모습을 보이면서, 아베는 신국가주의 사상을 주장하고 있다. 구체적으로는 아름다운 나라 일본을 만들기 위해서 교육기본법 개정, 개헌절차법 제정 등을 주장하면서, 전후로부터 새로운 자주를 주장하기 시작하였다.

아베 정권의 성격

일반적으로 아베 정권의 성격에 대한 3가지의 설명이 있다.[2] 먼저, 아베 정권은 복고적이며 강경파 정권이라는 설명이다. 헌법개정이나 교육기본법 개정 등을 부르짖으며 강경한 입장을 취하고 있다는 점에서 설득력이 있다. 이러한 움직임에 대해 리버럴한 전문가들은 아베 정권의 위험성을 주장하며 위기감을 표현하면서, 아베는 위험한 정치가라고 평가하고 있다. 그리고 아베를 중심으로 시모무라 하쿠분(下村博文), 야마타니 에리코(山谷えり子) 등 우파정치인들이 포진하고 있는 점을 강조하면서, 향후 일본의 대 아시아 외교와 교육재생에 우려를 표시하고 있다.

그리고 둘째로, 아베 정권은 전후체제로부터 탈각하려는 정권이라는

---

2) 渡辺治, 『安倍政権論: 新自由主義から新保守主義へ』(旬報社, 2007년), 17~21쪽.

것이다. 앞의 성격과 대조적인 것으로 아베 정권이 주장하는 정책들을 지지하면서, 일본의 보수정치를 변화시키려는 입장으로 나카니시 테루마사(中西輝政) 등 '정론(正論)'과 '쇼군(諸君)'의 많은 논자들이 여기에 해당한다. 그들은 특히 중국의 침투공작에 대응하기 위해서는 강한 일본을 만들어야 하고, 무라야마 담화의 수정과 근린제국조항이 잘못되었다고 주장한다. 이러한 그들의 논리는 헌법 문제의 해결을 촉구하고, 해석 개헌을 통해 집단적 자위권도 인정하여야 한다고 주장한다.

마지막으로, 아베 정권은 약체 정권이라는 것이다. 아베 정권을 지지하는 그룹이 다양하므로 결국 정권의 수명은 단명할 것이라는 것이다. 아베 수상은 지도력이 부족하여 우익들의 언설을 그대로 답습하면서, 인사에 있어서도 논공행상적인 모습을 보이고 있다는 것이다. 실제로 제1차, 2차 아베 정부 인사들의 면면을 보면 여러 파벌들 위에 수상이 존재하는 형태를 보이고 있다.

이러한 아베 정권의 성격은 제2기에도 그대로 나타났으며, 특히 정책면에서는 첫 번째, 두 번째의 성격들이 서로 혼합되어 잘 나타나고 있다. 약체 정권이라는 성격은 현재 동일본 재해 이후 일본사회의 부흥 과정에서 강한 지도력을 필요로 하는 것과 잘 어울리지 않는다고 보아도 무방할 것이다.

아베 정부는 과거 자민당 정부들이 진행한 군사화를 넘어 대국화의 완성을 이룩하겠다는 구상을 가지고 있었다. 고이즈미 개혁의 승계를 주장하는 '모두의 당(みんなの党)', '오사카 유신회(大阪維新の会)'와 연계 등을 통하여 정당 간의 연대를 이루어 나가면서 진행하겠다는 생각이었다. 아베는 이러한 연장선에서 문화적으로 일본의 보수주의는 일본의 문화와 전통자연, 역사를 중요시 여기는 국가라고 이해하고 있었다. 이러한 점에서 보

면 나카소네 야스히로(中曾根康弘) 전 수상과 비슷한 부분도 있다.

이러한 아베 수상의 사상에 대해 해외언론들은 아베의 국가주의에 대해 비판하고 있다. 과거 아베 수상은 제1차 정권 때 위안부 문제로 비판받았으며, 제2차 내각 이후에도 아베는 계속 비판받았다. 당시 미국도 야스쿠니와 역사 문제에 많은 신경을 쓰고 있는 상황 아래서, 아베 수상의 위험성에 대해 경계하는 분위기가 지속되고 있었다. 미국이 염려하는 것은 미국의 국익과 전략에 악영향을 미치기 때문이다.

그리고 아베 수상의 경직된 이데올로기가 살아나는 일본의 경기회복을 붕괴시킬 수도 있다는 지적도 있었다. 아베노믹스의 아킬레스건이 될 수도 있다는 것이다. 그러므로 지도자의 이데올로기와 가치관은 국내외 정치경제에 많은 영향을 미친다. 과거 고이즈미 수상의 구조개혁, 아베 수상 진행하는 전후체제로부터의 탈각은 부분적으로 성공할 수 있지만, 자국의 민주주의의 발전과 정치개혁 그리고 주변국의 협력 없이는 이룩할 수 없는 것이다. 특히 아베 수상이 목표로 하고 있는 헌법개정과 군사대국화의 완성 문제는 더욱 주변국과의 관계 정상화가 필수적이다.

아베의 내셔널리즘은 신보수주의 그리고 신국가주의가 어울리는 형태로 나타나고 있다. 이하에서 아베 정권의 역사인식과 정책 그리고 향후 일본이 어디로 갈 것인가를 살펴볼 것이다.

아베 정권의 정책

당시 아베 정권의 정책 중 우선 과제는 어떻게 하면 디플레이션을 벗어나는가의 문제였다. 신자유주의와 구조개혁의 문제를 동시에 풀어나가느냐가 고민이었다. 그들은 금융완화와 신속한 재정지출을 통하여 문제를 해결하려 하였다. 2013년 예산은 강한 경제와 재해 부흥이라는 슬로건 아래 진행되었다. 무엇보다 재해로부터 복구는 어려운 과제였으며 재정 투입이 신속하게 이루어져야 하였다. 이러한 재정투입은 고도성장기의 재정투입과는 다른 대규모의 재해복구 비용들이었다.

당시 아베 정권의 구조개혁을 실시하는 데 다음과 같은 이유가 있었다. 먼저 대규모 재정지출에 의한 공공사업을 실시하여 경기를 회복시키고 다가오는 참의원 선거에서 승리하려는 것이었다. 그리고 이러한 선거를 통하여 대연립을 구성하고 후텐마 기지의 헤노코(辺野古) 이전을 실시하고 집단적 자위권을 인정하면서 대미 관계를 추구하는 군사대국화를 목표로 하였다. 경제문제로는 TPP에 참가하고 사회보장과 관련된 새로운 구조개혁을 진행하고 고용 파괴를 야기하는 구조개혁도 강행하려는 것이었다.

다음으로, 경기회복에 따른 소비세 인상을 전제로 하였다. 2012년 소비세증세법이 성립하긴 하였지만 경기회복이 집행의 전제가 되었다. 당시 자민당은 "경기회복이 없으면 소비세 인상은 없다"라고 주장하고 있었기 때문이다. 그렇기 때문에 아베 정권은 공공사업에 재정투입을 즉시 실시하면서 경기회복을 위해 노력하였다.

마지막으로, 보다 장기적으로는 구조개혁으로 고통받고 있는 지방의 자민당의 지지기반을 재건하는 문제가 있다. 당시 몇 년간의 선거를 보면 자민당 지지는 불규칙적인 상황이 반복되었다. 이러한 흐름에 불안을 느낀 자민당은 안정된 구조개혁을 위한 정치가 되지 않았다. 그러므로 지지세력의 이반을 회복하기 위하여 자민당은 공공사업을 실시하여 안정된 지지기

반 회복에 최선의 노력을 다하였다.[3]

그렇지만 자민당의 이러한 정책은 쉽게 잘 진행되지 않았다. 아베 정권은 공공사업을 통한 재정지출을 행하면서 경기회복을 하려고 하였지만 그렇게 쉽지 않았다. 심지어 경제계에 임금인상까지 요청하면서 노력하였으나 구조개혁을 하기 위해서는 생활보호기준의 하향조정을 강행하면서 국가공무원이나 지방공무원의 급여 삭감을 하지 않으면 안 되었다. 이러한 문제는 결국 노동자의 임금 인하 문제를 가져오는 것이었다. 그리고 아베 정권은 공공사업을 받아들일 역할을 하여야 할 지방의 농업이나 건설업들은 이미 구조개혁으로 많은 피해를 입고 있는 상황이어서 이러한 사업을 받아들일 입장이 아니었다. 공공사업을 통해 재정을 뿌리더라도 지방의 기업보다는 중앙의 대기업들이 그러한 사업을 실시하게 된다는 것이다. 이러한 상황으로 아베 정권의 초기의 정책들은 어려움을 겪고 있었다.

---

3) 渡辺修, 『安倍政権と日本政治の新段階』(旬報社, 2013), 95쪽.

제10장

아베 정권의 역사적 문맥: 정체성 모색

아베 정권은 전후 일본정치사에서 나타난 전후 보수주의 정치가들과는 달리 국가주의 요소를 강조하는 정권이었다. 그 수단으로 대국주의적인 내셔널리즘을 통해 국민을 통합하겠다는 명분으로 야스쿠니, 고노 담화, 무라야마 담화 등을 수정하려 하였다. 즉 아베는 국내정치에서 자신의 부족한 약점을 역사수정주의적인 역사인식을 가지고 극복하려고 하였다. 그는 뒤늦게 정계에 진출하여 빠른 시간 내에 자민당의 간부로 승진하면서 주로 내셔널한 문제를 중심으로 정치활동을 하였다. 야당 시절 동안 자민당을 자신의 힘으로 강화하려고 노력하였다. 이러한 과정에서 우익단체들의 행동은 그의 관심사가 되었다. 예를 들면 무라야마 총리의 전후 50년 국회결의 등에 대해 우익단체들이 반대 운동을 벌이자 아베는 이러한 분위기에 호응하면서 자민당 내에 '종전 50주년 국회의원연맹'을 설치하기도 하고, 우익단체 일본회의의 전신인 단체들의 활동에 적극적으로 호응하였다.

자민당 총재로 당선

아베는 2006년 9월 20일 자민당 총재선거에서 큰 표차로 아소 다로

(麻生太郎)와 다니가키 사다카즈(谷垣禎一)를 물리치고 자민당 총재에 당선하였다. 아베는 총재선거를 치르면서 내셔널리즘을 강조하는 '아름다운 나라 일본'을 슬로건으로 내걸고 헌법개정을 주장하였다. 그리고 그는 외교면에서는 '주장하는 외교'를 부르짖으며 교육기본법의 개정을 임시국회에서 실현시키겠다고 주장하기도 하였다. 이러한 자신의 정치적 입장을 주장하면서 그는 풀뿌리 보수들을 자극하면서 네트워크를 구축하였다. 물론 그는 3당 연립 때부터 의견을 같이한 나카가와 쇼이치와 함께 이념을 공유하면서 우파의 결집을 실현시키고자 노력하였다. 아베 정권의 모든 것을 보여준 것은 '전후 레짐으로부터 탈각'이라는 표현이다. 이것은 아베 정권의 이념과 성격을 모두 보여주는 것으로 그의 한계를 보여주었다. 앞서 설명한 것처럼 그는 신자유주의 경제정책을 진행하면서 그것과 모순되는 슬로건을 내걸었기 때문이다. 고이즈미 정권 때부터 이미 문제가 되고 있는 격차의 문제를 해결하는 데 아베 정권의 정책은 '재도전'이 가능하게 한다는 것이었다. 그러나 이것은 근본적인 대응책이라고 볼 수 없다.

그리고 아베 정권은 자민당 리버럴파들이 존재하고 있으므로 우파정권의 행동에 어려움이 있었다. 그러므로 아베 정권은 자신들의 정책들을 실현하기 위해서는 리버럴파들의 협력 없이는 실현할 수 없었다. 특히 한국과의 문제에서 아베의 야스쿠니 참배 문제 그리고 역사교과서 문제, 위안부 문제, 납치 문제 등은 주변국의 협력 없이는 해결되는 문제가 아니었다. 특히 이러한 문제에 자민당 리버럴파들은 역사적으로 '아시아와의 공생'을 염두에 두고 있었기 때문에 아베로서는 어느 정도 제약이 되었을 것이다.

아베 정권의 역사인식과 역사적 문맥

　　고이즈미와 아베 총리의 목표는 경제와 안전보장이라는 측면에서 전후체제로부터 '탈각'을 궁극적인 목표로 삼았다. 역사수정주의자들의 논점은 헌법 9조 등 일본의 자학사관을 수정하는 것이 중요하다는 것이다. 그리고 역사수정주의자들은 일본인들이 집단적으로 자신들의 역사를 기억하도록 형태를 취하고, 그리고 일본의 보수주의자들이 주장하는 논리를 집단적으로 기억하고자 한다. 그 결과 일본이 침략국이고 반주권국가라는 사실들에 대해 거절하는 태도[1]를 보였다.

　　아베의 등장이나 일본 내셔널리즘이 격화하는 것은 고이즈미 정권의 산물이라고도 할 수 있다.[2] 그리고 아베 총리의 등장은 한일 간의 역사전쟁의 시작이라고 염려되었다.

　　아베 총리는 자신의 정권의 역사와 정통성을 수립하는 과정을 보면, 그는 국내 보수·우익 정치세력의 재결집을 통하여 내셔널리즘의 강화, 전통주의 회귀, 신보수주의로 향하고자 하였다. 이러한 그의 태도는 그가 간사장 시절부터 시작한 여러 가지 업무를 통해 알 수 있다. 그는 당선 3회로 49세에 간사장에 취임하였다. 그 이전에 북한에 의한 일본인 납치 문제에 간여하면서 그는 일본인들의 인기를 얻었다. 당시 총리 고이즈미는 당을 개혁하는 인물로 생각하면서 10월 10일 중의원 해산을 위한 인사를 단행하였다. 당시 이미 2대 정당화가 진행되면서 민주당이 등장하는 시기로 자민

---

[1] 菅英輝 編, 『東アジアの歴史摩擦と和解可能性』(凱風社, 2011), 168쪽.

[2] 若宮啓文, 앞의 책, 17쪽.

당은 위기의식을 느끼기 시작하였다(中北, 219쪽, 2014).[3]

이러한 상황 속에서 아베가 생각한 당의 개혁은 먼저, 소선거구제를 통하여 자민당의 신진대사를 촉진하지 않으면 안 된다는 것이다. 그래서 그는 스스로 '당 개혁검정·추진위원회'를 발족시켜, 공모에 의한 후보자들을 결정하여야 한다고 생각하였다. 이러한 움직임의 결과 보궐선거에서 공모에 의한 후보자들이 선거에서 이기는 결과를 가져왔다. 그는 당개혁을 위한 보고서에서 언급된 정치자금의 투명화, 싱크탱크 설립, 전략적 홍보 체제 확립, 무당파층과 연계 강화 등을 실천에 옮기려고 노력하였다(中北, 220쪽).

그리고 아베 총리는 2003년 12월 18일 '기본이념위원회'를 설치하면서 '창당 50주년 프로젝트'를 만들어 자민당의 이념과 미래상을 구상하였다. 당시 아베는 민주당이 정권 교체가 가능하도록 노력하는 데 대한 위기의식을 느끼면서 당의 개혁에 열심이었다. 조직만으로 선거에서 승리하기는 어렵다고 주장하면서 그는 많은 국민이 공감할 수 있는 것을 자민당의 이념으로 만들었다. 또한 그는 신자유주의 개혁만으로는 무당파층들이 별로 관심과 지지를 주지 않는다고 판단하고, 자민당 독자적인 이념을 강조하면서 안정된 지지기반을 구축하지 않으면 안 된다고 생각하였다(中北, 220쪽).

이러한 위기의식을 하는 가운데 자민당은 헌법개정안 작성을 전제로 당의 이념을 확실히 하면서, 신교육법개정이 들어간 강령과 이념 안이 아베에게 전달되었다. 이 단계에서 아베는 자민당 리버럴의 비판을 누르고 '우파 결집'의 신호탄을 쏘아 올렸다.

---

[3] 中北, 自民党政治の変容(NHK出版, 2014), 219쪽.

그러나 아베 간사장의 시련은 선거에서 나타났다. 2004년 7월 11일 실시된 참의원 선거에서 자민당은 심각한 결과에 직면하였다. 민주당보다 적은 의석을 얻었으며, 선거구에서도 특히 농촌지역의 1인구에서 27석 가운데 14석밖에 얻지 못하였다. 비례대표에서도 민주당보다 어려운 상황이었다. 결국 무당파층이 고이즈미 정권을 흔들면서, 공공사업비 삭감에 의해 자민당의 전통적인 지지층이 약체화되어 자민당은 민주당에 패배한 것이다. 이러한 책임을 지고 아베는 간사장을 사임하였다(中北, 221쪽).

일본의 정치와 사회 변화

1993년 이후 일본의 정치사회는 일본인들의 정치적 무관심이나 '잃어버린 20년' 등의 말들이 말해주듯이 침체되어 갔다. 그 결과 일본의 보수 정치인들은 일본의 정체성 확립을 위하여 몸부림을 치기 시작하였다.

특히 일본은 전후 70년을 맞이하여 국제적으로 그리고 동아시아 차원에서 자신들이 직면한 과제를 해결하면서 새로운 국가비전을 만들어 가려고 하였다. 당시 특징적인 것은 우익 단체들의 활동이 눈에 띄게 달라졌다는 것이다.

자·사·사키가케 연립정권 아래서 리버럴 세력이 중심을 이루자, 불만이 쌓인 자민당 우파 정치인들은 여기에 위기감을 느끼면서, 헌법이나 안전보장, 역사인식 그리고 가족과 같은 문제에 관심을 가지면서 자민당 우파정치인들은 자신들의 조직을 만들어 갔다. 첫째로, 1997년부터 일본정치인들은 다양한 조직 형성에 참가한다. 먼저 '일본을 지키는 국민회의'는 종교단체로 구성된 '일본을 지키는 모임'과 합치면서 '일본회의'를 설립하였다. 여기에는 주로 문화인 그리고 구일본군 관계자 그리고 종교단체 등이 회원의 중심을 이루었다. 이들은 전우회나 일본유족회의 회원들은 고령화로 활동이 어렵게 되자, 조직적으로 대응하기 위해서는 새로운 조직재편이 이루어져야 하는 상황이었다. 여기에 '生長의 家'이라는 종교조직에 학생조직 출신자가, 일본청년협의회 출신이 일본회의의 사무국을 담당하였다. 그들은 설립 후 '새로운 역사교과서를 만드는 모임'을 통해 지지층을 확대하는 데 성공하였다. 그 이후 교과서 문제를 지원하면서 우익단체의 총본산 역할을 하기 시작하였다. 그리고 시마무라 요시노부는 일본회의 국회의원 간담회를 만들어 자민당을 중심으로 184명이 가입시키는 등 정치계에서도 우파 결집이 진행되었다. 그리고 '일본의 전도와 역사교육을 생각하는 젊은 의원 모임', '일본의 위기와 안전보장을 생각하는 모임', '모두 야스쿠니신사를 참배하는 국회의원 모임', '헌법조사위원회 설치추진의원 연맹' 등 다양한 우파 중심의 조직화가 진행되었다.

둘째로, 아베가 주도한 '창생일본'은 초당파의원들이 참가한 모임으로, 나카가와 쇼이치(中川昭一) 의원이 회장을 맡은 '眞·保守政策研究會'가 발족하고, 2010년 2월 연구회로부터 행동하는 의원집단으로 거듭나기 위해 '창생일본'으로 변경하였다. 당시 아베는 전통과 문화를 지키면서, 피폐한 전후 시스템을 수정한다(전후 레짐의 탈각)고 주장하였다. 그리고 국익을 지키고 국제사회에서 존경받는 국가가 되도록 한다는 목적을 주장하였다.

셋째로 역사인식과 관련된 단체들이 만들어지고 그들은 역사수정주의를 주장하기 시작하였다. '새로운 역사교과서를 만드는 모임(새역모)', '일본의 전도와 역사교육을 생각하는 젊은 의원 모임'이 자민당의 당선 5회

이하의 의원들을 중심으로 구성되고 참가 의원은 87명이었다. 이러한 의원들의 조직 결성은 일본 정치사회에 있어서 새삼스러운 것은 아니지만 각각의 주제에 따라 초당파적으로 조직을 결성하는 모습은 의회 민주주의의 본질과는 거리감이 있는 것 같다. 즉 보수우익을 중심으로 정치인들이 이합집산하는 모습이었다. 55년 체제가 구축한 틀들이 흔들리고 이익유도정치가 붕괴하면서 일본의 정치인들은 이념적으로 쏠림 현상이 나타나 일본의 정치사회의 현상과 구조를 왜곡시켜 나갔다. 그리고 '교과서 의원연맹'은 외부 강사를 초빙하여 연구회를 개최하고 이것을 정리하여 역사교과서에 대한 의문을 출판하기도 하였다. 의원 연맹이 초빙한 강사는 대부분 새역모의 회원들로 구성되고 위안부 문제를 부정하는 니시오카(西岡力) 등이 대표적인 인물이다. 그리고 오사카의 우익단체 '일일회(一日會)'의 회원인 하세가와(長谷川潤) 등도 있었다. 그들은 국회의원들과 의견 교환을 하면서 침략전쟁과 위안부 문제에 대해 문제 제기도 하는 역할들을 하였다. 그래서 정치인들은 일본의 정치사회에서 '위안부나 교과서 문제: 젊은 의원들이 발언한다'는 주제로 역사왜곡을 진행하기 시작하였다.

아베 정권이 진행하는 우파전환의 논리와 우익단체들은 역사교과서 문제를 왜곡하였으며 그리고 그들은 교과서 채택에서 시민들의 목소리를 전혀 반영하지 않았다. 오히려 시민운동을 적대시하고 시민들의 행동은 위법행위라고 말하기까지 하였다. 또한 우익단체들은 시민단체의 활동을 배제하도록 문부성에 압력을 가하기도 하였다.

일본의 정치사회에서 우익단체들의 활동의 역사와 사상은 오래되었다는 것은 모두 알고 있다. 여기서 문제는 아베 총리와 보수우익 정치가들이 종교계로부터 지지를 받고 있는 일본회의와 깊은 관련성을 가지고 있다는 것이다. 이것은 일본의 민주주의의 본질을 훼손하는 것이며 종교와 정치의 분리를 위반하는 중대한 것이다.[4]

아베의 등장과 우파그룹의 강화

2007년 아베 총리가 건강상의 이유로 사퇴하고, 자민당 총재선거가 치러졌다. 총재선거에서 아소가 후쿠다에게 패배하면서 자민당 우파 내부에서는 위기의식이 생기기 시작하였다. 왜냐하면 후쿠다는 자민당 내에서 리버럴에 해당하므로 아베와 나카가와를 중심으로 한 우파들은 자신들의 정책 실현을 위해 '진(真)·보수정책연구회'를 결성하였다. 이것을 결성하고 아베 내각이 주장하였던 '전후 레짐의 탈각'이라는 정책을 진행하기 위하여 우파결집을 시도하였다(中北, 54쪽, 2017).

2009년 자민당이 민주당에 의해 정권을 빼앗기자 '진(真)·보수정책연구회'는 본격적으로 활동하기 시작하였다. 나카가와가 사망하자 아베가 회장을 맡으면서 명칭도 '창생일본'으로 변경하고 가두연설을 시작하는 등 지방에서의 세력 확산에도 노력하였다.

그리고 그들은 지방의원들을 조직화하기 시작하면서 운동시스템을 전환시켜나갔다. 이러한 운동을 진행하면서 그들은 민주당 정부의 정책들을 비판하면서 우파적인 강경한 주장들을 하였다. 그들의 이러한 움직임은 이비 1990년대 중반 3당합의(자민·사회·사키가케) 정권 아래서, 자민당

---

4) 靑木理, 『日本會議の正體』(平凡社, 2016).

의 리버럴 세력이 점점 강해지는 데에 위기의식을 느끼면서 아베와 나카가와가 중심이 되어 '일본의 전도와 역사교육을 생각하는 젊은 의원의 모임'을 설립하고 역사교과서에서 위안부 기술을 수정하여야 한다는 주장을 펼치기 시작하였다. 그리고 아베는 일본인 납치문제를 주장하면서 인기를 얻기 시작하였으며, 2003년 고이즈미에 의해 자민당 간사장으로 발탁되었다. 그리고 아베는 자주헌법의 제정이라는 자민당의 방침(党是)을 다시 수정해야 한다는 주장을 하면서 자민당 우파그룹을 형성하였다.

이러한 자민당 우파그룹의 움직임은 1970년대 결성된 청풍회(靑風會)의 역사로 거슬러 올라가는 것으로 그들이 '진(眞)·보수정책연구회'로 이어지면서 자주헌법 제정을 비롯하여 정책면에서도 의견을 같이하게 되었다.

아베의 재등장과 파벌정치의 대두

아베의 등장은 과거 자민당으로의 회귀를 의미하는 것 같이 보였다. 이전의 고이즈미 정권과는 아주 많이 달라졌기 때문이다. 자민당 총재선거를 치르면서 파벌들의 역할이 약화된 것 같이 보이지만 사실은 선거의 얼굴들을 둘러싸고 정치인들 사이에 합종연횡이 진행되었다. 진행 과정에서 우파이념을 가진 정치인들이 아베를 중심으로 나타나기 시작하였다. 어쩌면 '아베파벌'의 등장이라고 보아도 될 것이다. 그동안 자민당이 야당으로 전락하는 데 책임이 있던 아베로서는 청화회(淸和會) 내부의 반대를 뿌리치고 재등장한 것은 '창생일본'의 강력한 설득이 있었기 때문이다. 여기서 중요한 역할을 한 인물이 스가 요시히데(官義偉) 관방장관이었다. 그리고

아베는 중소파벌인 아소 타로의 위공회(爲公會)와 다카무라 마사히코(高村
正彦)의 번정연(番町研)의 지지를 얻고 총재선거에서 선전하였다. 당시 이
시바(石破) 의원이 유효투표의 과반수에 이르지 못하면서, 국회의원에 의
한 결선투표에서 아베가 역전승하게 되었다(中北, 56쪽 이하, 2017).

자민당은 총재선거를 치르면서 파벌정치에서 과거와는 다른 현상이
나타났다. 선거의 얼굴로 평가된 아베를 중심으로 정치인들이 몰리면서 아
베를 지지한 정치인들 사이에서는 파벌의 영향력이 어느 정도 역할을 하였
다. 그러나 이시바 의원 같은 사람은 파벌의 취약성이 나타나기도 하였다.
의원들의 지지표에서 패배한 이시바는 무파벌 의원들을 모아 가면서 선전
하였으나 한계를 넘지 못하였다. 여전히 자민당 내부에서는 총재 후보로서
파벌을 가지고 있는 것이 국회의원의 추천인들을 확보할 수 있으며, 국회
의원의 지지표를 모아 가는 데 있어서 여전히 유효하다는 것을 총재선거에
서 확인할 수 있었다. 그리고 기존의 파벌들은 선거의 얼굴이 될 수 있는
총재후보를 지도자로 추대함으로써 구심력을 회복할 수 있었다.

냉전종식 후 제기된 국가란 무엇인가?

일본의 정치인들이 신자유주의 개혁을 진행하면서 자신들의 개혁의
선명성을 주장하기 위하여 강한 정책을 주장한다. 그 과정에서 국가를 강
조하면서 국가의 존재를 강조하고 있다. 정치개혁이나 경제개혁을 하는 과
정에서 중요한 것은 국가가 규정하는 다양한 법이 존재한다는 것이다. 그
법은 국가의 존재를 의미하는 것이다. 그리고 국가는 제도와 기구에 의해

존재하게 된다. 고이즈미 정권 이후 일본의 정치사회에서 진행되는 다양한 개혁정치를 보면, 역시 국가의 존재를 어떻게 이해할 것인가? 그리고 일본 이라는 국가의 향방에 대하여 많은 관심이 있음을 알 수 있다. 또한 하나의 국가가 지향하는 이념과 정책들은 일본의 국내뿐만 아니라 국제적으로도 중요한 문제였다. 일본정치의 변화 과정에서 각 정권이 제시하는 정책들 역시 국가를 둘러싸고 전개되는 현실의 문제다. 그리고 그러한 정책들은 누가 어떻게 어떤 과정을 거치면서 결정하고 전개되는가? 이러한 문제들 역시 국가라는 개념이 가지고 있는 범위와 직접 관련되는 것이다.[5]

신자유주의가 일본에 유입된 이후 일본의 정치사회도 '55년 체제'가 만들어 낸 정치 질서들이 한계에 직면하게 되었다. 특히 일본의 정치사상 적인 틀에 있어서도 흔들리기 시작하였다. 특히 자민당 정치가들에 의해 전후정치 레짐의 탈각이라는 주장이 있듯이, 일본의 내셔널리즘과 재무장 의식은 여전히 건재하였다. 그리고 혁신정당들은 소수당으로 전락되는 상 태가 계속되었다. 이러한 상황은 냉전종식으로 변화하지 않을 수 없었다. 일본을 둘러싼 환경 변화는 일본이라는 국가의 존재와 그 의의를 재고하게 하였으며 내셔널리즘과 같은 사상적 틀을 수정하는 작업을 진행하게 하였 다. 냉전종식 후 글로벌화가 진전하면서 국민국가는 쇠퇴하는 측면도 있었 다. 그러나 최근에는 글로벌화가 반드시 자본주의의 최종적인 승자라고 생 각하지 않는 모습들이 세계의 곳곳에서 나타나고 있다. 국민국가가 쇠퇴하 여 붕괴된 것이 아니라 위기 속에서 새로운 모습으로 나타나고 있다. 일본 의 정치사회에서도 이와 비슷한 현상이 나타났다. 국제적인 금융위기를 거

---

[5] 萱野稔人, 『国家とはなにか』(以文社, 2005).

치면서 일본의 정치사회는 20년 동안이라는 잃어버린 시기가 있었다. 이러한 시기 동안 일본은 위기를 극복하기 위하여 다양한 형태의 '개혁정치'를 전개하였다. 이 과정에서 일본은 국가의 존재와 의의를 그 시대 상황과 함께 재검토하는 기회를 가졌다.

그리고 정치개혁을 시작하면서 자민당은 신자유주의 아래서 진행된 정책들을 개혁하기 위하여, 국가 차원에서 기본적인 틀의 수정이 가해졌다. 당시 제기되었던 것들은 국민국가의 형성, 내셔널리즘, 국민의 정체성 문제, 영토국가에서 인구국가로 변용하는 과정이었다. 이러한 것들은 국가 형태가 국가관에 대한 규정을 가지기 때문이다.

냉전종식 이후 일본의 정치사회가 많은 환경들의 변화에 따라 달라졌으므로, 일본의 정치인들 역시 그들 국가들 구성하고 있는 요소들의 변화에 민감하게 반응하였다. 일본의 정치사회에서는 내셔널리즘이 포퓰리즘처럼 생각되어 베네딕트 앤더슨이 이야기하는 '상상의 공동체'처럼 "정치적인 단위와 민족주의적인 단위가 일치하여야 한다"고 생각한다.

냉전종식과 국제적인 금융위기 이후 일본은 새로운 제도와 시스템을 구축하기 위하여, 신자유주의가 구축한 기존의 틀을 개혁하면서 현실적인 대안을 마련하여야 하였다. 그렇게 하기 위해서 근대 이후 형성된 제도나 관습뿐만 아니라, 전후 일본 정치체제 속에서 형성된 자민당 체제의 틀을 스스로 극복하지 못 한다면, 그것이 속박이 되어 미래 정치 발전에 악영향을 끼치게 된다.

1990년대부터 일본의 정치사상이 개편되는 과정에서 내셔널리즘이 다시 논의되면서 프레임의 재편 논의가 본격적으로 진행되었다. 특히 글로벌화가 진행되면서 국민국가의 존재에 대한 의문도 제기되었다. 이러한 상황 속에서 국가의 존재와 의의는 재고되기 시작하였고, 일본의 정치사회 내부에서도 시대 상황을 반영한 다양한 개혁 과제들이 등장하면서 일본이라는 국가의 프레임에 대한 문제 제기가 진행되었다.

격차사회 문제

격차사회의 문제는 글로벌화의 결과인가? 1990년대 후반부터 일본사회에서 문제가 되고 있는 격차 문제는 일본사회에서 젊은이들의 일자리의 부족함을 알려주는 신호였다. 그리고 일자리가 있더라도 비정규직 노동자로 살아가야 하는 상황에 직면하였다. 이러한 고용 관련 환경은 일본만의 문제는 아니고 세계적인 문제로 확대되었다. 이러한 문제는 노동시장의 글로벌화가 진전됨으로써 값싼 인건비를 찾아 공장들이 산업 거점을 이전함으로써 일본의 산업은 공동화를 가져오고, 국내의 사회구조도 붕괴되어 갔다.[6] 기업들의 생산비 절감을 위한 노력은 젊은 산업인력의 일자리와 임금을 위협하여 결국 고용시장의 불안정과 근로자들을 위기 상황으로 몰고 갔다.

1990년대 후반부터 이러한 격차 확대의 문제는 일본만이 아니라 글로벌 한 현상으로 나타났으며, 부유한 사람들은 점점 부유해지고 가난한 사람은 점점 빈곤으로 내몰리는 상황에 직면하였다. 일본에서는 후자의 경험이 나타나, 하위층이 점점 빈곤해지면서 격차가 확대되었다. 노동시장의 글로벌화로 진행된 것은 국제 경쟁력이 약한 분야에 나쁜 영향을 미쳤다.

6) 萱野稔人, 『ナショナリズムは悪なのか』(NHK出版, 2011), 18쪽.

그 결과 청년층들은 실업과 저임금으로 어려움을 겪게 되었다. 비지식 집약형의 노동계뿐만 아니라 지식 집약형 노동이나 숙련노동의 분야에서도 비슷한 현상이 나타났다. 물론 사회계층에 따라 다르지만 예외 없이 격차 문제가 발생하고 있음을 틀림없다(萱野, 19쪽, 2011).

일본에서 나타나는 이러한 현상들은 2000년대 접어들어 일본의 정치사회에서 '청년론(若者論)'과 '격차 문제(格差問題)'로 논단을 뜨겁게 달궜다. 격차 문제는 국내문제로 인식되면서 해결 방법으로 내셔널한 측면이 강조되게 되었다. 일본의 노동자들은 다른 외국노동자와 경쟁하지 않으면 안 되는 상황에서, 결국 국내적으로는 저임금화가 진행되고 국내에서는 격차가 확대되어 갔다. 그러므로 일본의 여야당 정치인들은 격차확대 문제에 대응하지 않으면 안 되었다. 일본은 다른 아시아 국가들과는 달리 비정규직 고용문제나 근로빈곤(working poor) 문제를 일본의 정치사회 차원에서 해결하여야 한다는 문제 제기가 생겼다.

그러므로 일본의 정치사회는 이러한 격차 문제를 해결하는 데 일본인의 정체성 문제를 강조하는 경향이 나타났다. 젊은 층을 중심으로 '일본인으로서 자랑스럽다'라든가 위안부 문제와 야스쿠니 문제를 둘러싸고 우익적인 태도를 보이면서 강경해 지는 것도 이러한 분위기의 반영이라고 볼 수 있다. 일본 정치경제의 잃어버린 20년이 진행되면서 상대적으로 박탈감에 직면한 젊은 층들은 혐한 활동을 한다든가 외국인을 적대시하는 모습을 보였다. 이러한 태도를 취하는 이유로는 먼저, 노동시장의 글로벌화로 일본의 노동자들이 주변국의 노동자들에게 대한 적대감이 생겨났기 때문이다. 일본의 노동현장에서도 외국인을 비판하는 경우가 있는 것처럼, 국제적인 글로벌화의 현장은 일본인과 외국인이 공존하지 않으면 안 되게 되어 있다. 이러한 환경 속에서 서로 적대시하는 구조가 생겨나는 것은 근로 현장의 문제이기도 하고 일본인들이 자신들의 정체성을 너무 강조함으로써 생겨나는 결과이기도 하다. 외국인들이 일본인의 기득권을 빼앗아 간다고 보기보다는 경제 논리에 의해 이루어지는 노동력으로 이해하여야 할 것이다. 일본인들이 위안부 문제나 교과서 문제에 대하여 한국과 중국 사이에서 외교적인 마찰을 일으키는 것도 비슷하다. 일본의 젊은 층은 외국인들이 "일본에게 책임을 물으면, 일본으로부터 보상금을 얻어낼 수 있다"고 생각하고 있다. 일본인들이 가지고 있는 '내셔널한 피해의식'이 주변 국가들의 일본에 대한 비판에 반발하는 이유도 여기에 있다고 볼 수 있다.[7]

그리고 격차의 심각화는 정체성이라는 주제가 더욱 활발하게 논의될 수 있도록 만든 이유는 사회적인 배제로부터 어떻게 방위하느냐의 문제와 관련된다. 격차 문제로 점점 경제적인 상황이 어려워지게 되면 결국 사회로부터 배제되므로 스스로 자신을 방어하지 않으면 안 된다. 그래서 1990년 이후 일본의 정치사회에서는 경제적인 후퇴와 위기로 일본인들은 자신들의 정체성을 강화하는 것에 관심을 기울이게 되었다.

일본 젊은이들의 우경화

일본사회에서 격차 문제가 심해지면서 내셔널리즘은 활성화되기 시작하였다. 그리고 내셔널리즘은 정체성의 서열화(예를 들면, 외국인보다는

---

7) 萱野稔人, 『ナショナリズムは悪なのか』(NHK出版, 2011), 34쪽.

일본인, 여성보다는 남성 등)를 가져오면서 일본 사회에서 서서히 논의되었다. 서열화 가운데 우위에 있는 정체성을 가진 사람에게 있어서 내셔널리즘은 사회로부터 배제되어도 스스로 권리를 요구하면서 스스로의 존재를 사회에서 인정받기도 하였다. 즉 '존엄의 회복'이라고 부르는 것이다. 또한 불안정 고용에 의한 사회적 배제로부터 몸을 방어하기 위하여 우파의 사상인 내셔널 정체성에 호소한다(萱野, 37쪽, 2011).

즉 격차나 빈곤이 확대되면서 사회적으로 배제된 사람들이 늘어날수록 내셔널리즘은 정체성을 활성화하여 배외주의 방향으로 향할 수도 있다. 이러한 상황 속에서 일본의 정치사회는 우경화하게 되고 포퓰리즘적인 방향으로 향하고 있는 것이다. 동시에 일본의 젊은이들은 서서히 우경화 현상을 받아들이고 그것에 호응하였다.

1990년대 후반부터 일본의 젊은이들은 취직이 빙하기에 접어들자, 그들은 자신들이 일본의 경제사회로부터 배제되고 있다는 것에 위협을 느끼면서 자신들의 정체성을 강화하려고 자신들의 "희망은 전쟁이다"라는 표현을 사용하기도 하였다. 즉 당시 젊은 세대는 고용의 불안정에 대한 자신들의 표현으로 이렇게 전쟁이라도 좋고, 사회가 유동화하는 것이 좋다고 생각한 것이다.

당시 일본에서 이름을 날린 아카기(赤木)라는 사람은 프리터(free와 arbeiter의 합성어로 Freeter)로 아사히 신문사의 논단지에 글을 실어 일약 유명한 인물이 되었다.[8] 그의 표현에 따르면 "우파의 사상이란 국가나 민족, 성차별 태어남과 같은 돈의 유무에 의해 변화하는 것이 아니라 고유한

---

8) 赤木智弘, 「丸山真男をひっぱたきたい 31才, プリ-タ-. 希望は戦争.」라는 글을 실어 『論座』에 발표하여, 당시 일본의 모습을 그렸다.

표시에 의해, 사람이 사회 속에서 자리매김된다"는 것으로 설명한다. 그리고 그는 경제적인 격차에 의해 사회 밖으로 버려진 빈곤 노동자를 별도의 평가 축으로 사회 속에서 규정해 주기를 바랬다. 그리고 그들은 일본의 정치사회가 우경화되면 사람으로서 존엄을 회복할 수 있다고 생각하면서 사회적 배제로부터 스스로를 방위해 줄 것이라고 생각하였다(萱野, 35쪽).

1990년대부터 일본의 정치사회에서 젊은이들의 우경화 현상은 그들이 직면한 심각한 일본사회가 제공하기도 하였으나, 다른 한편으로는 결국 국가의 책임이기도 하였다.

아베 총리의 국가란 무엇인가?

아베의 국가관은 기시(岸信介) 주의에 기초한 것으로 본다. 외조부 기시는 자신의 증언록에서 "국가는 국민의 자유, 권리를 담보하는 것"이라고 주장하여, 아베의 국가관의 원형이 되었다고 볼 수 있다. 기시는 역시 항상 적을 상정하고 그것에 대항하기 위한 국가관 즉 '적대적'인 국가관을 상정하고 있었다. 당시 기시가 상정한 적은 소련뿐만 아니라 일본 국내의 공산세력도 포함시켜 공산 이데올로기를 적대시하였다. 기시는 냉전 초기 자신의 경험으로부터 공산주의로부터 국민의 자유를 방위하기 위해서는 국가가 확실히 그 역할을 수행하면서 소련 공산주의에 대항하여야 한다는 자신의 냉전적인 국가관을 가지고 있었다. 기시의 반공주의 사상은 당시 일본의 지도층들이 공유하였지만, 특히 그는 스스로 국가주의자라고 말하면서 자유를 지킨다는 것은 자연스럽지 못하였을 것이다. 그러나 그는 공산주의의 세계적인 확산 가운데 그의 국가주의는 물론 전통적인 자유주의까지 폭넓게 주장하는 반공이라는 것을 구축하려고 하였다(柿崎明二, 169쪽).[9] 이러한 그의 사상적 태도가 전후 자민당의 이념 형성과 깊은 관련성을 가졌을 것이다. 아베 총리 역시 이러한 국가관을 계승하고 자신의 정책을 전개하였다고 볼 수 있다.

아베가 생각하는 국가관은 그가 관방장관 시절인 2002년 5월 23일 '중의원 무력공격사태 대처에 관한 특별위원회' 답변과 자신의 책『아름다운 국가로』에 잘 나타나 있다. 국회의 답변에서 "무력사태 법안이야말로 우리국가를 지키고, 우리나라의 국민의 생명과 재산을 지키는 것으로……자위대는 국가를 지키고, 그리고 국민을 지키기 위하여 행동하게 되지만, 국민의 권리, 자유 그리고 민주주의, 이것을 담보하는 것은 궁극적으로 국가입니다"라고 답하여 그의 국가에 대한 인식을 알 수 있었다. 그리고 그는 저서에서 자신의 국가관을 다시 설명하고 있다. "개인의 자유와 국가와의 관계는 자유주의 국가에서도 때로는 긴장관계에 놓일 수도 있다. 그러나 개인의 자유를 담보하고 있는 것은 국가이다"라고 주장하고 있다. 국가가 개인의 자유를 담보한다고 인식하였다(柿崎明二, 159~160쪽).

아베 총리의 국가인식에 대한 특징을 보면, 그는 항상 다른 국가로부터 무력공격이나 침략을 상정하고 국가를 인식하였다. 물론 국가는 국민의 인권이나 자유를 지키는 것을 최우선시하지만, 평상시에는 국가와 국민이나 국가와 개인의 관계는 서로 상대하게 되는 경우가 있다. 그러나 아베 총리는 국가와 국민 그리고 국가와 개인의 관계는 상대적이 아니라 상관관

---

9) 柿崎明二,『檢證 安部イズム: 胎動する新國家主義』(岩波書店, 2015년), 169쪽.

계라고 이해하고 있다. 그리고 그는 국가를 통치하는 데 있어서 통치의 형태가 문제되지 국가라는 시스템은 문제되지 않는다고 생각하였다. 일본은 민주주의가 정착하고 있다고 인식하고 있었으며, 개인의 자유를 담보하는 것이 국가라고 인식하고 있다. 이렇게 아베는 국가는 대립하는 존재가 아니라 항상 지켜주는 존재라고 이해하여 긍정적인 국가관을 제시하고 있다. 그 결과 일본사회에서 여성들의 활약, 임금인상, 물가의 목표 그리고 헌법의 해석 변경에 의한 집단적 자위권의 행사 인정, 안전보장법제 정비와 관련된 방위력 강화, 교육기본법 개정을 시작으로 하는 교육 개혁, 헌법개정 등은 모두 개인의 자유를 담보하기 위한 국가를 상정하고 논리 구성을 하고 있다. 이 모든 것들은 개인의 자유를 제한하여 국가가 상정한 목적을 달성하기 위하는 것으로 되어 있다. 국가관의 강화라는 측면이 강조되는 논리구성이 아베 총리가 인식하고 설명하고 있는 국가관이라고 할 수 있다. 나아가 아베 총리는 부모를 모델로 한 국가의 의인화를 2006년 6월 8일 중의원 교육기본법에 관한 특별위원회에서 주장하였다(柿崎明二, 161~163쪽).

> "애국심이라는 것은 부모에 대한 사랑과 비슷하지 않은가? 부모의 인생에 이러저러한 것이 있었다하더라도 역시 사랑스럽다고 생각한다. 이러한 자신을 감싸 주시고 몹시 어려운 일도 열심히 노력하셔서 가족을 지탱해 주셨다. 자신이 앎으로써 자신은 부모의 자식이라는 것을 자랑스럽게 생각하며, 그리고 자신이 귀속할 것이라는 것을 확신할 수 있다."[10]

---

[10] 柿崎明二, 『檢證 安部イズム: 胎動する新國家主義』, 161~163쪽.

아베는 긍정적인 국가관이라고 설명하지만, 현재 일본에서는 개인정보와 관련하여 부정적으로 개인의 자유를 침해하고 있으므로 국가가 개인의 인권이나 자유를 침해하고 있다고 볼 수 있다. 이러한 의미에서 일본에서 논의되는 국가관의 문제는 우파중심의 국가관이 중심이 되고 있음을 알 수 있고, 개인의 인권이나 권리의 침해를 어떻게 할 것인가의 문제는 국가와 상대적인 것이므로 민사소송법과 같은 법률을 통해 정리하여야 할 것이다.

둘째로 아베 총리의 국가관의 다른 하나의 특징은 총리라는 지위의 우위성에 대한 집착이 강하다는 것이다. 물론 그가 어린 시절을 보내면서 정치가 집안에서 성장한 배경을 가졌기 때문이라고 이해할 수 있지만, 2014년 2월 12일 중의원 예산위원회에서 답변을 보면 확실히 알 수 있다.

> "최고책임자는 저입니다……. 정부의 답변에 대해 내가 책임을 지고, 그 위에 우리들은 선거에서 국민으로부터 심판을 받습니다. 심판을 받는 것은 내각의 법제국 장관이 아니라 저입니다."

집단적 자위권 행사를 둘러싼 헌법해석과 관련하여 아베 총리의 인식을 볼 수 있다(柿崎明二, 166쪽).

'아베는 보수주의인가?'라는 물음에 대해, 아베는 자칭 열린 보수주의라고 설명하지만 아베 2차 정권부터는 국가주의에 가까운 보수주의자로 변질하였다. 그러나 그는 이데올로기뿐만 아니라 이념과 정책면에서도, 자신은 열린 보수주의자라고 소개하고 있다. 그러나 아베가 전개한 정책을 보면, 아베가 주도하는 '전후 레짐의 탈각'이라는 것은 자민당의 전후체제를 부정하면서 전전의 일본의 체제를 가미한 우경화를 의미하는 것으로 이해할 수 있다. 아베 정권이 추구하는 노선은 크게 두 가지이다. 하나는 '글로벌 경쟁국가'[11]로 나가는 것이다. 즉 미국 주도의 글로벌 경쟁국가로 향한 길이다. 현대일본의 입장에서 말하면 개인, 기업, 지역, 산업 등 모든 분야에서 글로벌한 경쟁력 강화로 향한 총동원하는 국민국가를 의미한다고 볼 수 있다. 자유주의 시장경제의 논리에 입각하여 다국적 기업의 경쟁력이다. 모든 제도의 동원하려고 하는 국민적 경쟁국가를 향한 노선이다 (니노미야 아쓰미, 328쪽).

그리고 두 번째 노선은 아베 총리의 복고적 국가주의지향 노선이다. 이 노선은 일본의 전통 우익적인 내셔널리즘을 추구하는 야스쿠니 사관을 옹호하는 그룹들이다. 그들은 위안부의 강제연행을 부정하고 남경대학살을 부정하면서 고노 담화와 무라야마 담화를 수정하여야 한다고 보는 입장이다. 그리고 아시아 태평양 전쟁에서 일본의 침략성을 부정하면서 일본의 교육칙어를 긍정적으로 평가하면서 역사수정주의 교과서를 채택하여(니노미야 아츠미, 331쪽) 한국과 중국 사이에서 외교 마찰을 일으키고 있다.

정치의 미디어화와 정권 지지율의 관계

고이즈미 이후의 매스컴과 정치의 관계를 살펴보면 통치 능력과 정치의 미디어화의 진전이 이루어졌다. 고이즈미 총리 이후 계속 단명으로 끝

---

11) 여기서 말하는 글로벌 경쟁국가란 정치·경제·군사 등 여러 분야에서 세계적인 수준의 경쟁력을 갖춘 국가를 의미한다(니노미야, 328쪽).

난 자민당 정부는 아베의 제1차 내각 실패와 부정부패 관련 불상사가 계속 발생하고, 여소야대(ねじれ) 국회로 정체하였다. 그리고 후쿠다 내각의 리먼 쇼크에 대한 대응이 불충분하였다. 그리고 이어지는 아소 총리 퇴진은 2009년 중의원 선거 자민당 대패를 가져왔다. 이렇게 전후 일본정치에서 자민당은 완전히 막을 내렸다.

그 이후 민주당이 정권 교체 성공을 이루어, 하토야마가 총리가 등장하여 정치 주도의 정책운영을 전개하겠다고 선언하였다. 그리고 오키나와의 후텐마 기지 이전 문제로 하토야마 총리가 사임하면서 간 나오토 총리가 수상이 되었다. 그리고 동일본 대재해와 후쿠시마 원전사고가 발생하여 간 총리는 물러나고 노다 총리가 수상이 되었다.

2009년 선거와 2012년 선거를 보면 총리와 집권당의 당수의 인기가 직접 선거에 미치는 영향이 점점 커졌다. 이러한 원인은 정치의 매스컴화의 진전으로, 아베 총리의 인기가 높아졌으며, 정권과 인기의 척도는 바로 지지율과 깊은 관계를 가졌다. 2012년 12월 16일 총선거에서 자민당이 대승하고 아베 제2차 내각 발족하였다. 이러한 과정에서 점점 지지율이 높았던 것은 아베노믹스에 의해 경기가 어느 정도 좋아졌기 때문이다. 그리고 2015년 7월 국회에서 안전보장 관련 법안 강행 채결로 40%의 지지율이 깨졌지만, 다시 회복하는 상황이 되었다.[12]

일본정치에서 정권 유지는 내각 지지율이 40% 정도가 청신호이며, 35% 정도가 황신호, 30%가 적신호라고 분석하고 있다. 1990년대 이후 무

[12] 안전보장관련 법안 성립 이후 지지율은 38.9%였지만, 2015년 12월에는 49.4%로 회복되었다.

당파층이 증대한 이후에 유권자들은 미디어의 영향을 받기 쉬워졌다. 또한 중의원 선거에 대한 소선거구제 도입으로 지지율이 하락하면서 한 번에 많은 의석을 잃었다.

선거에 참패하고 단명으로 끝난 정권들의 상황을, 아베 정부의 매스컴 전략으로 2015년 접어들어 아사히 텔레비전의 뉴스 프로그램에서 관저를 무시한 발언으로, 자민당 조사회의가 방송국에 대한 조사를 하는 등, 자민당에 의한 매스컴의 반격이 있었다. 그리고 매스컴이 정권을 비판할 경우 자민당 정치인들로부터 전파 정지 명령을 내릴 수 있다는 등 정부가 간섭할 수 있음을 내비쳤다. 자민당의 매스컴 전략은 노골적으로 미디어에 간섭할 수 있다는 것을 보여주면서, 미디어에 압력을 가할 수도 있다는 뜻을 전하였다. 그래서 매스컴은 어려운 상황에 직면하였다.[13]

일본정치에서 특히 고이즈미 정권 이후 정치의 미디어화가 진행하면서 극장형 정치지도자와의 관계는 당시 일본정치의 현실을 보여주었다. 예를 들어 하시모토 도루 같은 정치인은 네트워크를 통해 미디어를 잘 활용하고자 하였다. 미디어 측이 정치관련 보도가 선거나 정치에 영향을 미치도록 하는 텔레 폴리틱스가 본격화되었다고 볼 수 있다. 텔레비전은 사회 문제를 축소하기도 응축하기도 하면서 보도한다. 그리고 때로는 상세하게 보도하여 확대하기도 하고 다른 한편으로는 문제 자체를 잘라 내기도 한다. 이처럼 미디어는 시청자들의 지지를 획득하기 위하여 치열한 경쟁을 벌이고 있다.

13) 有馬晋作, 『劇場型ポピュウリズムの誕生』(ミネルヴァ書房, 2017), 52~53쪽.

제11장

자민당 총재와 자민당의 '우경화'

고이즈미 전 총리는 당 개혁에 노력하고 우정민영화에 지지를 보낸 아베를 후계자로 생각하고 내각 개편을 단행하였다. 그리고 고이즈미의 정치운영에 성공한 자민당은 국민들의 높은 지지를 배경으로 선거에서 승리를 할 수 있는 인물을 지지하였다. 당시 당에서 보면 인기면에서 아베 관방장관이 아소, 다니가키보다 높아 후계자를 생각하는 데 유리하게 작용하였다. 2006년 9월 20일 총재선거에서 아베는 아소와 다니가키를 큰 표차로 물리치고 자민당 총재에 선출되었다.

'좌절한' 전후 체제의 탈각

자민당에서 고이즈미는 정치에 성공한 결과 국민들로부터 여전히 인기가 있었다. 그리고 고이즈미는 아베 신조를 자신의 후계자로 지명하고, 그는 우정민영화 법안 성립을 위한 내각개조를 실시하였다. 점점 아베는 고이즈미의 후계자로 적합하다고 생각되면서 여론조사에서 아베가 바람직하다는 의견이 점점 증가하기 시작하였다.

드디어 2006년 9월 20일 총재선거에서 아베는 자민당 총재가 되어 아베 내각을 발족시켰다. 아베 총리는 총재선거를 치르면서 선거 슬로건으로 '아름다운 나라, 일본'을 강조하였으며, 공약으로 헌법개정을 주장하였다. 동시에 아베는 주장하는 외교를 주장하면서 교육기본법의 개정을 임시국회에서 실현할 것이라고 자신의 뜻을 표명하였다. 이러한 과정에서 그는 풀뿌리 보수의 네트워크를 구축하기 시작하였다. 그리고 개각 인사에서는 자신의 주변의 사람들을 등용하였다. 정조회장에는 자신의 절친한 친구 나카가와 쇼이치(中川昭一)를 발탁하고, 외무장관으로는 아소 타로, 문부장관으로는 이부키 분메이(伊吹文明) 등 아베의 이념에 가까운 사람들을 기용하여 '친구들 내각'이라고 조롱을 받았다. 당시 아베 내각의 슬로건은 '전후 체제의 탈각'을 주장하였다. 이러한 표현은 우파적인 내용으로 두 가지 문제점을 가지고 있었다. 첫 번째 문제는 신자유주의와 모순된다는 것이다. 이미 고이즈미 정권 말기부터 신자유주의적 개혁에 대해 승자와 패자라고 상징되는 격차가 확대되었기 때문이다. 매스컴도 역시 이러한 비판이 점점 강해져갔다. 이러한 비판에 대응하기 위하여 아베가 고안해 낸 것은 '재도전'이라는 말이다. 이것을 선거공약에 넣고 아베는 신자유주의적인 개혁을 계속하였다. 물론 글로벌 시장경제 속에서 일본의 기업들이 살아남기 위해서 오로지 거듭되는 실패에 도전하는 것뿐이었다. 결국 이러한 방법은 신자유주의적인 개혁을 전제로 격차의 고정화를 피하는 것에 불과한 것이었다. 계속 신자유주의적인 개혁에 비판하는 목소리가 심해지면서 자민당 내부에서는 반대하는 정치가들이 나왔다. 그들 역시 아베의 우파적인 이념이 신자유주의를 지지하는 사람들에게 실망을 가져왔다. 이러한 영향으로 아베 내각의 지지율은 하락하기 시작하였다(中北, 228쪽, 2014).

다른 하나는 자민당 내부에 리버럴파가 존재함으로써 아베의 행동을 제약하였다. 아베 총리도 인정하듯이 당시 자민당 내부는 모두가 일치단결된 모습은 아니었다. 일부 리버럴한 정치가들도 있어 아베 자신이 임기 중 야스쿠니 참배를 피해야 하는 정도였다. 당시 자민당 내부에 가토 고이치 파벌을 승계한 다니가키 사다카즈(谷垣禎一)는 효율만을 강조하는 약육강식의 사회를 비판하면서 관계의 중요성을 강조하고 아시아와의 공생이라는 관점에서 야스쿠니를 참배하지 않는 입장을 취했다. 다니가키의 주장은 자민당 리버럴이 생각하는 논리로, 아베만 지지하면 당의 장래가 위험하다고 생각하는 사람들의 목소리이기도 하였다(中北, 229쪽).

이처럼 자민당 내부에 존재하는 아베의 견제 세력에도 불구하고 아베는 자신의 정책을 실행에 옮겨나갔다. 방위청의 성(省)승격 관련법이나 개정교육기본법 그리고 헌법개정 절차를 정한 국민투표법 등을 성립시켰다. 그런데 신자유주의에 대한 비판이 점점 높아가는 가운데 민주당의 오자와는 격차 확대를 비판하면서 당장 필요한 것은 헌법개정이아니라 '생활유신'이라고 주장하면서 참의원을 향해 '국민의 생활이 제일'이라고 주장하였다. 그리고 결정적으로 일본 국민들이 자민당에 등을 돌린 사건은 5,000만 건의 연금기록 실수로 연금기록 문제가 발생하자 일본 국민들은 민주당의 주장에 공감을 보냈다. 결국 7월 29일 참의원 선거에서 자민당은 참패하였다. 참의원에서 민주당이 60석을 획득하여 제1당이 되었다. 참의원은 여소야대 상태에 놓였다. 그 이후 자민당 내에서 신자유주의로부터 서서히 이탈하는 현상이 나타났다. 아베의 전후 체제의 탈각 구상은 일단 처절하게 실패로 끝났다.

고이즈미 이후 '우경화'의 흐름

일본의 고이즈미 정부 이후 등장한 '역사수정주의자'들의 자국 중심적인 역사인식으로 한국과 중국에서 내셔널리즘이 강하게 나타났다. 그리고 일본에서 보수·우경화 활동이 예전보다 활발해지면서 한국과 중국에서도 더욱 내셔널리즘이 강화되었다. 2002년 9월 고이즈미 전 총리의 평양 방문 이후 일본 여론은 납치 문제로 우경화하기 시작하였으며, 배외주의가 점점 강해지면서 일본의 진보적인 학자들은 침묵으로 일관하였다. 이러한 현상은 냉전기와 달리 일본에서 새로운 형태의 내셔널리즘이 나타나고 있음을 보여주는 것이다. 즉 '보통국가'론의 등장과 전후정치 '총결산'을 통하여 일본의 역사를 수정하겠다는 흐름의 연장선에서 점점 강하게 나타나고 있는 것이다.

이러한 상황이 진행되는 과정에서 동아시아 3국은 역사교과서 문제, 야스쿠니 문제 등과 같은 이슈에 서로 민감해지면서, 잘못된 일본의 역사인식을 강하게 비판하였다. 이러한 문제들은 글로벌화의 진전으로 국제사회가 규범과 가치를 중시하면서, 국제적인 이슈가 되어 시민단체들이 국제적인 연대로 문제를 해결하려는 움직임도 나타났다.

이러한 움직임은 탈냉전 이후 동아시아의 국제정치의 역학구조가 일본과의 관계가 수직적인 관계에서 수평적인 관계로 변화하면서, 일본의 우익들은 '가해의 기억'을 말살하려는 움직임을 보이기 시작하였다. 그리고 그러한 현상이 한국과 중국을 자극하여 대항하는 민족주의를 자극하였다. 한국과 중국은 과거에 대한 도덕성을 강조하면서 일본의 역사에 대한 반성을 강조하고 있으나, 일본은 과거에 대한 반성, 전쟁책임에 대한 반성보다는 주기적으로 망언을 하기도 하였다. 또한 그들은 새로운 역사교과서 집필과 같은 폐쇄적인 민족주의를 선택함으로써 동아시아 각국들과의 '역사인식 공유'의 기회를 잃어가고 있었다.

한일 간은 기본적으로 역사인식에 기초하여 모든 것이 결정되는 듯한 구조인 것 같다. 왜 이러한 구조가 계속 진행되었는가? 이러한 문제와 해법은 이미 한일 전문가들에 의해 많은 논의가 계속되었다. 그러나 실천의 문제에서 망언이나 몰역사적인 정책이 반복되었다. 특히 일본의 경제침체와 자연재해 이후 일본사회는 불안감이 확산되면서 일본의 대외관계에도 영향을 미치게 되었다. 그리고 최근 중국의 부상하면서 동아시아 지역의 질서가 변화하기 때문이다. 이러한 상황에 대처하기 위하여 일본은 새로운 국가전략을 구상하고 있었다. 변화하는 동아시아 국제질서에 적극적으로 대응하면서 주변 국가와의 관계를 조정하려고 한 것이다.

한일관계도 일본이 전개하는 대아시아 외교의 방향과 목표와 깊은 관련성이 있었다. 전후 일본이 전개한 동아시아 경제외교는 주변국들의 경제성장으로 어느 정도 역할이 줄어들고 있는 상황이었다. 한일관계 역시 한국의 경제성장과 민주화로 새로운 관계 설정이 불가피해졌다. 한국이 전개하는 외교정책 가운데 주변국 외교는 여전히 중요하였지만, 한국의 적극적인 외교정책의 전개로 새로운 조정 단계에 접어들었다. 한일 양국의 새로운 지도자가 등장하면서, 지도자들은 자국의 외교정책을 강화하는 차원에서 이웃 국가들과 관계를 강화하려고 하였다. 그러나 한일 간은 지난 정부 때 시작된 불편한 관계가 계속되고 있었다.

우파의 복권과 우경화의 진전

2007년 7월 29일 참의원 선거에서 자민당은 참패하고, 그 이후 자민당은 점점 신자유주의로부터 서서히 이탈하는 조짐을 보이기 시작하였다. 8월 27일 당 간부인사를 단행하고 내각을 개조하는 인사를 단행하였다. 대연립 실패에 의한 우파의 복권 현상이 나타나기 시작하였다. 동시에 고이즈미 총리의 지방조직의 훼손에 대한 후속조치로 지역 활성화와 당의 활성화가 시작되었다. 이러한 자민당 우파들의 움직임은 우파의 복권의 시작임을 알리는 신호였다. 그러나 갑자기 아베 총리가 건강상의 이유로 물러나게 되었다. 그 이후 자민당은 후쿠다, 아소 내각이 등장하면서 보수재생을 슬로건으로 내걸었다.

당시 일본의 정치사회는 신자유주의의 쇠퇴가 보였으며 빈부의 격차와 도시와 지방 간의 격차도 점점 확대하였다. 여기에 더해 국제 금융위기로 일본의 정치경제는 한치 앞을 내다볼 수 없는 상황이었다. 아베는 국회를 해산하면서 과도한 시장원리주의와 결별한다고 선언하고 자민당이 진정한 보수정당이라고 주장하였다. 그러나 당시 자민당은 당 내에서 계속되는 총리의 교체와 국가 공무원의 부정부패 그리고 아소의 말실수 등으로 심한 비판의 대상이 되었다. 이러한 상황에서 진행된 총선거의 결과는 뻔한 것이었다. 민주당이 일방적으로 승리하였다. 민주당이 308석을 얻고 자민당이 119석을 얻은 결과를 낳았다. 이러한 상황에 직면하였음에도 자민당의 아소 총리는 신자유주의를 비판하면서 보수의 매력을 지방에 선전하는 모습을 보였다. 물론 이러한 분위기는 당시 자민당의 분위기였다(中北, 235쪽).

민주당의 하토야마 정권이 탄생한 후 자민당은 입당정신(立党精神)으로 돌아가, 보수정당으로서 재생을 주장하였다. 그들은 스스로 자신들의 당의 정체성을 만들어 나가야 하였다. 아소 타로 이후 리버럴로 알려진 다니가키가 자민당 당 총재가 되었다. 그는 풀뿌리 보수들의 민의를 반영하여 보수정당의 대로를 가겠다고 선언하고 자조의 원칙 아래 공조(共助)와 공조(公助)를 쌓아 나가겠다고 주장하였다. 리버럴로 알려진 다니가키도 우파 전환의 분위기 속에서 총재가 되어 야스쿠니를 참배하는 오점을 남겼다. 당시 자민당은 정권구상회의를 총재 직속으로 만들어 재생의 길을 가고 있었다. 그들은 민주당을 국가사회주의 정당으로 단정하고 여당 민주당과 싸우겠다는 자세를 가지고 있었다. 그리고 자민당은 2010년 당대회에서 정한 시장원리주의와 사회주의적 정책을 부정하고 일본다운 일본의 보수주의를 정치 이념으로 삼고, 자주헌법 제정을 당의 방침(党是)으로 하였다(中北, 236~237쪽).

이상과 같은 자민당 내부의 움직임과 동시에 새역모에 의한 '역사전(歷史戰)'이 전개되었다. 역사 교과서 채택을 둘러싸고 일본 내의 움직임은 교과서 개선이나 교육기본법 개정 운동과 같은 것으로 이어졌다. 당시 역사전은 새역모의 그룹에 의해서 주도되었고, 그들은 '자국의 명예를 지키기 위한 싸움'이라고 하면서 역사전의 실적들을 어필하였다.[1]

후퇴하는 아베 총리의 역사인식

일반적으로 역사 문제에 대한 인식은 경험과 학습을 통하여 이루어진

---

[1] 藤生明, 『ドキュメント 日本会議』(ちくま書房, 2017), 98쪽.

다. 아베 수상은 역사인식에 있어서 왜 우익적인 사고를 가졌을까? 가문의 영향으로부터 혹은 우익적인 인사들로부터 학습의 결과인가? 물론 두 가지 모두 해당될 것이다. 그의 정치가 활동을 보면 그의 역사인식을 이해할 수 있다. 예를 들면, 아베 수상은 호소카와 전 수상의 침략전쟁 인식에 대한 반대운동에 참가하였고, 이어서 자민당의 야스쿠니 관계 검토위원회에 참가[2]하면서 역사 문제에 대한 인식이 편향적으로 되었다.

그리고 무라야마 정권 성립과 동시에, 일본국회에 '종전 50주년 국회의원연맹'이 결성되자 사무국 차장을 맡으며 연맹의 간부가 되었다. 당시 연맹의 취지서는 전쟁을 긍정하는 입장을 취하면서, 전후 처리가 끝났음을 강조하고 2차 세계대전과 관련하여 국회에서 결의를 용인하지 않겠다는 입장을 취하였다.[3] 그러나 1995년 6월 9일 중의원에서 자민당, 사회당, 사키가케 3당의 지지로 '역사를 교훈으로 평화에 대한 마음을 명확히 하는 결의'[4]를 채택하였고, 그 이후 그 결의는 일본에서 다수의 합의로 인식되었고 일본정부의 기본 인식이 되었다. 1996년 위안부 문제가 일본 중학교역사교과서에 기술되자, 위 연맹의 간부들은 '밝은 일본국회의원연맹'을 결성하고 기술의 반대운동을 전개하였다. 그리고 '일본의 앞날과 역사교육을 생각하는 젊은 의원 모임'을 통해 교과서 문제에 관심을 기울이기 시작하였다.

---

[2] 和田春樹, 「安倍晋三氏の歷史認識を問う」, 『世界』 2006년 10월호.

[3] 위의 글.

[4] 이 결의에서 일본도 침략적 행위, 식민지 지배로 아시아 여러 국민에게 고통을 가하였다고 인식하고, 깊은 반성을 표명하였으나, 연맹의 오쿠노 의원 등은 기자회견을 열고 결의안 반대의 의지를 표명하였다(위의 글). 무라야마 담화는 그 이후 하시모토, 오부찌, 모리, 고이즈미 수상에 의해 견지되었다.

일본의 고이즈미 정부 이후 등장한 역사수정주의자들의 자국 중심적인 역사인식은 한국과 중국에서 내셔널리즘을 자극하여 등장하게 하였다. 즉 일본에서 우경화 활동이 계속되자 한국과 중국에서 내셔널리즘이 강화된 것이다. 그리고 2002년 9월 고이즈미 전 총리의 평양 방문 이후 일본 여론은 납치 문제로 우경화가 심해지기 시작하였으며, 배외주의가 강하게 진행되면서 일본의 진보적인 학자들은 침묵으로 일관하였다. 이러한 현상은 일본에서 새로운 형태의 민족주의가 나타나고 있음을 보여주는 것이다. 즉 '보통국가'론의 등장과 전후정치 '총결산' 등을 통하여 일본의 역사를 수정하겠다는 흐름의 연장선에서 점점 강하게 나타나고 있었다. 동아시아 3국은 역사교과서 문제, 동경재판, 야스쿠니 참배 문제 등과 같은 이슈에 서로 민감하여, 잘못된 일본의 역사인식에는 강한 비판을 가하고 있다. 이러한 문제들은 글로벌화의 진전으로 국제사회가 규범과 가치를 중시하기 시작하자 국제적인 이슈가 되고 시민단체들의 국제적인 연대로 문제를 해결하려는 모색도 하였다.

당시 동아시아에서는 역사인식 문제, 국익, 힘, 민족주의, 정체성 문제, 이데올로기 등이 복잡하게 얽혀있었다. 냉전종식과 동유럽 국가들의 민주화의 진전과 함께 동아시아 내부에서도 글로벌화의 영향 속 에서 각 국가는 국가가 전개하는 정책의 일환으로 채택하는 등 새로운 근대를 맞이하느라 분주하였다. 이러한 과정 속에서 글로벌리즘은 하나의 사상과 이데올로기가 되었다. 다시 말해 포스트모던 시대에 접어들면서 근대가 규정한 것들이 흔들리기 시작하였다. 학교, 가정, 군대 등 근대를 유지하고 작동하는 역할을 하였던 것들이 서서히 기능하는 데 많은 문제점들을 노정하였다. 즉 포스트모던이란 사상적으로는 근대에 만들어진 생각과 제도 등을 비판하면서 근대를 극복하려는 것이며, 국민국가를 극복하려는 것이다. 근대국가는 국민 사이에서 정체성을 만들어 내셔널리즘을 탄생시켰다. 그러나 글로벌화의 진전과 다문화주의의 대두로 국가의 기능은 약화되기 시작하였다. 이러한 의미에서 민족주의 문제는 국가의 문제와 밀접하게 관련되었다. 민족주의는 각 민족이 고유의 정부를 갖는 것만이 정통한 정부 형태라는 것이다. 국가의 존재는 민족주의가 성립하기 위한 역사적인 전제다. 또한 민족주의는 민족적인 단위와 정치적인 단위가 일치하지 않으면 안 된다고 주장한다.

제12장

2013년 참의원 선거와 아베 정권

    일본은 전후 70년을 전후하여 새로운 과제와 위기에 직면하면서, 정치사회와 정치인들은 점점 우파의 논리가 강화되는 모습이었다. 선거 분석을 통해 일본사회의 보수화를 설명하고 있는 이면우 박사의 연구[1]를 보면, 먼저 2012년 중의원 선거와 2013년 7월의 참의원 선거를 통하여 일본사회의 가치가 어떻게 보수화 되고 있는가를 잘 알 수 있다. 선거결과 자민당의 승리로 끝나면서 일본의 정치사회는 보수화를 넘어 점점 우경화하는 방향으로 진행되었음을 확인할 수 있다. 자민당과 연립하고 있는 정당들이 대체로 보수적인 사상을 서로 공유함으로써 모두 의석수를 늘리면서 승리하였다는 것이다(이면우, 108쪽). 반면에 야당인 민주당은 무당파 층과 기존의 야당 지지세력들이 이탈하면서 선거에서 패배하는 결과를 가져왔다.

    그리고 여론조사를 통해 본 보수화 현상은 1970년대 후반부터 진행되고, 그리고 냉전종식과 함께 일본 국내정치에서 리버럴들의 움직임이 활발해지자 일본의 정치사회는 보수우경화의 길을 걷기 시작하였다. 보수화 현상에 대한 환경적 요인으로 중국의 부상과 국제적인 환경의 변화 그리고

---

[1] 이면우, 『일본 보수주의 분석: 아베 재등장의 배경과 일본 정치의 향방』(세종연구소, 2018), 107쪽 이하.

경제력 회복과 아베의 지도력에 대한 기대 등이 있다. 여기서는 아베의 야스쿠니 참배에 대한 여론 조사를 통해 일본의 보수우경화를 확인한다. 아사히 신문(2013년 12월 30일 여론조사)을 보면, 일본 수상이 야스쿠니 참배를 어떻게 생각하느냐에 대해, 20대는 지지한다가 60%, 지지하지 않는다가 15%, 그리고 30년 이상에서는 지지한다가 59%, 지지하지 않는다가 22%였다. 이어서 내각 지지율에 대한 조사에서는, 20대에서 지지한다는 응답이 53%, 지지하지 않는다가 33%였으며, 30대 이상에서는 지지한다가 55%, 지지하지 않는다가 33%라는 결과였다.[2]

마지막으로, 일본회의를 통해 본 보수화 등이 있다. 일본회의는 아베 자민당이 가장 신뢰하는 우익 운동 단체로 뿌리 깊은 역사와 이념을 가지고 있다. 그들은 아름다운 일본의 재건과 자랑스러운 국가 만들기를 목표로 하면서 자민당에 정책 제언을 하면서 정치운동을 전개하고 있다.

2013년 참의원 선거와 아베 정부

우선 참의원 선거 결과를 보면 아베 수상은 참의원 선거에서 자민, 공명 연립여당으로 거대 여당을 탄생시켰다. 즉 과반수를 확보하고 참의원에서 여소야대(ねじれ) 국회를 해소하고 여대야소(135/107)의 안정 다수 의석을 확보하면서 자신들의 선거 목표를 달성하였다. 반면 민주당은 대도시를 비롯하여 전국적으로 패배하면서 약체 야당이 되었고 야당의 역할을 상

---

[2] 이면우, 위의 책, 139쪽.

실하는 결과를 가지고 왔다.

1) 참의원 선거 결과

2013년 참의원 선거 결과를 의석수에서 보면, 자민당과 공명은 135, 유신회는 9, 모두 18, 총 162석을 얻었다. 반면 민주당 59(당선 17), 공산당 11(당선 8), 기타 10을 얻어 총 80석이 되었다.[3] 참의원의 정수는 242석이며 그것의 과반수는 121(지역구 73, 비례 48)석[4]이다. 이번 선거 결과를 보면 자민 65, 민주 17, 유신 8, 공명 11, 다함께 8, 공산 8, 사민 1, 무소속과 기타 3[5]의 결과가 되었다. 자민당은 지역구 출마뿐만 아니라 비례구에서도 압도적인 승리를 거두었다고 볼 수 있다. 그리고 자민당과 의견을 같이 할 수 있는 정당은 140(자민, 유신, 민나 등)+20(공명당)=160 의석을 차지하여 3분의 2인 162석에 근접하였다.

그래도 다행인 것은 자민당의 단독 과반수 72석에 미치지 못하였다는 것이다. 투표율이 52.61%에 그쳐 선거에 대한 관심도는 하락하였으나, 자민당은 현행 제도 아래서 실시된 선거 사상 최다수 의석을 확보하였다.[6]

[3] 자민당, 공명당은 32석이 증가하고, 민주당은 27석을 잃음.

[4] NHK 참의원 선거방송 특집(2013년 7월 21일).

[5] NHK 참의원 선거방송 특집(2013년 7월 21일).

[6] 자민당이 대승한 이유에 대한 일본의 여론은 압도적은 민주당이 매력이 없었기 때문이라는 의견이 66%에 가깝다. 그리고 자민당이 평가되었기 때문이라는 층은 17%에 머물렀다(『朝日新聞』 2013년 7월 24일, 4면). 이러한 의미에서 자민당이 전개하는 정책에 기대와 불안이 섞여 있으며, 정책의 실패 여부에 따라 지지도가 달라질 수 있음을 알 수 있다.

아베 수상은 선거 결과를 지켜보면서, "자신의 정책을 힘 있게 전개하라"는 목소리라고 판단하고, 오사카 유신회와 생각은 비슷하다고 주장하면서 향후 협력을 통해 국회를 운영하려는 생각을 강하게 표시하였다.

민주당은 자민당의 정책에 철저한 대응에 실패하면서 대안을 제시 못한 선거였으며, 도쿄에서 뿐만 아니라 전국에서 민주당은 17석을 얻는 데 그치면서 당 창당 이래 최하의 의석을 확보하였다.

참의원 선거는 네트 선거를 치르면서 빅데이터 분석하면서 선거전을 치렀다. 예를 들면 자민당은 아베 총리에 의존하면서 그의 이미지를 확산시키는 역할을 하였고, 공산당은 조직으로 대응하였다. 물론 지방에서는 네트를 통해 논의가 어느 정도 진행되기도 하였지만 정책 활용도에서는 떨어지는 선거였다.

2) 자민당 압승의 의미와 과제

아베 수상은 참의원 선거에서 어떠한 원인으로 압승을 거두게 되었는가? 대규모의 양적 확대, 정부지출 확대, 규제완화 등이 국민들의 지지율을 높이고 신뢰를 받았는가? 당시 아베노믹스에 대해 실제로 느낌은 있으나, 효과는 아직 미지수라는 것이 일반적이었다. 즉 아베 수상의 경제정책 아베노믹스는 소비자 행동에서 어느 정도 변화가 보이기 시작하였다고 실감하는 사람들도 있었고, 엔저로 수출면에서 제조업은 좋아지고 있지만, 원료의 수입 가격이 상승하는 부작용도 발생하고 있는 것이 현실이었다. 또한 TPP, 소비세, 탈원자력 등 문제에 대해서는 자민당을 비판하는 목소리가 있었으며, 현시점에서 원재료, 전기료 등에서 가격상승으로 마이너스

면이 눈에 띄는 상황이었지만, 8월 이후 경기가 회복할 것이라고 보는 경영자가 많아졌다. 그러므로 앞으로 공공사업에서 소득을 재분배하는 종래의 형태가 아니라, 피폐한 경제를 장기적, 발본적으로 수정하는 정책이 필요하다.

이번 선거에 대해 ① 현재 일본의 선거민이 아베 수상을 신뢰하고 경제를 계속 추진해 달라는 의미로 받아들이고 있으나, ② 그러나 민주당의 정책 실패 결과, 129석을 확보하여 안정적인 정국운영이 가능하게 되었다고 볼 수 있다. 그리고 ③ 국민의 과반수의 찬성이 필요한 정책들은 중장기적인 과제로, 선거결과 정책을 힘 있게 추진하려는 목소리라고 평가하면서 자민당은 장기집권이 가능해졌다. 향후 자민당은 대담한 금융정책, 재정출동, 성장전략 3가지의 엔저 주가 상승이라는 선택 하고 규제완화를 통한 성장전략을 전개할 것이다. 특히 아베 수상은 여소야대가 해소되고 경제성장전략 실시하라는 의미로 받아들이면서, 앞으로 실행체제 구축과 소비세 인상은 예정대로 기본적으로 법률에 따라, 그러나 4~6월의 경제 상황 분석을 보고 아베 수상은 가을(10월)에 결정할 것이다.

향후 자민당은 단독 과반수 의석을 확보하지 못하였기 때문에 연립정당 운영을 통해 의석의 3분의 2인 162석을 확보하려고 노력할 것이다. 이것이 이루어진다면 일본의 정계개편을 가져와 새로운 일본의 정치구조를 탄생시킬 수도 있을 것이다. 그러나 공명당은 모든 것을 찬성하지 않을 것이다. 공명당은 안정과 희망을 우선시하고 정책은 우선순위에서 높은 것부터 공명당 색깔 내면서 동시에 자민당과 새로운 협조를 진행하여 안심감을 높여갈 것이다.

아베 수상은 안정적인 상태에서 국민투표법 등을 논의, 조정하면서 대응하겠다는 입장을 취하면서 집단적 자위권을 위해 노력할 가능성이 높다. 과연 아베 정부가 일본정치의 과제인 디플레이션으로부터 탈각, 소비세 인상, TPP 교섭, 집단적 자위권을 둘러싼 헌법해석 수정, 헌법개정, 선거제도 개혁 등 산적한 문제를 잘 처리할 수 있을 것인가 우리들의 관전 포인트라고 볼 수 있다. 또한 참의원 선거에서 승리한 후 아베 수상은 제일 중요한 것은 경제운영이라고 주장하면서[7] 경제재생이 제일 중요한 자신의 국정운영을 강조하고 있으나, 거대 정당 자민당을 어떻게 관리할 것인가? 아베 수상의 정치적 수완이 시험대에 오를 것이다.

참의원 선거 이후 한일관계

아베 내각은 기본적으로 우익적 보수주의라는 성격을 가지고 있으므로, 한국과의 관계는 갈등을 유발하는 정권이었다. 아베 수상 자신이 기본적으로 야스쿠니 등의 문제에 대해 긍정적인 평가를 하면서, 우익적인 행보를 거듭하였으므로 한일관계는 역대 어느 정권보다도 냉각되었다.

일본정치에서 한국의 관심사는 헌법 96조를 개정하여 궁극적으로 일본이 헌법 9조를 개정할 가능성에 있었다. 헌법 9조의 개정이 진행되면 국방군의 창설로 이어질 가능성이 높아, 과거 피해를 입은 국가들과 갈등이 계속될 것이기 때문이었다. 이러한 것을 예방하기 위하여 미국의 적극적인 조정이 필요하였고, 일본이 주변국과 협력하는 자세를 보일 수 있도록 주

---

7) 『読売新聞』 2013년 7월 23일, 1면.

문하여야 하였다.

당시 우리들의 관심사는 아베 수상이 헌법해석을 변경하여 집단적 자위권을 언제 어떻게 인정할 것인가에 있었다. 공명당은 신중한 태도를 취하면서 개별적 자위권의 범위에서 무력을 사용할 수 있다는 과거 일본정부의 입장에 동의하고 있었다. 그러나 국제 환경의 변화가 여러 가지 있으므로, 깊이 있는 논의를 전개하여 국민의 이해를 구하는 것이 필요하다는 신중론이 강해졌다.

한일관계에서 한국은 역사 문제에 단호한 입장을 가지고 일본을 압박하였다. 물론 아베 정부와 장기적인 협력관계를 구축하기 위한 노력도 기울였다. 만약 아베 정부가 계속 같은 입장을 고수하면서 전후탈피 슬로건에 몰두한다면, 한국은 관련 국가들과 국제적인 연대를 통하여 아베 정부를 압박할 생각이었다. 이러한 상황이 계속되면 아베 내각은 2014년 4월 이후 아베노믹스의 한계와 국내지지율의 감소로 어려운 국면에 직면할 것으로 보았다. 자민당이 1955년 이후 54년간 장기집권 하였던 시기로 돌아가려고 노력하면서, 앞으로 3년간 선거 없이 2015년까지 아베 정권이 장기집권하려고 한다면, 자민당 내부에서 반대에 부딪혀 정권 교체로 이어질 것으로 예상하였다.

제13장

아베 정권과 한일관계

    2013년 한일 양국에서 새로운 지도자가 취임한 지 1년이 지났지만, 지난 이명박·노다 정부 사이에 있었던 불편한 관계가 계속되었고, 이것으로 한일 간의 협력관계를 유지·발전하는 데 부정적인 영향을 미쳤다. 그리고 양국 정상들의 대화 단절은 협력보다 갈등을 유발하는 요인이 되었다. 또한 가장 심각한 문제는 양국의 메시지를 항상 부정적으로만 이해하고 언론에서 보도되어 한일 양국 정부가 대응하기 어려워졌다. 특히 일본국내에서는 혐한적인 분위기가 계속되어 교민들의 생활 전반에 악영향을 주었다.

    한일 양국은 서로 문제가 있으면 언제든지 만나 무엇이 어떻게 다른가? 서로 어떻게 이해하고 있는가를 확인하고 문제 해결의 해법을 찾아야 한다. 그러나 일본의 아베 총리의 재등장과 함께 한일관계는 대화보다는 갈등이 증폭되는 상황이 거듭되어 어려운 국면으로 접어들었다. 새로운 지도자들이 등장하였음에도 불구하고 한일 간의 정상회담도 없이 짧은 만남으로 서로를 외면하는 상황이 계속되었다. 이러한 원인을 제공한 계기는 여러 가지 있을 수 있으나, 탈냉전 이후 변화하는 국제정세 속에서 국제질서가 다양하게 전개되면서 각국은 자국의 정체성을 확립하기 위하여 새로운 변화를 모색하면서 시작되었다고 볼 수 있다. 그동안 한일관계는 당연히 협력 위주의 관계가 우위를 점하였으나, 중국의 부상과 함께 서로가 처한 입장차이로 갈등의 폭과 깊이가 눈에 띄게 달라졌다. 여기서는 한일 간의 진행되고 있는 갈등은 어떠한 문제로 계속되고 있는지를 살펴보고, 그리고 한일 양국의 입장을 살펴보고 관련 사항들에 대해 한일 양국이 어떻게 대응하고 있는지를 살펴본다. 마지막으로 이러한 갈등관계를 극복할 수 있는 방안을 제시한다.

한일관계 동향

탈냉전 이후 진행된 한일관계 연구는 그 어느 때보다 활발하게 진행되었다. 탈냉전 이후 한일관계가 우호협력 관계로 발전하면서 한일 양국의 협력관계는 학술적인 차원으로 진행되었다. 중심 주제는 한일 양국의 이해와 교류에 초점을 두면서 상대국에 대한 대중문화 교류가 어떻게 진행되는지를 확인하는 작업이 진행되었다. 특히 김대중·오부치 '공동선언' 이후 한일관계에 관한 공동 연구가 추진되었다. 대체로 3가지로 정리할 수 있다. 먼저, 근대 동아시아에서 문화·개화·평화를 어떻게 인식하였느냐에 관한 연구들이다. 그들의 연구는 서세동점하는 과정에서 한중일 3국이 개국하기 위하여 서양과 교류하기 시작하였고, 이러한 과정에서 서양의 요구를 둘러싸고 서로 다른 형태의 반응을 보였다고 설명하면서[1] 서구문명의 수용 과정과 동아시아의 개화를 설명하였다. 둘째로, 한일 양국의 정치사

---

1) 와나타베 히로시·박충석, 『'문명' '개화' '평화' 한국과 일본』, 고려대 아연출판부, 2008.

회에 관한 비교 · 분석을 통하여 한일 양국의 상호 이해에 노력하였다. 한국과 일본 두 나라는 영토 문제, 역사 문제, 그리고 정치분야에서 서로 다른 변화의 인식을 가지면서 서로를 보고 있지만 서로를 이해하기 위해서는 기복적인 문제로 돌아가 고민하여야 된다[2]고 설명한다. 셋째로, 한일 양국의 문화교류를 통하여 서로를 이해하려는 연구이다. 동아시아와 한일교류를 통하여 양국의 이미지를 변화시켜 서로의 부정적인 인식을 변화시키고 협력관계를 모색하는 것이 설명되었다. 이러한 비정치적인 분야에서 협력관계를 발전시켜나간다면 정치적인 분야에도 긍정적인 영향을 미칠 것이라는 것이다.[3] 마지막으로, 한일 양국이 동아시아의 국제관계를 어떻게 이해하느냐와 관련 하여, 동아시아 지역질서와 공동체 구상을 구조적인 관점에서 동아시아 국제정치를 설명하고 있다. 그리고 동아시아라는 열린 미래를 위하여 한국과 일본을 중심에 두고 공동 연구를 진행하였다.[4]

그러나 이러한 공동 연구들이 있었음에도 불구하고 한일 양국 간의 과거사, 위안부 문제 해결은 진전을 보이지 못하였다. 무엇이 문제인가? 우선 일차적인 책임은 일본에게 있다. 일본정부가 가해자로서 무한 책임론을 져야 한다. 그리고 일본의 보수우익적인 정치구조에서 등장하는 지도자들에게 문제가 있다고 지적하였다.

여기서 이러한 문제점을 극복하는 차원에서, 2013년 제기된 한일 역

---

2) 장달중 · 핫토리 다미오, 『한일정치사회의 비교분석』, 고려대 아연출판부, 2007.

3) 최장집 · 하마시타 다케시, 『동아시아와 한일교류』, 고려대 아연출판부, 2008.

4) 문정인 · 오코노기 마사오, 『동아시아 지역질서와 공동체 구상』, 고려대 아연출판부, 2010.

사 문제 지식인들의 공공성명 기념논문집에서 한일 역사 문제를 풀어가는 지혜가 제시되기도 하였다.[5] 주요한 대립 사안들을 정리하고 한일관계의 갈등을 해소하기 위하여 신뢰 구축을 위하여 일반적으로 안전보장 분야에서 사용하는 신뢰구축 방안을 역사 · 군위안부 문제를 해결하는 데 응용하는 방법을 제시하였다.

정치 지도자의 우경화

대체로 일본의 보수정치의 역사인식은 두 가지로 나누어 볼 수 있다. 첫째는 무라야마 담화를 계승하면서 자신들이 가지고 있는 역사인식을 은폐하려는 그룹들이 있다. 다른 하나는 무라야마 담화를 수정하고 2015년 아베 담화를 통하여 새로운 역사수정주의의 결과물을 내놓으려고 하는 그룹들이다.[6]

그동안 우익적인 정치인들의 망언의 내용과 행태는 주로 과거사와 위안부 문제를 중심으로 행해졌으며, 망언에 대해 상대방이 비판하면 '취소', '철회'하기도 하고, 최근에는 '오해'라고 변명하는 수법을 사용하고 있다. 아베 내각 출범을 전후하여 일본 정치인들의 망언은 일본정치의 우경화와 동시에 발생한 것으로 이해하여야 한다.

---

5) 김영호 · 이태진 · 와다 하루키 · 우쓰미 아이코, 『한일 역사문제의 핵심을 어떻게 풀 것인가?』, 지식산업사, 2013.

6) 하종문 「무라야마 담화의 의미와 아베 정권」(『일본 아베 정권의 역사인식과 한일관계』, 동북아역사재단, 2013, 66~67쪽.

1) 아베 총리의 망언

아베 총리의 망언은 '침략의 정의' 문제로 시작하였다. 2014년 4월 22일 참의원에서 23일, 26일 발언을 통하여 아베의 역사인식은 '무라야마 담화'에 대해 부정적이었다. 그의 역사인식에 대한 불명확한 이해와 '과거사 망언'이 계속되자, 아베 총리의 역사인식 부재는 여기저기서 비판의 대상이 되었다. 일본계 미국 학자인 프랜시스 후쿠야마는 아베 총리의 '위안부 강제 동원' 부정은 '멍청한 정책'이라고 지적할 정도였다. 후쿠야마는 '한국과 일본이 중국을 견제하기 위해 긴밀하게 협력해야 하는 데 아베 총리의 역사인식 부재가 걸림돌이 되고 있다'고 주장하면서 아베 총리의 위안부 강제 동원과 전쟁범죄에 대한 부정을 비판하였다.[7]

2) 아소다로(麻生太郎)의 망언

아소다로(麻生太郎) 일본 부총리는 2013년 7월 29일 사쿠라이 요시코(桜井よしこ) 우익인사가 이끌고 있는 국가기본문제연구소가 개최한 강연회에서 "바이마르 헌법도 어느 사이 나치헌법으로 변해 있었다. 그 수법을 배우면 어떨까?"라고 발언하여 물의를 빚었다.

아소 부총리는 아베 정권의 제2인자와 같은 존재이며 아베의 정책을 수행하는 중요한 정치인이다. 그러므로 그의 발언은 국제사회를 적으로 하는 발언을 행하여 아베 정권에게 타격을 주었다. 아소는 기본적으로 어린

---

[7] http://news.tv.chosun.com/site/data/html_dir/2014/05/01/2014050190296.html(검색일: 2014년 5월 1일).

시절부터 요시다 전 수상으로부터 현실주의에 대하여 많은 이야기를 들으면서 성장하였으며, 아베 정권을 지탱하는 중요한 인물이지만 그는 두 양면성을 가진 인물로 불안정한 모습을 가지고 있는 인물이다.[8]

아소가 문제 제기한 의도는 그의 논리의 불안정으로 알기 어렵지만, 독일의 역사에 대한 무지 그리고 나치에 대한 문제점을 이해하지 못하고 일본의 젊은 우익들이 깃발을 들고 활보하도록 하고 있다는 책임이 있다. 독일은 현행법으로 처벌하는 데 일본에서는 나치 깃발을 들고 버젓이 활보하는 말도 안 되는 상황이 전개되고 있다. 그러므로 일본 부총리 겸 재무상 '아소 타로(麻生太郎)'가 독일 나치 정권의 개헌 수법을 배우자고 주장한 발언은 철회는 하였으나 근본적인 변화가 없을 것이다. 그의 태도는 5월 하시모토가 전시 중 구일본군위안부는 필요했다는 발언에 대해, 이시하라는 "군과 매춘은 따라 다니는 것으로 역사의 원리 같은 것이다"라고 주장하면서 하시모토의 망언을 옹호하기도 하였다.[9]

이러한 아소의 망언은 역시 아베 정권의 역사인식이 매우 위험함을 보여준 것이며, 다른 한편으로는 국제사회를 적으로 하려는 의도를 가지고 망언을 하였다고 볼 수 있다. 일본의 야당들은 노골적으로 나치즘을 긍정하면서 민주주의를 부정하려는 폭론이라고 비판하고 일본의 국정에 참가할 자격이 없으므로 의원사직을 요구하였다.

---

8) 『朝日新聞』 2013년 9월 22일.
9) 『朝日新聞』 2013년 5월 14일, 석간 1면.

한일관계 갈등 요인의 변화

한일 간의 갈등 요인은 과거에는 주로 과거사 관련 망언이 문제였으나, 최근의 갈등 요인은 일본의 역사인식과 정치지도자들의 우익적인 행동 즉 야스쿠니, 위안부 문제 등에 대한 발언과 행동으로 다시 나타났다. 이러한 현상은 과거 자민당 정부 때의 역사인식 문제와 비교해보면 정도의 차이에서 현격한 변화를 보이고 있다는 점이다. 왜 이러한 현상이 일어나고 있는가? 일본의 국가전략의 변화 때문인가? 아니면 새로운 국가전략을 모색하는 우익정치지도자들과 현실주의 노선을 걷고 있는 외교 브레인들의 의도된 행동인가? 아마도 두 가지 모두가 해당되리라고 생각한다. 그 결과 과거 한일관계에서 경험하지 못한 갈등을 겪고 있다.

1) 그동안 무엇이 부족하였는가?

일반적으로 동아시아 국가 간 협력을 이룩하기 위해서는 국가, 경제, 사회 분야에서 상호 협력하고 평화를 달성하여야 한다. 그동안 한일 양국은 경제분야에서는 물론 사회문화분야에서 많은 발전을 이룩하여 상호의존관계에 접어들었다.

한일 양국은 그동안 무역과 투자를 중심으로 많은 발전을 이룩하면서 동아시아 시장경제의 역동성을 이끌어 왔다. 그 결과 동아시아에 있어서 민주주의와 시장경제를 선도하였다.[10]

---

10) 서진영, 『21세기 중국의 외교정책』(폴리테이아, 2010), 387쪽.

그리고 학술적인 교류에서 보면 경제분야 다음으로 활발하게 진행되었다. 특히 사회과학분야에 한정하여 보면, 한중일 3국 관련 학술회의가 많이 개최되었고, 한중수교 20주년을 맞이하여 국제학술회의가 개최되어 과거 20년 동안의 한중관계와 미래 관련 논의가 전개되었다. 그리고 한일 간에는 각종 학술회의가 연중 개최되었으며, 지난 정부에서는 신시대 한일 신시대 공동 연구 프로젝트가 진행되어 보다 구체적인 분야와 관련하여 한일 간의 연구자들이 연구를 진행하면서 한일 간의 현안을 해결하기 위한 해법을 모색하였다.

셋째로, 3국 사이에서 진행된 정치분야에서의 교류는 주로 정치지도자들의 상호방문 형식으로 진행되었다. 일반적으로 정상간 회담을 통하여 공동 커뮤니케를 채택함으로써 서로의 신뢰를 쌓아가려고 노력하였으나, 한중일 3국 사이에 '과거사 문제'가 미해결 상태에 있어, 지도자들 사이에 정상적인 협력관계가 이루어 지지 않고 있는 것이 현실이다. 특히 냉전종식과 함께 동북아에서도 새로운 움직임이 생겨나기 시작하였다. 냉전적인 동맹관계가 조금씩 이완되고, 미국이 고립주의적인 정책을 전개하려는 움직임이 나타나면서 일본에서는 보통국가론이 논의되기 시작하였다.[11] 이러한 현상으로부터 서로의 인식의 차이가 나타나 여론을 통해 서로 민감하게 반응하면서 대화가 중단되기도 하였다.

마지막으로, 사회문화 분야에서는 자치체간 혹은 유학생들의 교류, 여론 주도층에 의한 상호 방문은 지속적으로 진행되었다. 그러나 정부 간 대

---

[11] マイクモチヅキ, 「未完の課題としての歴史和解」(菅英輝編, 『東アジアの歴史摩擦と和解可能性』), 440쪽.

화가 중단되면 사회문화 분야의 교류가 영향을 받아 중단되는 사태가 발생하였다.

현재 한중일 3국에게 필요한 것은 무엇인가? 세계경제의 어려움 속에서 역사와 영토 문제를 극복하면서 갈등관계를 봉합하고, 협력의 상호의존관계를 회복하는 것이 중요하다. 역사적으로 3국은 정치, 경제, 문화면에서 서로 영향을 주고받으면서 민감하다. 그러므로 이러한 민감함을 협력이라는 공공재를 만들어 미래지향적인 관계 정상화를 이루어 내야 한다. 그리고 어떻게 긴장 요소들을 완화시켜 신뢰 양성을 어떻게 할 것인지 노력하여야 한다. 안보문제에서 3국은 모두 민감하여 어렵지만, 비정치적인 분야를 통하여 국제기구에서 3국 간의 협력이 이루어진다면 좋은 효과 얻을 수있을 것이다.

그동안 한국과 일본, 한국과 중국 사이에 전문가 회의를 통하여 대화를 진행하였다. 그러나 전문가 회의로 그치고 이것이 일반적인 교류협력으로 잘 이행되지 못하고 있다. 먼저, 한국과 일본 사이에 100년의 역사를 성찰하면서, 미래지향적인 패러다임을 구축하려고 고민하였지만, 아직 역사 문제에 대해서는 만족스럽지 못한 상태에 있다. 그리고 한국과 중국 관계에서는 국교정상화 이후 짧은 시간에 많은 발전을 이룩하였으나, 북한 문제, 한미동맹에 대한 중국의 입장, 경제적 상호의존에 의한 비대칭성 확대, 역사·영유권 문제 등 한중관계 장애물[12]에 대하여 염려가 상존하고있다.

이렇게 3국 간은 3가지 분야의 교류를 적극적으로 전개하였으나, 역

[12] 정재호 편, 『중국을 고민하다』(삼성경제연구소, 2011).

사 해석과 영유권 문제 등으로 신시대에 맞는 3국 간의 관계를 정상화하지 못하고 있다. 그 이유는 상호협력을 위한 노력이 부족하기 때문이다. 지도 자들이 동아시아의 협력관계 구축이라는 미래의 목표를 보지 못하고, 현재 직면하고 있는 국내정치에 몰입하고 있기 때문이다. 물론 지역협력보다 내 정이 우선이라는 시각도 중요하지만, 21세기는 군이 글로벌한 의미를 강조 하지 않더라도 국제사회에 공헌이 강조되는 때이다.

2) 역사 문제 갈등의 심화

일본은 아베 총리가 등장하면서 새로운 국가상을 제시하기 시작하였 다. 즉 아베 정부는 과거 자민당 정부들이 진행한 군사화를 넘어 대국화의 완성을 이룩하겠다는 구상을 전개하고자 한다. 고이즈미 개혁의 승계를 주 장하는 모두의 당(みんなの党), 오사카 유신회와 연계 등을 통하여 정당 간의 연대를 이루어 나가면서 진행하겠다는 생각이다. 이러한 연장선에서 문화적으로 일본의 보수주의는 일본의 문화와 전통 자연, 역사를 중요시 여기는 국가를 건설하겠다고 주장하고 있다. 이러한 점들은 나카소네 야스 히로 전 수상이 주장한 부분과도 비슷하다.

그리고 또 하나의 갈등 요인은 아베 수상의 사상으로부터 발생하고 있다. 먼저, 아베 수상은 '전후를 탈피하는 내셔널리즘'을 중시하고 있다. 그것은 전전 일본 제국주의가 저지른 침략전쟁을 부인하고 반성도 하지 않 겠다는 의미이다.[13] 과거 기시 노부스케 전 수상이 주장한 내셔널리즘이

---

13) 위의 책, 『安倍政権論: 新自由主義から新保守主義へ』, 208쪽.

아시아주의를 주장하면서, 동시에 반유럽·반미국적, 반식민지주의를 주장하고 아시아의 해방을 주장하며 식민지 지배와 정쟁을 정당화하려는 것과 흡사하다. 이러한 내셔널리즘의 대표로 나카소네 야스히로 전 수상이 있고, 그는 전후 일본에서 어떻게 민족주의를 재건하고 일반 국민에게 침투시킬 것인가를 고민하였다.[14]

그러나 아베의 탈전후 내셔널리즘은 그것과 다른 모습을 지니고 있다. 아베의 내셔널리즘은 글로벌화가 진행되는 과정에서 나타나는 폐해들은 비판하지 않고, 오히려 글로벌화와 신자유주의 개혁에 친화적인 모습을 보이고 있다. 물론 그를 지지하는 그룹가운데 아베 내셔널리즘에 대하여 비판하는 사람도 있지만, 구조개혁을 지지하는 대도시 시민 상층부와 다국적 기업의 종사자 층들로부터 받아들여져, 결과적으로 현대 자본주의를 이해하는 입장을 취하고 있다.

둘째로, 아베 총리는 일본의 전통, 가족, 국가재건론을 주장하는 신보수주의자이다. 글로벌화하는 세계의 흐름에 반발하는 것 같이 보이지만, 그는 교육기본법이 추구하는 개인주의, 자유주의 그리고 이러한 것을 초래한 '유도리 교육'과 같은 것을 개혁하여 어린이들에게 규율과 도덕을 가르쳐, 국가발전에 기여하게 하여야 한다고 주장한다. 그동안 일본은 경제성장으로 일본사회의 가치관이 붕괴되고 사회가 약화되는 위기감을 가져왔기

---

[14] 전후 일본의 보수내셔널리즘은, 전쟁 체험을 통하여 일본제국주의의 식민지 지배와 침략전쟁에 대한 반성, 비판을 포함하고 있다. 그리고 일본의 메이지헌법 혹은 천황제를 비민주적이고 일본을 전쟁으로 이끈 전제적인 정치체제라고 비판한 점, 마지막으로 이러한 반성을 넘어 전전의 내셔널리즘으로부터 아시아주의, 아시아연대와 반미 상상을 계승하였다.

때문에 그에 대한 처방전으로 제시한 것이다. 또한 이러한 문제를 해결하기 위해서는 전통적인 공동체를 유지하고 개건하는 것이 필요하다는 것이다.[15] 이러한 의미에서 신보수주의는 신자유주의와 보조를 맞추기도 하고 심하게 대결하기도 한다.

셋째로, 아베 수상은 신국가주의 사상을 주장하고 있다. 구체적으로는 아름다운 나라 일본을 만들기 위해서 교육기본법 개정, 개헌절차법 제정 등을 주장하면서, 전후로부터 새로운 자주를 주장하고 있다. 이러한 아베 총리의 주장에 대해 해외언론들은 아베는 국가주의자라고 비판하고 있다.

한일 간의 현안과 과제

1) 정상회담 문제

박근혜 정부는 올바른 역사인식 아래서 안정적으로 양국을 발전시켜 나가려고 하였다. 그래서 역사 문제에 대해서는 원칙을 가지고 대응하여야 하고, 경제협력이나 문화·인적 교류, 북한 문제는 양국이 협력해 나간다는 입장이었다. 이러한 입장에서 한국정부는 일본 측의 의사와 의지를 보면서 동시에 양국이 교섭해야 할 분야는 교섭해 나가겠다는 것이다. 당시 한일 외교교섭이 진행되었듯이 당국 간 대화를 진행하면서 양국의 관계 개선에 노력을 기울이겠다는 것이다. 정부는 생산적인 정상회담을 개최하기

---

15) 渡辺治, 위의 책, 212쪽.

위해서는 여건 조성이 필요하며, 실무진 간의 논의가 필요하다는 입장이었다. 그러므로 여건 조성을 위해서 일본이 과거사 문제와 위안부 문제에서 신중한 자세를 가져야 한다는 입장이었다.

반면에 일본 측은 양자 차원의 상호방문보다는 다자회담 때 회담을 희망하면서, 의제는 역사 문제보다는 미래지향적인 협력관계에 대하여 논의를 희망해 왔다.

한일 양국이 교섭을 통해 무엇을 이루어 나갈 것인가?와 관련하여 박근혜 정부는 '한반도 신뢰프로세스'와 '동북아 협력구상'이 아베 정부가 추진하는 정책과 공감할 수 있는 부분이 있음을 강조하면서 정상회담의 논리를 구상하였을지 모른다.

그러나 당시 불행한 국내사정으로 적극적으로 논의하지 못하게 되었지만, 한반도 문제와 동북아 문제에 한일이 협력할 수 있는 공간이 매우 중요하며, 21세기 동북아 평화구상의 핵심임을 서로 공감하여야 한다고 생각하였다. 그리고 한일 간의 역사 문제 등은 전문가 회의와 당국 간의 교섭을 통해 점진적 해결 방안을 모색하는 것이 필요하였다.

2) 야스쿠니 문제

우리 측은 야스쿠니 신사가 침략전쟁을 미화하고 있고 전범이 합사되어 있으므로 일본 정치지도자들은 신사참배를 하지 말아야 한다는 입장이다. 반면에 일본의 아베 총리는 일본의 전후체제를 부정하면서 복고적인 신조를 가진 사람이라고 미국이 평가하듯이, 일본정부는 야스쿠니 신사에 1978년 A급 전범을 합사시켰다. 이러한 움직임에 대해 미국이나 한국, 중국은 일본이 전쟁 책임을 부정하는 행위라고 비판하고 있다.

나카소네 전 수상의 야스쿠니 공식참배로 외교 문제화되면서 야스쿠니 참배문제는 중일 간에도 역사 문제로 현안이 되었다. 당시 중일 양국은 수상, 외상, 관방장관은 야스쿠니를 참배하지 않는다는 신사협정을 맺어 이어졌으나.16) 그 이후 정치가의 이념의 정도에 따라 야스쿠니 참배 문제가 제기되었다.

3) 위안부 문제

한국에서는 1990년대 이후 일본군 '위안부' 문제, 야스쿠니 신사 문제 등의 역사 문제, 독도 문제 등이 한일관계의 긴장의 원인이라고 생각하고 있다. 일본이 부당하게 한국을 식민지 지배하여 많은 피해를 주었으며, 그 것에 대한 반성이 불충분하다고 생각하고 있다. 그리고 아베 총리에 대한 한국인들의 인식도 부정적인 시각이 지배적이다. 1990년대 후반부터 나타난 일본의 '새로운 역사교과서를 만드는 모임' 등 우파적인 역사수정주의 운동이 국민의식을 우경화시키고 이와 더불어 자민당 정권 사상 가장 우익적인 아베 정권이 침략의 역사를 정당화하려는 경향이 강해지고 있다고 인식하고 있다. 이러한 인식에 한국 국민의 반일 감정이 보다 현저하게 표출되었고, 정부도 이를 무시할 수 없게 되었다. 언론에서도 일본의 경향에 민감하게 반응하면서 '반일'의 기사들이 늘어나, 일본에 대한 감정이 악화되었다.

---

16) 『朝日新聞』 2014년 2월 11일, 15면.

당시 아베 총리가 진행한 '전후체제로부터의 탈피'라는 슬로건은 일본의 정체성을 재고하려는 것으로 보였으며, 전후 평화헌법으로 평가받아 왔던 헌법을 우익적인 정치가들이 새롭게 제안하여 개정안을 제정하는 움직임은 미래 일본이 지향하는 국가의 이미지가 무엇인가를 보여주고 있다.

일본이 우경화되어 가는 가운데, 일본인들 가운데 '위안부' 문제는 일본군과 일본 국가에게 그 책임이 명백하다고 인식하는 사람들이 많이 있고, 그것은 중대한 인권 침해로 일본의 책임을 확실히 인정하여야 한다는 주장들도 있었다. 그리고 야스쿠니 문제는 국가와의 관계를 끊고 야스쿠니 신사는 한국인 합사자 등의 철회를 인정하여야 한다는 입장도 있다. 그러나 이러한 인식은 우경화의 흐름 속에서 풍화되어 가는 느낌이다.

결국 이러한 인식과 주장들의 입장에서 보면, 민주주의나 인권존중의 원칙에 충실하지 못한 국가가 일본이라는 사실을 보여주고 있다. 앞으로 한국은 일본이 한반도 침략으로 피해를 끼친 실태를 실증적으로 상세하게 밝히는 작업이 중요하다. 그리고 일본은 가해국으로서 그것을 밝힐 책임을 수행하면서, 피해국 입장에서 바라보는 노력을 기울여야 한다.[17]

4) 어떻게 협력할 것인가?

당시 한국에서는 한일 간의 협력관계를 가동하자는 의견들이 나오고 있다. 한중일 협력사무국이 개설되고 한중일 정상회담이 개최될 예정이었

---

[17] 이종국 · 다카하시 데츠야 교수 대담, 「한일관계의 현안진단과 개선을 위하여」, 『동북아역사재단 뉴스』(2013년 11월호).

으나 불발로 끝나 현재 한중일 3국의 관계는 매우 어려운 상황이다. 이러한 상황 속에서 한일관계를 정상화시키자는 목소리가 나오는 것은 다행이다. 2013년 8월 비공식으로 진행된 '한일포럼'에서 공동성명을 내고 과거의 한일공동선언의 정신으로 돌아가자고 제언하였다. 특히 후쿠다 전 총리는 한일관계가 어렵긴 하지만 미래지향적으로 가야한다고 주장하였다.[18] 그리고 그는 한일 양국은 관계 회복을 위해 역지사지의 자세와 정치적 리더십이 필요하다고 강조하였다. 한일 양국의 참가자들은 1965년 한일기본조약이 체결될 당시의 정신을 토대로 1995년 무라야마 담화를 다시 확인하고, 양국의 미래지향적 관계 구축을 지향한 1998년 김대중, 오부치 한일 파트너십 공동선언의 의의도 재확인하였다.

그리고 정상회담으로 한일 갈등을 극복하여야 한다는 제언[19]도 있다. 동북아시아에서 중국의 부상과 일본의 우경화로 한일관계가 역사의 갈등을 겪고 있다는 것이다. 이러한 현상은 과거에 안보적인 차원에서 봉합되었지만, 일본의 경제침체와 재해로 지금은 민족주의를 강화시키게 되었다. 그 결과 한일관계는 역사 문제 등으로 인해 협력관계가 이루어지지 못하고 있다. 한일 간의 갈등은 정상회담으로 풀어야 한다는 것이다. 실무급의 회담들이 진행되고 있는 것은 다행이지만, 정상들의 현실적인 대화가 절실하다는 것이다.

일본에서는 헌법 9조를 삭제하자는 논의[20]와 집단적 자위권 관련 적

---

[18] 양국이 해결해야 할 공통 과제로 ① 저성장 고령화시대 지속적인 성장 ② 세계 슈퍼파워가 되려는 중국에 대한 전략 ③ 북핵 문제 등 세 가지를 들면서 한일 양국의 협력의 필요성을 강조하였다.

[19] 장달중, 「정상회담으로 한일갈등 극복해야」, 『중앙일보』 2013년 10월 24일.

극적인 평화주의를 실천에 옮겨야 한다는 논의[21] 등이 있다. 먼저 헌법 9조 삭제론은, 아베 수상이 헌법해석 변경을 목표로 노력하는 가운데 해석개헌에 대하여 문제 제기하는 시각으로, 집단적 자위권 행사 용인론은 해석개헌과 같은 것으로 자신들에게 상황이 좋으면 찬성하는 기만이라고 비판하고 있다. 그러므로 좌파든 우파든 간에 헌법 9조를 삭제하자는 것이다. 그리고 호헌파들이 생각하는 헌법동결론도 하나의 지혜가 될 수 있다는 것이다.

아베 수상의 자문을 맡고 있는 기타오카 신이치 교수는 일본의 안전보장 환경이 악화하는 가운데 국가안전보장회의를 창설하여 외교와 안보의 통합된 정책을 전개하여야 한다고 주장한다. 그리고 일본은 세계의 대국임을 전제하고 그러므로 일본은 세계의 안전을 형성하는 것이 역할을 하여야 한다는 것이다.

한일 상호 이해를 위한 공동노력

한일 양국은 동북아시아에서 교류와 협력을 추진하기 위하여 그동안 많은 공동 연구를 시작하였다. 가장 최근의 사례로는 2009년부터 한국과 일본은 '한일신시대 공동 연구'를 시작하여, 21세기 새로운 동아시아, 한일관계 그리고 세계질서 구축에 기여하기 위하여 노력하였다.

---

20) 井上達夫, 「あえて, 9条削除論」, 『朝日新聞』 2013년 10월 26일.
21) 北岡伸一, 「「積極的平和主義」が肝要」, 『読売新聞』 2013년 11월 3일.

1) 한·일 신시대 공동 프로젝트

한일 간은 교류 네트워크의 다층화를 실시하는 한일 신시대 공동 프로젝트를 통하여 3가지 원칙에 충실하였다. 먼저, 21세기는 20세기의 단순한 연속이 아니라 신시대라는 것을 강조하였다. 과거를 극복하면서 새로운 미래를 위하여 한일 간의 복잡한 문제를 해결하려고 노력하였다. 그리고 21세기의 새로운 질서는 복합네트워크의 질서라고 인식하고 동아시아도 예외는 아니라고 생각하였다. 마지막으로 한일 양국은 복합네트워크라는 시각에서 동아시아의 미래의 청사진을 제시하려고 노력하였다.[22] 이러한 원칙 아래 한일 양국의 전문가들은 한일관계, 국제정치, 국제경제라는 분과를 통하여 미래를 위한 제언을 하기 위하여 노력하였다.

첫째로 한일관계부터 살펴보면 역사 문제와 관련하여, 한일 양국은 불행했던 과거를 직시하고 양국은 역사 마찰을 예방하기 위하여 노력하고, 협력의 방법으로 다양한 시민들의 교류를 통하여 양국의 역사를 상호 이해할 필요가 있음을 제시하였다.[23] 그리고 고위급 대화의 활성화를 통해 협력 체계를 구축하여 다양한 영역을 통하여 긴밀한 관계를 유지하여야 함을 제안하였다. 또한 한일 간 교류를 강화하기 위하여 네트워크의 다층화가 제시되었다. 다양한 분야와 초당파적인 정치인들의 정기교류, 전문가들의 회의 등을 통하여 교류의 활성화가 진행되어야 한다는 것이다.[24]

둘째로, 국제정치 분야에서는 먼저, 동아시아의 평화와 안정, 그리고

---

[22] 한일신시대 공동프로젝트, 『한일신시대를 위한 제언』, 도서출판 한울, 2011.

[23] 앞의 책, 15~17쪽.

[24] 앞의 책, 17~19쪽.

경제적 번영을 위하여 동아시아 공생복합 네트워크 강화가 필요함을 제안하였다. 이러한 노력은 동아시아 지역의 제도화를 촉진시켜 미래 개방적인 동아시아 공동체 구축에 도움이 될 것이라는 것이다.[25] 그리고 중국이 부상하고 있는 상황에서, 한중일 3국은 신뢰 양성이나 정치지도자의 상호 방문으로 교류를 활성화하여야 한다고 제안하였다. 이러한 노력은 3국이 동아시아 복합공생 네트워크를 이룩하는 데 도움이 되며, 궁극적으로 한일 양국은 중국이 동아시아와 국제사회에서 책임 있는 대국이 되는 데 협력한다는 것이다.

셋째로, 국제경제 분야에서는 한일 양국의 기업은 동아시아지역에서 역동적인 제조업 경쟁력을 축적하면서 지역경제의 네트워크 건설에 공헌하고 있으며, 이 지역 네트워크의 건설자 역할을 담당하여, 지역공공재 창출을 위한 노력을 기울여야 한다는 것이다.[26]

2) 평가

이러한 노력은 동아시아 국가에게 무엇을 남겼는가? 전문가들의 공동 노력은 분명히 동아시아 네트워크 구축에 도움이 되었을 것이다. 물론 3국이 추구하는 목표의 차이가 존재하는 상황 아래서 이러한 노력이 진행되었다는 점은 서로의 차이를 인정하면서 '공생'하기 위하여 노력하였다.

첫째로, 한일 간에 동아시아의 안전보장을 위하여 서로 동아시아 공

---

25) 앞의 책, 26~27쪽.
26) 앞의 책, 37~39쪽.

생 복합네트워크의 강화, 동아시아 다자간 안보협력과 한중협력을 통하여 서로의 의견을 수렴하려고 노력하였다. 둘째로, 한일 간의 전문가 회의는 내용면에서 차이가 존재하나, 그 방향성은 서로 일치하였다. 한일 간의 논의는 어느 정도 제도화가 진행되고 있는 상황 아래서 새로운 제도화를 모색하려고 하였다. 그리고 한중간에 있어서의 논의는, 국교정상화 이후 20년간의 발전을 기초로 진행되었다는 점에서 보면, 향후 한중 간의 전문가 회의는 동북아시아 지역협력의 가능성을 강화시키는 방향으로 진행될 것이다.

셋째로, 양국 간의 전문가 중심으로 이루어진 노력은 서로에게 많은 도움이 되었을 것이다. 문제는 그 결과를 어떻게 활용할 것인지? 실제로 연구의 결과를 교류협력의 현장에 응용할 수 있어야 할 것이다.

마지막으로, 향후 한중일 3국에 의한 1·5 트랙 회의를 진행하면서, 자치체 교류와 민간 교류, 청소년 교류가 활발하게 진행되기를 기대한다. 이러한 노력은 협력을 위한 아이디어를 제공하고, 실제로 동아시아 미래 구상의 핵심적인 역할을 하여 동북아시아의 공동체 형성에 많은 도움을 줄 것이다.

한일 간의 화해의 모색

한일 양국은 현재 역사 문제로 대립하고 있는 상황이지만, 동북아시아에서 교류와 협력을 추진하기 위하여 그동안 많은 공동 연구를 기초로 실질적인 대화를 하여야 한다. 즉 2009년부터 한국과 일본은 '한일 신시대 공동 연구'를 21세기 새로운 동아시아, 한일관계 그리고 세계질서 구축에 기여하도록 실천에 옮겨야 한다. 이러한 노력은 양국이 교류 네트워크의 다층화를 실시하여 갈등보다는 미래 협력적인 한일관계를 구축하고, 동북아시아의 평화와 안정을 위한 환경을 조성에 기여하기 때문이다. 그러므로 한일 양국은 역사인식의 대립이 분쟁으로 증폭되지 않도록 노력을 기울여야 한다. 그러기 위해서는 갈등 메커니즘이 악순환이 되지 않도록 억지력을 강화하여야 한다.[27]

1) 대화를 통한 신뢰 구축 필요

양국은 냉전기 여러 우여곡절을 거치면서 국교정상화를 실현하고 갈등보다는 협력의 강화를 위해 노력하였고, 탈냉전기에 접어들어 정치가들의 이어지는 망언에도 불구하고 한일 양국의 지도자들은 미래지향적인 한일관계를 구축하기 위하여 노력하였다.

갈등 문제를 풀어 나가기 위해서는 역사화해의 제도를 구축하고 신뢰구축을 하여야 한다. 동아시아 국가들 사이에는 근현대 역사 속에서 서로 역사적인 화해를 하지 않으면 동아시아 지역공동체는 요원해질 것이다. 그리고 이러한 노력인 한일관계의 취약성을 극복하여, 과거와 같은 협력관계를 유지할 수 있으며 다양한 대화의 채널이 구축될 수 있기 때문이다.

그러나 한일 양국에서 새로운 지도자가 취임한지 반 년 이상이 지났

---

27) 滝田賢治, 「プロセスとしての東アジア共同体: 信頼醸成による日中韓の歴史和解の可能性」(菅英輝編, 『東アジアの歴史摩擦と和解可能性』, 凱風社, 2011), 418쪽.

지만, 아직도 지난 정부 사이에 있었던 불편한 관계가 계속되고, 한일 간의 협력관계를 유지·발전하는 데 부정적인 영향을 미치고 있다. 그리고 양국 정상들의 대화 단절은 협력보다 갈등을 유발하는 요인이 되고 있다. 이제 는 양국 간 지도자가 서로 만나 무엇이 어떻게 다른가? 서로를 어떻게 이 해하고 있는가 확인하고 문제 해결의 해법을 찾아야한다.

'보수·우경화' 경향을 강화하고 있는 아베 수상의 입장은 한국의 박 근혜 대통령이 한일 간의 문제를 해결할 의지가 없다고 단정할지 모르나, 이것은 전체를 보지 못하고 일부만 보고 있기 때문이다. 예를 들면 한중 국교정상화 때 중국에게 제의한 안중근 의사의 기념비를 부탁한 것은 앞으 로 한국인의 반일감정을 강화하여 한일 간 서로 미워하게 될 것이라는 논 리 등에서 보이고 있다. 이러한 논리는 일부분만 관찰한 지역전문가의 자 세로 외교평론가들은 논쟁거리로 삼을지 몰라도 전문적인 전문가들은 매 우 유감스럽게 여길 것이다. 현재 일본은 기본적으로 한국과 정상회담 개 최를 포기하고 미국을 중심으로 일본의 의미를 전달하여 국제여론을 일본 에게 유리하게 작용하게 하여 한국의 외교적 자세를 수정시키려고 하고 있 다. 그리고 일본은 한국이 대일외교 문제에서 미국의 여론의 지지를 얻기 위하여 캠페인을 전개하고 있다.

이러한 일방적인 인식으로 한일 양국은 그동안의 성공적인 협력의 사 례들이 있었음에도 불구하고 과거사 문제로 갈등이 재연되고 있다. 원인을 제공하는 자와 마음에 상처를 입은 자의 관계는 서로 화해하기가 어려운 관계가 지속된다. 즉 원수의 관계를 청산하는 일은 쉽지 않다. 그러나 근대 국가 이래 여러 가지 주권국가 사이에 다양한 기제들이 발전하여 서로를 용서할 수 있는 계기를 마련해 두고 있다. 조약, 성명, 등등의 방법으로 그러나 이러한 노력에도 불구하고 노력을 무시하거나 수정하려고 하는 자세는 온당치 못하여 상대방에게 더 깊은 상처를 가져다준다는 것을 기억하여야 한다. 글로벌시대에 상식이 통하는 역사인식이 있어야 한다.

한일 간의 신뢰 구축이 성공적으로 이루어진다면 동북아시아에서 평화와 화해의 기초를 제공하고, 향후 동북아 안전보장의 문제인 비핵화 논의의 중심 국가가 될 것이다. 협력관계를 유지하면서 신뢰 구축을 하여야 한다. 먼저 그러기 위해서 한일 간은 '건전한 대화'를 지속하여야한다. 그동안 한일 간은 기능적인 부분에서의 협력관계는 지속되어오고 있으나 최근 일본의 '우경화'로 인하여 협력도 약화되고 있다. 이러한 취약성을 극복하기 위해서는 한일 양국 간의 국내구조의 정비가 필요하다. 이것은 서로를 신뢰하기 위한 노력이다. 상하관계가 아니라 국가와 국가 간의 문제이므로 국가를 얕보는 것이 아니라 주권국가라는 입장에서 대등하게 보아야 한다. 이러한 것은 한 번에 해결되지 않는다. 그러므로 한일 양국이 제도화를 통해 서로 철저히 교육하여야 한다. 공동의 프로그램은 운영하여야 한다. 그렇게 하여야만 예방이 가능하다. 사실은 그것이 되지 못하고 있다.

2) 역사 대화를 통한 화해

왜 한일 간은 협력의 공고화가 잘 되지 않을까? 정치지도자들의 역사인식의 차이의 결과일 것이다. 정상화 과정에서도 교섭하는 과정에서도 상대방의 마음에 상처를 주는 언사를 거듭하는 등 여러 가지 과거사문제로 항의하고 사과하는 선례들이 반복되었다.

이러한 취약성을 극복하기 위해서는 한일 양국은 역사 대화를 실시하여야 한다. 다행히도 한일 양국은 제2기에 걸쳐 한일역사공동연구를 실시하여 역사인식의 기회를 가졌다. 개최된 이유는 역사 문제를 둘러싸고 발생하는 갈등관계를 지도자들이 대화를 통해 해결하려고 하였기 때문이다. 그러나 역사인식 문제를 대화로 풀어가는 과정은 험난한 것이고, 그 결과가 정책에 반영되지 않고 단순히 참가자들의 개인적인 자료로만 활용된다면 그 의미는 많이 퇴색할 것이다. 그리고 한일관계처럼 정치적인 배경이 개입하게 되면 더욱 대화는 어려워지게 되고 객관성을 담보하기가 어려워질 수도 있다. 또한 아베 정권처럼 역사수정주의를 전면에 내세우면 역사인식 관련 대화를 진행하기가 어려워진다.

그동안 한일, 중일 간 역사 공동 연구가 진행되어 역사 대화의 시작을 하였다. 그동안의 경과를 보면 한일 간의 대화는 2기에 걸쳐 진행되었고, 중일 간은 제1기의 공동 연구를 진행하였다. 그리고 대화를 통해 서로 확인할 수 있었던 것은 각국의 정치체제가 다르고, 가해자와 피해자의 입장이 다르기 때문에 인식의 태도 또한 달랐다. 1국 중심의 역사인식을 강조하면서 내셔널리즘을 강화라는 태도를 보이기도 하였다. 그러나 한중일 3국이 미래를 여는 역사 공통교과서를 만들어 가는 과정에서는 각국의 내셔널리즘이 다른 국가의 내셔널리즘과 공진관계에 있으며 상호관계성이 있는 것으로 보이기도 하였다.[28]

---

28) 사이토 가즈하루, 「역사대화론-한중일 공통역사교재 개발의 성과와 과제를 사례로」, 『동아시아의 지식교류와 역사기억』, 동북아역사재단, 2009, 386쪽.

미래 한일 협력을 위하여

무엇을 통해 협력을 다시 이루어낼 것인가? 신뢰 구축은 모든 차원의 소통, 대화, 협상을 통하여 이루어지므로, 현재의 어려운 점을 잘 파악하여 지역 속에서 협력 프로그램을 진행시켜야 할 것이다. 먼저, 동아시아 공동체의 발전을 위해 미국과 유럽국가들이 진행한 공동체의 경험을 동아시아 지역에서 받아들여[29] 지역에 적합한 모델을 만들어 나가야 한다. 그리고 유럽국가들은 지역기구와 통합의 경험들을 우리에게 알려주어야 할 것이다.

둘째로, 한일 양국은 경제교류와 경제질서의 안정화를 위한 노력을 기울여야 한다. 한일 전문가 회의에서 많이 제시되었듯이 양국은 성장의 동학을 지속적으로 유지하면서, 상호 연계된 네트워크를 활용하여 경제교류의 활성화를 촉진시키는 정책을 전개하여야 할 것이다.

마지막으로, 사회적 네트워크(NGO)의 활동이 활발하게 전개될 수 있도록 환경을 조성하여야 한다. NGO을 통한 한중일 3국의 협력은 동아시아가 안고 있는 문제들을 건설적으로 이루어져야 한다. 정치적인 문제로 정부 간 대화가 어려운 상황 속에서 NGO는 외교적인 역할을 수행하면서 신뢰를 쌓아가는 업무를 수행하고 있다. 그 결과 한중일 3국은 공공외교가 강화되고, 문화 교류가 활발하게 전개되어, 동북아시아에서도 ASEAN과 유사한 모델이 생겨나 미래지향적인 협력관계가 구축될 것이다.

---

[29] 하랄트 뮐러, 『문명의 공존』, 푸른숲, 2002, 293쪽.

제14장

아베 정권의 대북한 정책

아베 정부는 북일 간의 '스톡홀름 협의'를 포기하지 않은 상태에서, 북한에게 경제제재를 강화하는 정책을 전개하고 있다. 아베 정부는 북한이 납치피해자 재조사를 계속하여야 한다는 입장을 강하게 주장하면서, 다른 한편으로는 한미일 3국이 동시에 제재를 가하여 그 효과를 기대하겠다는 입장이다. 2016년 2월 12일 북한이 납치피해자 재조사 중지를 일방적으로 발표하자, 일본 정부는 "예상했던 행동이다"라는 반응을 보이면서, ① 북한에 대한 비난, ② 대화와 압력이라는 일본정부의 입장은 변함이 없으며, ③ 북일 사이 진행된 스톡홀름 합의는 파기할 생각이 없다는 등 3가지 기본방침을 발표하였다. 이러한 입장을 취하고 있는 아베 정부는 과거 고이즈미(小泉) 정부처럼 일본의 독자적인 전략적 선택을 취하면서 북한과의 대화를 일단 유보하면서, 한미일 공조 아래 북한을 제재하여 대화에 응하여 대화를 계속하려는 입장이다. 현재 북일 간에는 납치문제뿐만 아니라 핵실험·미사일 발사 강행 문제가 중요 사안이 되면서 과거와는 다른 형태의 국제적인 압력의 틀이 형성되고 있는 상황이다.

최근 북한을 둘러싼 국제환경은 매우 심각한 상황에 있다. 북한의 핵과 미사일 발사 실험 등으로 한반도와 동북아시아 지역에서 긴장이 고조되고 있으며, 유엔을 중심으로 한 국제사회나 국제기구도 북한의 행동을 강하게 비판하면서 대북한 경제제재를 실시하고 있다. 이러한 제재는 과거 2006년부터 실시되었던 제재보다 더 강화된 내용으로 진행되고 있다. 이러한 상황 속에서 북한이 북일 간의 현안 문제인 납치 가족 문제에서 소극적인 자세를 취하자, 일본의 아베 정부는 독자적인 제재를 통하여 대북한 경제제재를 진행하고 있다. 일본이 이렇게 독자적인 제재를 실시하게 된 이유는 물론 북한의 핵실험과 미사일 발사 실험 그리고 납치 가족 문제에 대한 소극적인 자세 등이 그 원인이라고 할 수 있다.

김정은 정권에 접어들어 북한은 2014년 '스톡홀름 합의'를 통해 납치 가능성이 있는 모든 일본인을 대상으로 전면적으로 재조사를 실시하기로 약속하였다. 그러나 갑자기 북한이 약속을 이행하지 않자, 일본은 납치피해자 재조사를 계속 요구하면서 경제제재를 더욱 강화하는 선택을 하였다. 그동안 북일 간에는 인도적인 차원에서 경제지원이 진행되었다. 북한이 자연재해 피해로 식량위기에 직면하자 북한 당국은 국제기구와 한국, 미국, 일본 등에 경제지원을 요망하였다. 동시에 북한의 정치체제가 냉전종식 이후 어려움에 직면하자 국제사회로부터 경제지원이 진행되었다.

그러나 이러한 경제지원도 북한이 핵확산금지조약으로 부터 탈퇴하면서 국제적으로 유엔에 의한 제재문제가 논의되기 시작하였다. 일본 역시 이러한 움직임에 대응하는 차원에서 유엔에 의한 제재의 동향에 관심을 기울이면서 일본 국내에서 향후 어떻게 대응하여야 할 것인가 논의하기 시작하였다. 고이즈미 정권기 북일 간에 납치문제를 해결하기 위하여 정상회담을 실시하는 등, 새로운 국면으로 접었으나 북한의 핵개발, 미사일 발사 등으로 경제제재를 실시하기 위하여 관련 법률을 개정하는 등 북한제재를 위한 준비가 진행되었다.

이상과 같은 북일 간의 관계를 재고하면서, 아베 정부는 대북한 정책을 어떻게 전개하고 있는가를 설명하였다. 특히 고이즈미·김정일 사이의 정상회담 이후 진행된 일본의 '대화와 억지' 정책이 어떻게 진행되었는지를 살펴보면서, 북일 간의 교섭의 걸림돌인 납치문제가 어떻게 진행되었는지 설명할 것이다. 일본에서 납치문제를 어떻게 인식하였으며, 제재 관련 논의가 어떻게 진행되었는지를 살펴본다. 마지막으로 아베 정부의 '대화와 억지'정 책이 왜 어려움에 봉착하였는지를 살펴보면서, 어떻게 경제제재로 정책전환을 하였는지 그 의미를 검토할 것이다

북일 간의 문제

일본의 대북한 정책은 고이즈미 전 총리 이후 납치피해자 문제에서 이렇다 할 결과를 내지 못하고 있다. 거듭되는 북한의 핵실험, 미사일 발사 등을 '북한위협론'으로 인식하면서 일본의 정치지도자들은 당황해 하며 안보체제를 공고화하면서 군사대국으로의 면모를 갖추게 되었다. 왜 일본은 납치문제에 계속 집착하는가? 물론 납치문제는 인권문제이기도 하지만 인간의 안전보장 문제로 매우 중요하다. 자국민의 안전을 보호하는 차원에서도 당연히 국가가 노력하여야 하는 것이다. 그러나 고이즈미 정부가 진행한 북일 간의 납치피해자 문제 교섭과 재조사의 결과가 서로 만족하지 못하고 끝나면서 여전히 계속 진행 중인 사안이 되었다. 이러한 문제를 해결하기 위하여 아베 정부도 꾸준히 노력한 결과 2014년 5월 스웨덴의 스톡홀름에서 북일 정부 간 협의가 이루어지고 '스톡홀름 합의'[1]를 이끌어 냈다. 그리고 북한은 7월 4일 특별조사위원회를 설치하여 납치피해자, 행방불명

자, 유골문제, 잔류일본인·배우자 등 4개 분과회를 설치하고 모든 일본인에 대한 조사를 시작하기로 약속하였다.

일본정부는 7월 4일 각의에서 인적 왕래 규제, 송금 및 휴대금액에 관한 규제, 북한선박의 일본입항 등을 독자제재로부터 해제하기로 결정하였다. 물론 일본정부도 일본인 납치피해자들의 소식에 관한 행방이 불투명한 가운데 '압력'을 완화하는 것 자체가 위험하다고 인식하였지만, 제재 카드는 유지하면서 북한에게 합의 사항을 잘 이행해주기를 바라는 전략을 선택하였다. 그러나 여름이 지나고 가을이 되어도 북한은 계속 "조사의 초기단계에 있다"는 연락만 일본에게 전달하였다. 결국 북일 양국이 합의한 지 1년이 지났으나 재조사의 결과는 전달되지 않았다. 현재 아베 정부는 여전히 북일 대화를 기대하면서 피해자들의 귀국을 위한 제재를 실시하고 있다.[2]

일본의 대북한 제재에 대한 연구는 어느 정도 진행되어, 대북한 제제는 별로 효과가 없다는 것이 일반적이다. 최근까지 대북한 경제제재는 유엔이나 미국이 진행하였으며, 제재는 규범적인 측면과 경제제재 두 가지 방향으로 진행되고 있다. 이러한 국제적인 환경에 영향을 받아, 일본이 전개하고 있는 제재는 규범적인 측면에서 보면 북한 인권법이 여기에 해당되고, 그리고 경제제재 중에서는 금융제재와 화물검사 제도가 해당될 것이다.

고이즈미 정권기부터 경제제재는 실시되었다. 북한이 '평양선언'을 위반하자 고이즈미 정부는 바로 독자적인 제재를 실시하였다. 원래 고이즈미

---

1) 2014년 5월 스톡홀름에서 정부 간 협의로, 북한이 납치하였을 가능성이 있는 모든 일본인을 대상으로 재조사하기로 약속함.

2) 總理官邸, 「我が國獨自の對北朝鮮措置について」(2016년 2월 10일).

정부는 대북제재에 소극적인 측면을 보이면서 납치문제를 해결하려고 노력하였지만, 북한이 2006년 7월 5일 탄도미사일을 발사하자 어쩔 수 없이 제재를 선택할 수밖에 없었다.

현재 아베 내각의 대북한 정책도 고이즈미 정권기와 마찬가지로 여전히 '대화와 압력'을 대북한 정책의 중심으로 하고 있다. 그러나 과거 고이즈미 정부에서 전개하였던 것과는 내용에서 어느 정도 차이를 보이고 있다. 즉 아베 정부도 큰 틀에서는 납치문제를 최우선으로 하고 있으므로 차이가 없는 것 같이 보이지만, 아베 총리가 '납치피해자 가족회의'에 보이는 관심도를 보면 과거와 조금 다른 상황임을 알 수 있다. 현재 북일 간의 상황은 매우 긴장된 상황에 있다. 서로 돌파구를 찾지 못하는 상황에 있다. 먼저 북한의 김정은 체제는 체제의 안정을 위해 노력하고 있지만, 납치피해자 문제가 부담스러운 것이 될 수도 있다. 그리고 일본의 아베 총리는 한미일 협조 속에서 북한과의 관계를 진전시키지 못하는 한계가 있기 때문이다. 오바마 정부의 대북한 정책 역시 엄격한 모습으로 북한을 제재하는 상황이므로 아베 총리가 전술적으로 대북한과 관계를 개선하기는 어렵다.

냉전기 북일 간은 정치적인 장애문제로 경제협력은 제한적이었다.[3] 정치적인 긴장으로 무역관계가 침체되기 시작한 것은 1993년 이후 계속되고 있다. 일본의 경제전문가들이 북한을 방문하자 북한은 정경분리 정책을 강조하면서 자유경제무역지대로 개방을 선언하였지만 일본 기업인들의 신

---

3) 柳相榮, 「日本と北朝鮮の經濟關係- 貿易と産業構造のアプローチ」(鈴木昌之・平岩俊司・倉田秀也 編, 『朝鮮半島と國際政治: 冷戰の展開と変容』(東京: 慶應大学出版会, 2005).

뢰를 얻지 못하였다. 1998년 8월 31일 북한의 대포동 미사일 발사는 일본의 안보에 커다란 위협이 되자, 일본은 식량지원 중단과 화물 비행기의 중단을 선언하였다. 대포동 미사일 일본인 납치문제 북한의 핵문제 등은 일본국내의 여론을 악화시켜 일본의 국내정치가 보수화되면서 북일 관계는 점점 악화하기에 이르렀다[4].

일본정부의 대북한 경제제재에 관한 본격적인 연구는 아직 진행되고 있지 않지만, 관련 있는 연구로는 다음과 같은 연구들이 있다. 먼저, 미무라 미츠히로(三村光村)의 연구[5]는 일본의 경제제재의 경제적 효과에 관하여 연구하였다. 그의 연구는 주로 2006년 이후 진행된 일본의 경제제재의 효과와 과제를 연구하였다. 무역제재의 효과를 설명하고 그리고 일본이 실시한 송금금지 조치와 북한선박의 일본에 입항금지 등이 북한에 어떠한 영향을 미쳤는가를 분석하였다. 임강택의 '대북경제제재에 대한 북한의 반응과 대북정책에의 함의'에 관한 연구[6]는 유엔안보리와 한국, 미국, 일본의 대북제재의 현황에 관한 정세를 분석한 것으로, 대북한 경제제재가 어떻게 진행되고 있으며 그리고 그 효과를 잘 설명하였다. 신정화 연구[7]는 일본 자민당과 민주당의 대북한 정책을 비교한 것으로 일본의 대북한 정책의 지속과 변화를 분석하였다. 또한 이기완 연구[8]는 아베 정권이 북한과 '스톡

4) 유상영(2005), 232~233쪽.

5) 三村光村, 「日本単独による対北朝鮮経済制裁の効果と課題」(『Erina情報』, Erina, 2006.7; 2006.10).

6) 임강택, 「대북경제제재에 대한 북한의 반응과 대북정책에의 함의」(통일연구원, 2013).

7) 신정화, 「일본의 대북정책의 지속과 변화: 자민당정권에서 민주당정권으로」, 『日本研究論叢』 제30호(현대일본학회, 2009).

홀름 합의'를 성사시키면서 대북한 제재 조치를 해제하는 일본의 정치적 배경을 분석하였다.

그리고 미야모토 사토루[9]의 '일본의 대북원조와 제재: 일본정부에 의한 원조와 제재의 관련성' 연구는 일본정부의 대북한 원조와 대북한 제재 문제가 일본국회에서 어떻게 논의되었으며 그리고 그것들이 어떠한 관계에 있는가를 분석하였다. 특히 대북한 제제가 시작되면서 일본국회에서 논의되는 제제를 위한 법률정비를 잘 분석하였다.

셋째로, 아사다의 유엔에 의한 북한제재와 관련 연구[10]는 2006년부터 북한이 핵실험과 탄도미사일 발사를 실시한 이후 실시된 구체적인 결의 들이 구체적으로 어떻게 이행되었는가에 관한 연구로 직접 북한제재 전문가 패널에서 활동한 경험을 바탕으로 연구되었다.

마지막으로, 히라이 히사시의 연구[11]는 북한의 국가시스템의 변천을 연구하고 오늘날과 같은 형태의 권력구조가 어떻게 형성되었는가를 설명하였다. 이러한 연구는 김정은 체제로 권력계승이 어떻게 이루어지는가를 알 수 있는 좋은 연구이다. 이러한 연구는 일본이 북한과 관계를 형성해 나가는 데 중요한 논리를 제공할 것이다.

이상의 연구를 통해 확인할 수 있는 것은, 일본의 대북한 정책의 기본

---

8) 이기완, 「스톡홀름 합의'와 일본의 대북제재 해제의 배경」, 『국제정치연구』제17집 2호(동아시아국제정치학회, 2014).

9) 미야모토 사토루, 「일본의 대북원조와 제재-일본정부에 의한 원조와 제재의 관련성」, 『일본공간』9호(도서출판 선인, 2011).

10) 浅田正彦, 「国連による北朝鮮制裁と輸出管理」(CISTEC Journal, 2011.1).

11) 히라이 히사시 저(백계문・이용빈 옮김), 『김정은 체제: 북한의 권력구조와 후계』(서울: 한울 아카데미, 2012).

방침은 대화와 제재를 동시에 병행하고 있음을 알 수 있다. 한편으로는 일본의 독자적인 제재를 통해 북한을 대화의 장으로 나오도록 유도하면서, 다른 한편으로는 미국과 국제기구의 제재에 동참하면서 일본의 정책적 목표를 달성하려고 하고 있다. 특히 2016년 2월 10일 발표된 아베 정부의 '일본정부의 독자적인 대북제재 조치'[12]는 이러한 것을 뒷받침해 주고 있다. 일본의 정책이 '대화와 압력', '행동 대 행동'이라는 방침 아래 납치·핵·미사일과 같은 현안을 포괄적으로 해결하려고 한다.

이 글에서는 고이즈미 정권이 전개한 북일 간의 대화와 압력에 관한 선행 연구들의 연구사적 의미를 교훈으로 삼으면서, 그러한 연구들이 제공하지 못한 부분을 보완하는 형태로 연구를 진행하였다. 고이즈미 정권과 그 이후에 전개된 '대화와 압력'이라는 틀 속에서 진행된, 일본의 대북한 정책의 핵심인 대화와 제제의 여러 진행 상황들을 설명할 것이다. 그리고 일본의 대북한 정책이 납치문제 해결만이 아니라 핵실험, 미사일 발사 등을 둘러싸고, 점점 인도적 지원으로부터 경제제재 쪽으로 진행되고 있음을 보여줄 것이다. 이러한 과정에서 일본정부는 독자적인 제재 조치와 국제적인 제재의 틀을 잘 활용하고 있음을 설명할 것이다.

일본의 대북한 인식과 제제

냉전종식 이후 일본정부의 대북한 인식은 북일 간의 현안 문제를 중

---

12) 「我が国独自の対北朝鮮措置について」(2016년 2월 10일).

심으로 전개되었다. 먼저, 김일성이 사망하고 일본은 북한과 관계 정상화
를 위해 노력을 기울였다. 특히 사회당의 무라야마 전 총리의 방북으로 북
일 간의 관계 정상화의 환경이 조금씩 달라지기 시작하였다. 북일 간에 공
동발표문이 작성되는 등 불행했던 과거를 청산하면서, 일본은 국교정상화
의 교섭 재개를 희망하였으며, 인도적인 문제 해결의 중요성을 합의하였다
는 것은 매우 중요한 진전이었다. 이러한 상황에 이르자 자민당의 외교부
회도 조기에 교섭을 바라는 입장을 보이기 시작하였다. 물론 일본 외무성
은 적극적이었으나 식량지원에는 보다 신중론이 제기되었다.

다음으로, 북한이 자연재해 등으로 어려움에 직면했을 때 일본은 인
도적인 지원으로 대응하면서 북한과의 관계를 유지하였다. 그러나 일본인
납치피해자 문제가 북일 간의 현안이 되자 일본정부는 대북한 강경론의 입
장을 취하였다.

1) 각 정당들의 인식

먼저, 자민당은 북한이 핵실험과 미사일 발사를 하는 등 공격적인 모
습을 보이자 특정선박의 입항금지 법안을 성립시키는 등 '대화와 압력'을
기본으로 하는 강경한 정책을 전개하였다. 1998년 8월 대포동 발사 사건
이후 자민당은 북한선박이 일본에 입항하는 문제에 의문을 갖기 시작하였
다. 왜냐하면 북한선박의 수·출입과 송금 문제 시 의혹이 제기될 수 있기
때문이었다. 당시 총련계 신용조합들이 줄도산하는 상황에 이르자, 혹시
도산 원인이 북한과 깊은 관계가 있는 것이 아닌가 의혹들이 제기되기도
하였다[13].

2004년 이후 자민당의 대북한 인식은 특정 선박의 입항금지법안 성립에 이르는 과정에서 잘 나타나 있는 것처럼, 기본적으로 '대화와 압력'에 기초하였다. 일본은 송금정지와 같은 제재를 가능하도록 하는 법 개정을 통하여 자국이 북한에 경제제재를 할 수 있도록 하였다. 자민당은 고이즈미 수상의 방북과 북일정상회담이 진행되는 상황에서 소극적인 태도도 보이긴 하였지만, 일본은 대북한 제재가 가능하도록 법률들을 정비해 나갔다. 자민당의 행동은 납치문제와 핵문제를 해결하기 위하여 단계별 제재가 필요함을 강조하였다.14)

2013년에 접어들어 북한이 2월 12일 3번째 핵실험을 강행하자 일본은 야마타니 납치문제대책본부장과 츠카다(塚田一郎) 사무국장, 기시(岸信夫) 외교부회장, 나카야마(中山泰秀) 국방부회장 등은 총리관저를 방문하고 일본정부의 대북한 추가 제제를 건의하였다. 자민당은 제재 건의를 통하여, 북한의 불성실하고 도발적인 행동은 동아시아의 안전보장상 위협과 염려가 된다고 생각하고, 일본이 적극적으로 국제여론을 이끌고 북한에 대한보다 더 압력을 가할 필요가 있다고 강조하였다.15) 자민당이 생각하고 있는 대북한 제재는 '대북한 추가 조치에 관한 제안'16)에 잘 나타나 있다. 구체적인 제제 항목은 다음과 같다. ① 안보리가 새로운 제재조치를 강구하는 결의를 채택하려고 노력한다. 그때 동 결의 가운데 납치를 포함한 인도

---

13) 미야모토 사토루(2011), 173~174쪽.

14) 「北朝鮮に対する経済制裁5段階」, 『読売新聞』(2004년 11월 6일).

15) 自民党拉致問題対策本部, 「対北朝鮮追加制裁を政府に申し入れ」(2013년 2월 12일).

16) 自民党拉致問題対策本部(2013).

상의 연려를 포함시키도록 노력한다는 것이다. ② 북한으로 도항할 때 휴대할 수 있는 금액의 하한선의 인상과 1인당 그리고 연간 상한액을 설정하는 것, ③ 일본인의 북한도항과 재일조선인이 도항한 경우 재입국 금지 등 자민당은 9개 항목을 주문하였다.

2016년 1월 이후 자민당의 대북한 인식은 고이즈미 정부 때와 같이 대화와 압력을 중심으로 전개하고 있지만, 더욱 제재를 강하게 실시하는 방향으로 전개하고 있다.

다음으로, 민주당은 북한과의 관계정상화를 희망하면서, 외교관계를 정상화하는 것이 중요하다고 생각하였다. 특히 북한이 공격적으로 핵실험과 탄도미사일을 발사하는 행위는 강하게 비판하였다.[17] 마에하라 세이지(前原誠司) 의원은 총련 간부로부터, 조은(朝銀)으로부터 모금된 것을 자신들의 운영비로 사용하든가 북한으로 보내졌을 수도 있다는 것을 듣고, 일본정부의 공적 자금이 투입되는 총련계 신용조합에 문제가 있음을 지적하였다. 그리고 일본인 납치문제가 불거지자, 북한선박인 만경봉 92호의 입항금지에 대한 제재가 제안되었다.[18] 이처럼 민주당 내에서도 대북한 인식은 비판적이었다. 민주당이 총선거에서 승리한 이후 하토야마, 칸 정권기의 대북한 관계도 비판적인 모습을 보여주었다.[19]

민주당은 고이즈미의 정책을 비판하면서 독자적인 북한인권구제법을

---

17) 李鍾國, 「日本政府の「人間の安全保障」政策・人道支援から経済制裁へ」(『北朝鮮と人間の安全保障政策』(慶応義塾大学出版会, 2009).

18) 이종국(2009), 174~175쪽.

19) 이기완, 「일본의 정치변화와 북일관계」, 『국제관계연구』 제18권 제2호(고려대 일민국제관계연구원, 2013), 86~87쪽.

제출하는 등 노력을 기울였다. 그리고 북한이 구체적인 노력의 결과를 보여주지 않으면 국제사회와 함께 경제제재를 실시할 수 있다는 태도를 보였다. 그 이후 정부 여당으로서의 민주당의 대북한 관계는 별다른 결과 없이 끝났다. 민주당('민주당 정책조사회') 오카다 카츠야(岡田克也) 대표는 북한의 수폭실험에 엄중히 항의하는 담화를 발표하였다(2016년 1월 6일) "일본뿐만 아니라, 아시아의 평화 국제평화를 위협하는 폭거로 결코 용인할 수 없다. 유엔안보리 결의에 명백하게 위반하고 핵불확산 체제를 포함한 국제질서에 도전하는 바보 같은 행위라고 강하게 비난하고 북한에게 엄중하게 항의하였다". 그리고 그는 "북한은 이번 핵실험을 수소폭탄이라고 하고 있지만, 만약 사실이라고 한다면, 핵위협은 현저히 증가하였다고 말하지 않을 수 없다"고 비판하였다. 일본정부는 북한의 의도나 핵개발 현상에 대해 정확한 정보수집과 분석을 행하고 일본의 안전을 위해 만전을 기해야 한다고 말했다. 또한 미국을 시작으로 한국, 중국, 아시아 등 국제사회와 협조, 연계하면서 북한의 도발행위를 저지할 수 있도록, 그리고 안보리비상임이사국으로 리더십을 발휘할 수 있도록 정부에게 강하게 요구할 것[20]이라고 항의하였다.

민주당 오카다 대표담화는 북한의 탄도미사일 발사에 대한 엄중한 항의였다. 북한은 오키나와 상공을 통과하는 장거리 탄도미사일 발사를 강행하였기 때문이다. "1월 6일 감행한 핵실험에 이어 일본의 평화와 안전을 위협하는 폭거이며, 결코 용납할 수 없다"고 북한에 대해 엄중히 항의하고 강하게 비난하였다. 또한 이번 북한의 미사일 발사는 누차 유엔안보리 결

[20] 岡田克也, 「北朝鮮の水爆実験に厳重に抗議する」(2016년 1월 6일).

의에서도 명백하게 위반하였을 뿐만 아니라, 앞서 핵실험에 대해 국제사회가 북한에 대한 새로운 조치를 검토하고 있는 타이밍에서 강행되었다. 국제사회와 질서에 대한 명백한 도전이라고 말하지 않을 수 없다. 일본정부는 계속 경계를 감시하고 정보수집과 분석을 계속하고, 국민의 안전 확보와 정보제공에 만전을 기함과 동시에, 안보리 결의에 위반하는 북한의 핵개발·미사일 발사를 저지하여야 한다. 그리고 미국·한국·중국 등과 긴밀하게 연계 협조하면서 새로운 실효성 있는 안보리 결의 채택을 실현하여야 한다. 또한 납치문제의 해결을 향해 전력을 기울여야 한다는 것을 요구하였다.[21]

공명당은 위에서 설명한 자민당과 민주당처럼 모든 납치피해자들의 귀국을 요구하면서 정부 간 협의와 6자회담을 통한 문제해결을 요구하였다. 그리고 공명당은 북한이 핵과 미사일 발사를 통하여 위협적인 행위를 계속하는 것에 대해서는 경제제제와 같은 압력을 가하는 것도 검토하였다. 2016년 유엔이 실시한 새로운 결의안에 대해 공명당은 적극적인 지지를 보냈다.[22] 먼저, 유엔은 북한이 4번 실시한 핵실험과 사실상의 장거리 탄도미사일 발사를 강행한 북한에 대해 제재를 강화하는 새로운 결의를 채택한 것에 지지를 보냈다. 그리고 북한에 출입하는 화물 전체를 검사하는 하여야 한다는 유엔의 유엔가맹국에 처음으로 의무를 지운 조항이 매우 중요하다는 인식을 공유하고 있다. 셋째로 지금까지 대북한 제재 결의는 핵과 미사일 개발에 사용되는 금수물자를 북한의 항공기와 선박이 적재하였을 의심이 있는 경우만 실시한 것은 불충분하다고 생각하고, 이번 결의는 북한

21) 岡田克也, 「北朝鮮による弾道ミサイル発射に対し厳重に抗議する」(2016년 2월 7일).
22) 『公明新聞』(2016년 3월 15일).

을 향한 모든 물자를 각국이 공항과 항만에서 검사하지 않으면 안 된다고 인식하고 있다. 마지막으로 모든 유엔 가맹국이 일치단결하여 이행하지 않으면 안 된다고 생각하면서 이번이야 말로 북한이 핵과 미사일 개발을 포기하지 않으면 안 되며 국제적인 연계 강화가 불가결하다고 생각하고 있다.

위에서 본 것처럼 일본의 각 정당들의 대북한 정책은 큰 틀에서 별 차이가 없었으며, 납치문제나 일본의 안전보장 문제에서는 모두 하나가 되어 대처하는 모습을 볼 수 있었다.

2) 북한제재 관련 논의

일본에서 대북한 제제 논의는 규범적인 측면과 경제제재, 그리고 제재 관련 법안의 성립과정을 둘러싸고 일본의 의회 논의를 중심으로 이루어졌다.

먼저, 규범적 측면에서 보면 탄도미사일 관련 활동과 핵관련 활동 두 가지가 있다. 먼저, 유엔은 북한에게 탄도미사일 기술을 사용한 발사를 실시하지 못하도록 요구하고 있다. 또한 미사일 계획과 관련된 활동을 정지하고 미사일 발사 모라토리움에 관한 기존의 약속을 재확인 하는 결정을 하였다. 유엔의 결정은 북한에게 유엔헌장 7장에 따라 법적 의무가 있음을 보여주는 것이다. 말하자면 2006년 이후 유엔에 의해 결정된 결의들은 북한에게 법적 의무가 있음을 구속하는 행위임을 제시한 것이다. 둘째로, 핵관련 활동과 관련하여 위의 두 가지 유엔 결의에서도 중요한 조치들이 요구되었다. 안보리는 북한에게 핵무기불확산조약(NPT) 복귀와 국제원자력기구(IAEA) 보장조치에 복귀하도록 요구하지만, 북한은 자주권 행사로 대응하고 있다. 즉 북한은 유엔의 결정을 무시하고 있는 상태다.

그리고 유엔 결의는 북한에게 광범위한 경제제재를 실시하도록 하고 있다. 먼저, 무역 관련 조치를 보면 국제적인 수출 관리 레짐에서 사용되고 있는 목록이 사용되고 있다. 핵무기 관계에서는 NSG의 부속서 목록이 사용되고, AG의 각종 목록 및 MTCR의 부속서 목록이 사용된다.[23] 이들 수출 관리 레짐은 조약에 기초하지 않은 제도이지만, 유엔안보리 문서에서 여러 가지 목록을 안보리 문서로 제출하였다. 또한 '북한제재위원회'가 지정한 다른 품목이나 기술들도 제재의 대상이 되었다. 이러한 의미에서 보면 통상무기와 관련된 무역관련 조치들은 포괄적이다. 그리고 유엔 결의에서 채택된 내용들을 보면 2006년도 '결의 1718'에서 시작하여 2009년도의 '결의 1874'에 이르는 과정에서 그 품목의 대상이 점점 확대되었음을 알 수 있다. 둘째로는, 금융제재와 여행금지조치가 결의에 포함되었다. 개인과 단체에게 부드러운 제재(Smart Sanction)[24]를 가하는 것이다. 유엔이 지정하는 개인이나 단체들이 소유하고 있는 자금이나 기타 금융자산을 동결하여야 한다는 의무 사항이다. 그리고 여행금지조치로 유엔 가맹국들은 대상이 된 개인이 자국 영역 내로 입국과 통과를 막기 위한 필요한 조치를 취하도록 하였다. 셋째로 화물검사제도도 제재 대상에 포함되었다. 처음에는 협력하도록 요청하였지만, 2009년이 되면 화물검사나 화물압수·처분에 대하여 상세하게 규정하였다.[25]

---

[23] 浅田正彦(2011), 16쪽.

[24] 2013년 유엔결의안 2094에서 채택된 내용으로 제재 방법을 보다 영리하고 치밀하게 하자는 것이다. 당시 북한 단체 19개와 개인 12명과 관련된 해외재산을 동결하고 이들의 여행을 금지시킨다는 내용이다.

이상과 같은 유엔 결의와 관련하여 일본국내에서도 대북제제를 위하여 관련 법률의 개정을 둘러싸고 일본의 여·야당 다수의 의원들이 요구하는 분위기였다. 물론 반대자도 있었지만, 두 가지 법의 정비를 둘러싸고 진행되었다.

첫째, 1998년 9월 대포동 미사일 발사사건 이후부터 일본과 북한 사이에는 제재가 진행되고 있었으나, 북일 국교정상화 교섭의 재개로 대북한 식량원조는 해제되었다. 당시 일본은 이러한 상황하에서 북한의 금융제재를 위해 대북제재를 위한 법적 기반 정비가 요구되었으며, 그 일환으로 '외환 및 외국무역법' 개정이 필요하였다. 그러기 위해서는 다음과 같은 것은 전제조건이 필요하다. '일본이 체결한 조약과 그 외 국제적 약속을 충실히 이행하기 위해 필요하다고 인정되는 경우'와 '국제 평화를 위한 국제적인 노력에 일본이 기여하기 위해 특별히 필요하다고 인정되는 경우'이다.[26] 당시 일본국회에서는 예를 들면, 1998년 9월 10일 중의원 안전보장위원회에서 구로다 하루히코(黑田東彦) 국제금융국장의 답변은 "대북 금융제재를 위해서는 국제적인 협조가 필요하다"고 말하였다. 그리고 중의원 결산행정감시 위원회에서도 민주당의 우에노 기요시(上田淸司) 의원은 "대북한 부정 수출이 발생하지 않도록 구조를 바꾸어야 한다"고 주장하였다. 또한 자민당의 사카우에 요시히데(阪上善秀) 의원도 "일본에서 북한으로 보내진 자금이 무기개발에 사용되어서는 안 되며, 일본의 안전보장을 위하여 외환법 강화가 필요하다"고 강조하였다.[27] 이러한 상황에서 일본국회는 외환법

25) 浅田正彦(2011).
26) 미야모토 사토루(2011), 167쪽.

개정을 서두르지 않으면 안 되었다.

　그러나 북일 간의 교섭을 진행하는 일본정부의 입장에서는 외환법 개정에 소극적이었으며, 외국에서 규제되고 있지 않는데 일본만이 외환법을 적용하는 것은 적절하지 않다는 반대도 있어 소강상태였다. 그러나 미국에서 9·11 테러 등으로 일본정부는 적극적으로 보완적 수출규제 제도를 설치하면서, 2002년 '테러자금공여방지조약'을 비준하는 등 금융제재를 통한 대북한 압박을 시작하였다.

　둘째로, '특정선박의 입항금지에 관한 특별조치법' 관련 법률 정비도 외환법과 같이 제정비의 대상이었다. 북한이 선박을 통해 불법적인 무기를 수출입하는 등, 북한의 무기개발과 불법적인 송금을 막기 위한 것이다. 일본의 여·야당이 북한의 불법적인 행위를 막기 위하여 중의원의 여러 위원회를 통해 북한의 불법적인 행위에 대한 조사를 논의하면서, 일본인 납치문제를 해결하기 위하여 입항금지를 통해 북한을 제재하여야 한다고 주장하였다. 2002년 북일 정상회담을 통해 납치문제가 공식화되자, 미국과 일본은 북한선박의 입항금지 조치를 취할 준비를 하기 시작하였다. 2003년 일본의 의원들은 '대북한외교카드를 생각하는 모임'을 결성하여 특정 외국선박의 입항금지 법안의 작성과 수정을 주도해 나갔다.[28] 그러나 민주당과 자민당과 입장이 달라 각각 독자적인 법안을 제출하면서 대북한 제재 법안 제정에 노력하였다. 2004년 5월 고이즈미 총리가 방북하여 김정일과

---

[27] 미야모토 사토루(2011), 168쪽.

[28] 법안 관련 협의는 자민당과 공명당의 입장 차이로 어려움을 겪었지만, 2004년 3월 17일 공명당은 자민당의 법안을 인정하였다(미야모토, 위의 글, 177~178쪽).

평양선언 이행을 재차 확인하였으나, 일본 국내 여론은 납치문제의 진전이 없자 점점 북한을 비판하기 시작하였다. 고이즈미 총리는 북한과의 약속을 지키기 위하여 대북한 관련 제재 법안 제정에 소극적인 자세로 일관하였으나, 2004년 5월 25일 3당에 의한 특정선박의 입항 금지를 실시하는 법안을 수정하기로 합의하였다. 마침내 6월 3일 중의원 본회의, 6월 14일 참의원에서 법안이 가결되고 성립되었다.[29]

아베 정권의 대북한 관계와 제재

1) 아베 정부의 입장

납치문제가 일본외교에서 중요 문제로 부상한 것은 2002년 9월 고이즈미 정권기부터이다. 그때부터 납치문제는 일본의 대북정책 전개의 기준이 되었다. 당시 일본은 기본적으로 동북아시아의 안정과 안전보장이라는 차원에서 대북한 정책을 전개하였지만, 고이즈미 총리는 그들의 목표를 달성하기 위하여 비밀리에 북한에 접근하여 교섭을 시작하였다. 이전 총리들이 제안한 '인간의 안전보장' 정책을 스스로 실천에 옮기기 시작하였다.

아베 정부는 2006년과는 달리 2012년 정권 발족 이후 납치문제에 깊은 관심을 기울이며 최우선 정책과제로 설정하고,[30] 납치피해자 가족회의

---

[29] 미야모토 사토루(2011), 179~180쪽.

[30] 납치문제의 대응은 2006년 아베의 대북정책 3원칙과 동일하였다. 첫째로, 납치문제는 일본에게 제일 중요한 과제이며, 둘째로 납치피해자 전원의 문제가 해결되지 않으면 북한과 교섭할 수 없다는 것이다. 마지막으로, 납치문제 해결 없이는 국교정상화가 없다는 것이다.

활동에 깊은 관심을 기울였다. 고이즈미 정권기에 관방부장장관으로 북한과 교섭한 경험을 살려, 아베 총리는 2013년 1월 28일 소집된 중·참 양원 본회의에서 소신 표명 연설을 하면서 납치문제 해결을 강조하였다. "모든 납치피해자 가족이 자신의 속으로 육친을 포옹하는 날이 올 때까지, 나의 사명은 끝나지 않는다. 북한에게 '대화와 압력'의 방침을 관철하여, 모든 납치피해자의 안전 확보 및 일시귀국 납치에 관한 진상규명, 납치실행범의 인도 등 3가지 점을 향해 전력을 기울일 것이다[31]"라고 강조하였다.

그리고 2월 28일 국회에서 아베 총리는 북한의 핵실험을 비판하였다. 유엔안보리 결의에도 명확한 위반이며, 엄중히 항의하고 비난하였다. "북한이 평화와 번영을 바란다면, 이와 같은 도발적인 행동을 취하는 것은 어떠한 이익도 되지 않는다"고 주장하였다. 그리고 미국과 한국을 시작으로 중국과 러시아와 연계하여 단호한 대응을 해 나갈 것임을 주장하였다. 일본은 북한의 이러한 문제를 해결하기 위하여 납치, 핵, 미사일과 같은 현안들의 포괄적인 해결을 위하여 구체적인 행동을 취하도록 북한에게 강하게 요구할 것임을 밝혔다.[32]

2) 북한·일본의 실무회의

1999년 무라야마 전 총리의 방북 이후 일본은 북한과의 국교정상화 환경을 만들어 나가기 위하여 실무적인 차원에서 교섭을 계속하였다. 특히

---

[31] 第183回国会における安倍内閣総理大臣所信表明演説(2013년 1월 28일).
[32] 第183回国会における安倍内閣総理大臣施政方針演説(2013년 2월 28일).

일본은 2000년 1월 고이즈미 전 총리의 국회 시정연설 이후 북한과 교섭을 위한 대화를 중요시하였다. 대체로 대화의 내용은 국교정상화 문제, 식량 문제, 안전보장 문제 등을 중심으로 진행되었다. 특히 고이즈미 정부의 대 북한 정책이 적극적으로 진행되면서, 북일 양국은 포괄적으로 교섭을 진행 하였다. 납치문제가 고이즈미 정권에서 최우선시한 현안이었지만, 일본의 여론은 "납치문제 조기 해결 없이는 대북한 관계의 정상화는 있을 수 없다" 고 강하게 비판하였다.

2008년 6월 베이징에서 북일 간 실무회의가 계속 진행되었다. 일본은 모든 납치피해자의 귀국과 진상규명, 피의자 소환을 요구하였다. 그리고 북한이 납치문제를 포함해 여러 현안문제를 해결하기 위하여 노력한다면 일본은 제재 중인 조치의 일부를 해제할 용의가 있음을 제시하였다. 북한 은 납치문제는 "이미 해결되었다"고 거듭 주장하면서, 납치문제 해결을 위 해 앞으로도 재조사를 실시할 것이라고 약속하였다. 8월 센양(瀋陽)에서는 지난 번 회의에서 설명된 내용을 구체적으로 논의하였다. 북한은 권한이 부여된 조사위원회를 만들어 모든 납치피해자를 대상으로 생존자를 발견 하면 귀국시키기 위하여 전면적으로 재조사를 실시할 것이라고 설명하였 다. 일본 측은 인적 왕래의 규제해제 및 항공전세기 편의 규제해제를 실시 할 용의가 있음을 논의하였다[33].

몽골의 울란바토르에서 2012년 11월 4년 만에 북일 간의 협의가 진행 되었다. 납치문제를 중점적으로 다루면서 의견 교환을 실시하였다. 그동안 의 경위와 각각의 생각을 논의한 후 앞으로 협의를 계속하기로 하였다. 일

---

33) 外務省, 『北朝鮮による日本人拉致問題』(2015), 8쪽.

본은 납치 가능성을 배제할 수 없는 사안에 대해서도 북한에게 제기하고 논의를 하였다. 두 번째 회의가 예정되었으나 북한이 12월 1일 미사일 발사를 예고하였기 때문에 연기되었다.[34]

2014년 3월 3일, 19일 그리고 20일 센양(瀋陽)에서 북일 적십자 회담을 이용하여 과장급 실무단 비공식 의견교환을 실시하고 정부 간 협의 재개를 조정하기로 하였다. 그리고 센양 회의를 이어서, 30일과 31일 베이징에서 정부 간 협의를 진행하였다. 쌍방이 관심을 가지고 있는 여러 현안에 대해 폭넓게 논의하고 앞으로도 협의를 계속하기로 하였다. 납치문제에 대해서도 지금까지의 논의를 바탕으로 일본 측의 기본적인 생각에 대해 문제제기를 하였다.

5월에는 스웨덴의 스톡홀름에서 북일 정부 간 회의가 진행되었다. 북한 측은 납치피해자를 포함한 모든 일본인에 관한 포괄적이고 전면적인 조사의 실시를 약속하였다. 일본 측은 북한 측에게 이와 같은 움직임을 바탕으로 북한 측이 조사하기 위하여 '특별조사위원회'를 설치하고 조사를 시작한다는 점을 평가하고, 일본이 독자적으로 조치의 일부를 해제하기로 하였다.[35] 북일 간의 스톡홀름 회의는 지금까지 진행되던 실무회의와는 달리 납치문제에 관하여 북한이 입장의 변화를 가지고 왔으며,[36] 일본의 비공식 접촉의 효과가 나타난 기회였다고 볼 수 있다.

2014년 7월 1일 베이징에서 북일 정부 간 협의가 진행되었다.[37] 북한

---

34) 外務省, 『北朝鮮による日本人拉致問題』(2015), 9쪽.

35) 外務省(2015).

36) 이기완(2014), 159쪽.

측은 '특별조사위원회'의 조직과 구성, 책임 등에 관한 설명을 하고, 일본 측은 그 위원회의 모든 기관을 대상으로 조사를 행할 수 있다는 권한이 부여되어 있는지의 관점으로부터 집중적으로 질문하였다. 7월 4일 북한은 국영방송을 통하여 특별조사위원회의 권한, 구성, 조사 방법 등에 대하여 일본이 이해할 수 있도록 그 취지의 내용을 국내외에 공표하고, 납치피해자를 포함하는 일본인에 관한 조사 시작을 발표하였다. 이에 대응하는 차원에서 일본은 인적 왕래의 규제조치 및 특별한 규제조치 등 제제의 일부를 해제하면서 동시에 인도 목적의 북한국적 선박의 입항을 인정하기로 하는 조치를 단행하였다.

3) 납치문제 해결 노력과 제재

북일 관계의 교섭이 진행되면서 어느 정도 안정화되었으나, 2015년 7월 북한의 통고가 없자 일본은 독자적인 제재를 시작하였다. 그러자 북한은 2016년 1월 6일 4번째 핵실험을 실시하고, 2월 7일 미사일 발사를 실시하여 세계를 놀라게 하였다. 그 결과 일본은 2016년 2월 10일 일본은 독자적인 제재 실시를 발표하였다. 일본정부의 대북한 정책의 기본 원칙은 '대화와 압력'이다. 그리고 목표는 모든 일본인 납치피해자를 전원 구출하겠다는 것이다. 그리고 핵실험, 미사일 발사 등에 대한 도발행위를 즉각 중단시키는 것이다.

납치문제를 해결하기 위한 일본의 제재 실시를 위한 구조를 보면, 국

---

37) 外務省(2015).

내에서는 먼저, '납치문제대책본부'를 발족하여 납치문제를 해결하기 위하여 전략적인 노력과 종합적인 대책을 추진하여 나갔다. 그리고 일본정부에 의한 수사와 조사가 진행되었다. 북한에 의해 일본인 납치 및 가능성을 배제할 수 없는 사안에 대해 이미 귀국한 납치피해자들의 협력을 얻어가면서 철저한 조사와 수사를 진행하였다. 그 결과 12건 17명에 대한 납치피해자를 확인하게 되었다.[38] 경찰은 납치사건에 대한 철저한 조사를 통해 북한 공작원이 관여한 사실을 파악하여 국제수배를 진행하였다. 2013년 3월 경찰청외사과에 설치한 '특별지도반'에 의한 지도·조정, 가족들로부터 DNA 감정자료 채취, 경찰청 웹사이트에 납치 가능성이 있는 사안에 대한 게재를 하는 등 진상규명에 노력을 기울이고 있다.[39] 납치문제의 실태를 해명하고 억지할 목적으로 '납치문제 그 이외 북한당국에 의한 인권침해 문제에 대처하기 위한 법률'을 공포, 시행하였다(2006년 6월). 그리고 북한에 대한 제재 조치들이 진행되었다. 2006년 이후 북한은 미사일을 발사하였다. 그 이후 북한은 국제사회의 경고에도 불구하고, 계속 미사일을 발사하고 핵실험을 실시하였다. 이러한 북한의 도발에, 일본은 유엔안보리 결의에 기초한 대북한 제제조치에 더해 북한으로 도항 자숙 요청, 북한국적자의 입국금지, 북한국적 선박의 입항금지 등의 대북한 조치를 실시하였다.[40]

국제적으로 납치문제를 해결하기 위하여,[41] 먼저 일본은 유엔을 통하

---

38) 外務省, 『北朝鮮による日本人拉致問題』(2015), 15쪽.

39) 外務省(2015), 15쪽.

40) 外務省, 『北朝鮮による日本人拉致問題』(2015), 16~17쪽.

41) 外務省, 『北朝鮮による日本人拉致問題』(2015), 11~14쪽.

여 납치문제를 제기한다. 특히 EU와 공동으로 북한의 인권상황 결의를 인권이사회와 유엔총회에 제출하였다 또한 인권이사회에서 북한의 인권상황에 관한 유엔조사위원회 설치할 것을 제안하여 채택되었다. 그 결과 2014년 2월 최종보고서를 채택하였다.

둘째로, 일본정부는 6자회담을 통하여 납치문제를 다루려고 노력하였다. 2005년 9월 공동성명에서 납치문제를 포함한 여러 현안을 해결하는 것이 6자회담의 목표의 하나라고 평가되었다. 그리고 2007년 2월 성과문서에서 북일국교정상화를 위한 작업분과 설치가 결정되고 구체적인 행동을 실시하는 데 납치문제가 현안 사항으로 포함되었다.

셋째로, 일본정부는 다자간의 틀 속에서 납치문제를 다루어 왔다. 일본정부는 G7정상회의, ASEAN관련 정상회의 등 다국 간 회의를 통하여 납치문제의 중요성을 설명하고 일본정부의 준비 태세를 설명하고 있다. 마지막으로 2국 간 회의를 통하여 한국·미국·중국·러시아를 시작으로 각국의 정상들에게 그리고 외무장관 회의에서 납치문제를 다양하게 설명하였다.

일본정부가 납치문제를 해결하기 위하여 국내외적으로 적극적인 활동을 해나가자, 북한은 조사위원회에게 특별 권한을 부여하고 중요 기관의 간부가 관여하도록 하였다.[42] 당시 아베 총리는 북한이 특별위원회를 설치하자, 행동 대 행동으로 대응할 것이며, "국가적인 결단, 의사결정이 가능한 체제"라고 평가하면서 대북제재의 일부를 해제하였다. 일본은 북한의 특별조사위원회의 권한은 국방위원회로부터 북한의 모든 기관을 조사할 수 있으며, 필요에 따라서 참가 관계기관 및 다른 관계자에 대해서도 조사

---

42) 『読売新聞』(2014년 7월 3일 석간), 3쪽.

에 동원할 수 있는 권한이 부여되었다고 판단하였다. 이러한 일본의 판단은 북한과 교서하는 과정에서 북한이 2004년도와는 달리 대응하였기 때문이다. 즉 특별조사위원회의 구성과 체계 등을 보면 국가안전보위부, 인민보안부, 인민무력부, 인민정권기관 그 이외 다른 기관이나 관계를 포함한 전체 30명 정도, 4개 분야를 조사 대상으로 하면서 납치피해자, 행방불명자, 일본인 유골 문제, 잔류 일본인 배우자 4개 분야를 대상으로 분과회를 구성하였다.

아베 총리는 북한이 특별조사위를 통해 일본이 요구하는 사항을 실천에 옮길 것이라는 긍정적인 판단을 하면서, 재조사가 납치문제의 전면적 해결에 연결되지 않을까 기대감을 가졌다. 당시 일본정부는 제재를 해제하는 데 있어서 김정은 제1서기와 거리감을 중시하는 입장을 취하였다. 특별조사위원회의 위원장은 서태하가 취임하였다. 그는 국방위원회와 국가안전보위부를 겸하였다. 그리고 군과 비밀경찰의 관여가 보장되었으므로 일본정부는 북한이 정말로 재조사에 임할 것 같다는 판단을 하였다.

이러한 상황에서 일본정부는 독자제재의 일부 해제에 머물렀다. 그리고 상업 목적의 선박입항이나 항공특별기에 대한 금지 부분 등은 해제 대상 외로 하고, 유엔안보리 결의에 기초한 제제조치는 계속 이행하면서 국제사회와의 연계를 유지하는 자세를 보였다[43].

야마타니 에리코 납치문제 담당 대신은 취임 후 처음으로 2014년 9월 7일 가나자와 시에서 열린 '납치문제의 조기해결을 바라는 국민집회'(정부 등 주최)에 출석하여 "대화와 압력의 자세를 관철하고 정부는 일체가 되어

---

43) 『読売新聞』(2014년 7월 3일 석간), 3쪽.

납치문제에 몰두할 것"이라고 다짐했다. 북한에 의한 납치문제 조사 보고에 대해서는 9월 중에 기대하고 있지만, 언제 어떠한 형태로 올 것인가 말할 단계는 아니라고 말했다. 그리고 약 600명이 참가한 집회에 납치피해자 가족대표의 이츠카(飯塚繁雄)가 출석하여 재조사에 대해 "해결을 이끌어낼 천재일우의 기회다. 다음은 없다. 처음이자 마지막이다"라고 호소하였다.[44] 이 단계에서 보면 납치피해자 가족들은 일본정부가 북한의 납치문제 특별조사위원회의 활동을 어느 정도 평가하는 것과는 달리, 북한의 대응에 기대를 하지 않는 분위기였다.

2015년 7월 2일 북한이 베이징의 일본대사관에 보고서가 늦어지고 있다는 내용을 보내왔다. 이를 접한 일본의 아베 총리는 즉각 기시다 외무상과 야마타니(山谷えり子) 납치문제 대신에게 북한을 움직일 수 있는 수단을 강화하라고 지시하였다.[45] 일본외무성은 북한에게 신속한 조사를 통해 모든 납치피해자의 귀국을 포함한 문제 해결을 요구하였다. 그리고 일본 정부는 2014년 7월 1부터 1년간 아무런 보고가 없었으므로 북한에게 불신 감을 강하게 보였다. 일본은 납치피해자들은 철저히 관리 아래 있으므로 최고결정자의 결단이 있으면 가능하다고 생각하였다. 1년의 기간을 확인하고 연락을 보냈다는 것은 일본과 대화할 의지는 있다는 표현일 것이라고 판단하면서 계속 대화의 의지의 표현이라고[46] 생각하였다. 아베 정부는 북한이 경제지원국인 중국과 관계가 좋지 않고 국제적으로 점점 고립되어

---

44) 『朝日新聞』(2014년 9월 8일).
45) 『読売新聞』(2015년 7월 4일), 3쪽.
46) 『読売新聞』(2015년 7월 4일), 3쪽.

가는 상황에서 고립을 피하기 위하여 일본과의 관계를 계속 지속하고 싶은 상황이었을 것이다. 이러한 상황에서 아베 정부는 수면 아래에서 북한과 교섭의 파이프를 유지하면서 끈질기게 교섭할 방침이었다.

7월 3일 중의원 '일본 및 국제사회의 평화안전법제에 관한 특별위원회'에서 자민당의 기바라(木原誠二) 의원은 "납치조사가 시작된 지 1년을 맞이하면서, 일본정부의 '대화와 압력, 행동 대 행동이라는 원칙 아래 진행되고 있는 교섭이 약간 정체되어 있지 않은가?'라는 질문에, 아베 총리는 계속 '대화와 압력', '행동 대 행동'의 원칙을 관철해, 모든 납치피해자의 귀국이 실현될 수 있도록 전력을 다하겠다"고[47] 답변하였다.

아베 정부는, 북한이 특별조사위원회를 설치하여, 납치피해자의 조사를 개시한 이래 1년을 맞이하면서 일본은 작년 5월 '스톡홀름 합의'를 성실하게 이행해왔다. 조사에 대해 북일 간 합의된 구체적인 기간이 있었던 것은 아니지만, 조사 시작부터 1년이 경과한 지금에 이르기까지 납치피해자의 귀국이 실현되고 있지 않아 유감이다[48]라고 설명하였다.

당시 아베 총리는, "이 건은 베이징의 대사관 루트로 움직이도록 하고 있지만, 북한 측으로부터 모든 일본인에 관한 포괄적 조사를 성실하게 행하고 있지만, 어느 정도 시간이 걸릴 것이다라는 연락이 있었습니다. 정부로서는 유감스럽지만, 북한으로부터 구체적인 움직임을 빠른 시간 내에 끌어낼 수 있도록 압박을 강화하는 것, 외무대신이나 납치문제 담당 대신 야

---

47) 衆議院 第189回 国会, 「我が国及び国際社会の平和安全法制に関する特別委員会」(2015 년 7월 3일).

48) 衆議院 第189回 国会, 「我が国及び国際社会の平和安全法制に関する特別委員会」(2015 년 7월 3일).

마타니 대신에게 이 뜻을 전달하였다. 그 결과를 지켜보면서 일본정부로서 앞으로 대응을 판단해 갈 생각이다"라고 설명하였다.

한편, 납치피해자 가족들은 북한의 보고서 연기에 강하게 반발하며, 일본정부에게 제재 강화를 요구하기도 하였다. 그리고 지원조직인 '구원회'는 공동으로 성명을 발표하였다. "귀국이 실현될 가능성이 없다면 강력한 제재를 할 수밖에 없다"고 주장하였다. 1년 동안 참아온 피해자 가족들은 일본정부에게 설명을 요구하면서, 분노의 향방은 일본정부로 향해졌다.

4) 경제제재의 본격화

2015년 5월 26일 북일 합의가 1년이 되는 해로, 일본의 스가(菅) 관방 장관은 25일 기자회견을 통해 '원칙론'을 반복하였다. 북한은 2014년 5월에 합의하고, 7월 합의에 기초하여 특별조사위원회를 설치하고 첫 보고를 늦여름이나 초가을에 보고를 할 것이라고 주장하였다. 이러한 북한의 입장을 접하고 일본은 인적 왕래 규제 등 일부를 해제하였다.[49]

그 이후 아베 총리는 2014년 5월 29일 스톡홀름에서 북일 정부 간 협의 이후 북한의 보고서 제출 기간이 지났음에도 불구하고 아무런 진전이 없는 상태를 맞이하였다. 물론 왜 이러한 상태가 계속되고 있는가?의 의문과 관련하여, 아베 정부 내에서는 외무성과 다른 특별 루트로 북일 간의 교섭이 진행되는 가운데 아베 총리는 다른 루트를 사용하였을 가능성이 높다.[50] 그러나 북일관계는 북한의 약속 불이행과 계속되는 북한의 핵실험

---

49) 『朝日新聞』(2015년 5월 26일) 3쪽.

과 미사일 발사로 점점 교섭의 단절을 넘어 제재 국면으로 돌입하였다. 2016년 이후의 대북한 경제제재 문제는 유엔안보리 결의와 미국이 강력하게 제재법안을 채택하면서, 본격적으로 진행되기 시작하였고, 일본의 독자적인 제재조치도 진행되었다.

(1) 경제제재 실시 배경

북일 양국은 2013년 연말부터 비밀접촉을 개시하고 2014년 5월 '스톡홀름 합의'[51]에서, 일본은 북한에 대한 제제를 일부 완화하기로 하는 대신에 북한은 납치피해자를 포함한 모든 일본인의 재조사를 약속하였다. 북한은 2014년 7월 비밀경찰에 해당하는 국가안전보위부가 인솔하는(지도하는) 특별조사위원회를 설치하고 조사를 시작하였다. 당초 2014년 가을까지 조사 결과를 일본에 통보하는 방향으로 조정하였지만 실현되지 않았다.

그러자 일본에서는 2015년 5월 26일부터 북한제재 강화론이 점점 강하게 등장하였다.[52] '스톡홀름 합의' 1년을 맞이하는 시점에서, 7월 조사 종료 1년이 지날 경우는 1년 전에 해제한 제재를 부활시키는 쪽으로 스가(菅) 관방장관은 "북한이 신속하게 조사하여 정직하게 결과를 통보해주기를 바라며, 피해자의 귀국을 위해 전력을 기울이겠다"는 원칙론을 반복하

---

50) 『週刊朝日』(2015년 12월 18일) 22쪽.

51) 2014년 5월 북일 정부 간 협의에서 북한이 납치하였을 가능성이 있는 모든 일본인을 대상으로 전면조사를 행한다는 약속, 일본정부는 같은 해 7월 재조사를 행하는 특별조사위원회가 설치되었다는 것을 접하고 인적 왕래나 송금 등 북한제재의 일부를 해제하였다.

52) 『読売新聞』(2015년 5월 26일), 3쪽.

였다. 그러나 납치피해자 가족들은 지금 보고서는 필요 없다. 강한 실망감을 보이며 "보고보다 피해자를 즉각 돌려보내라"고 해야 하는 것이 최우선이라고 주장하였다.

2016년에 접어들어 이하라(伊原純一) 아시아대양주 국장이 북한 측과 여러 차례 협의하였으나, 북한은 일본인의 유골이나 잔류자에 관한 보고를 선행시키려고 하였다. 반면 일본은 납치문제를 내버려두는 것은 인정할 수 없다고 주장하면서 평행선을 오가는 회의가 계속되었다. 이러한 국면을 타결하기 위하여 아베 총리의 방북까지 생각하였으나, 그러나 충분한 성과를 얻는다는 확증이 없이 결단하지 못하였다는 것이다. 그 이후 북일 간의 직접교섭이 중단되는 가운데 일본정부는 국제사회와 연계하여 북한에 대한 압력을 강화하기 시작하였다.

2015년 7월 북한이 회담의 연기를 통고해 오고 교섭은 지체되었다. 북한은 2016년 2월 12일 조사의 전면 중지를 선언하면서 동시에 일본에 대해 "보다 강력한 대응조치가 계속될 것이다"고 경고하였다. "오늘의 중대한 결과를 낳은 모든 책임은 아베 정권이 책임을 지지 않으면 안 된다"고 주장하였다.

이러한 상황에서 아베 정부는 '스톡홀름 합의'를 기초로 납치피해자 문제를 해결하기 위하여 대화를 창구를 열어 놓고, 북한이 대화의 국면으로 나오게 하기 위하여 한미일 협력을 강화하고 일본 독자적인 제재를 계속해 나갈 선택을 하였다.

2016년 1월 6일 북한은 제4차 핵실험을 단행하였다. 과거 3차례의 핵실험으로 북한은 유엔안보리가 결의를 채택하고 제재를 실시하였다. 미국은 제재를 통하여 북한의 체제를 압박하여 비핵화 교섭의 장으로 나오게 하려는 것이다. 이러한 상황에서 아베 총리는 국제사회와 연계하면서 한편으로는 일본이 독자적인 제재 강화도 생각하기 시작하였다.[53]

북한은 2016년 2월 12일 일본인 납치피해자 재조사의 중지를 공식적으로 발표하였다. 일본정부는 재조사는 계속되어야 하며, 일본은 합의를 파기하지 않고 대화를 진행하여야 한다는 입장으로 대응하였다.

(2) 강화되는 경제제재

아베 정부의 대북한 경제제재는 새로운 제재 강화와 국제적인 제재를 동시에 시작하였다는 점에서 과거의 제재와는 다르다. 즉 유엔안보리 제재, 주변국의 제재, 일본 자체의 제재 등을 통하여, 아베 정부는 납치피해자 문제에서는 계속 북한과 접촉을 진행하면서 다른 부분에서는 한미일 공조를 통한 제제를 실시하고 있다.

북한에 의한 납치피해자들의 재조사 시작부터 1년 반이 지났지만 아무런 결과가 없자 납치피해자가족회와 '구원회(救う会)'는 7일 도쿄 도내에서 기자회견을 열었다.[54] 전날 북한이 행한 핵실험을 비판하면서 동시에 납치문제의 조기 해결을 호소하였다. 가족회 대표 이츠카 시게오(飯塚繁雄) 씨는 핵문제가 있어도 납치문제를 방치해서는 안 되고 최우선하지 않으면 안 된다는 입장이었다. 요코다 메구미씨의 어머니 사키에 씨도 "북한이 납치든 핵이든 나쁜 것을 하고 있다는 것을 세계는 알고 있다. 유엔이나

---

[53] 『朝日新聞』(2016년 1월 6일), 2쪽.
[54] 家族会·救う会, 『北朝鮮特別調査委員会立ち上げ一年半と核実験, 家族会·救う会 会見』(2016년 1월 7일).

국제사회는 강하게 움직여 주길 바란다"고 호소하였다. 구원회 회장 니시오카 츠토무(西岡力) 회장은 "핵실험도 폭거이지만 재조사로부터 1년 반이 지나도 1명도 돌아오지 못하는 것도 폭거"라고 비판하면서 납치문제와 핵실험을 이유로 국제사회가 북한에 대한 제재를 강화해주기를 바랐다.

2월 7일 북한은 장거리 탄도미사일을 발사하였다. 1월 6일 제4차 핵실험을 한 지 불과 1달 뒤의 일이었다. 국제사회는 신속하게 대응하여 유엔안보리에서 제재 결의의 성명을 냈다. 한미일 3국도 공동 기자회견을 하는 등 북한의 위협에 신속히 대응하여 한층 더 압력을 강화하였다. 아베 총리는 2월 8일 '정부·여당 연락회의'에서 "납치, 핵, 미사일과 같은 여러 현안을 해결하기 위하여 독자적인 조치를 과하는 방침을 굳혔다"고 설명하면서, 북한에게 단호한 태도로 임하는 자세를 강조하였다. 이미 일본은 유엔안보리 결의 이전에 독자적인 제재를 실시하겠다는 강한 의사를 국내외에 표시하였다. 일본은 2015년 7월 북한에게 행한 일부 제재 해제를 부활시켜 제재를 강화하려 하였다.

일본정부는 2월 7일 '납치문제 관련 4장관 회의'를 개최하였다. 아베 총리는 "북한에 여러 번 안보리 결의의 완전한 준수를 요구하고 핵실험이나 탄도미사일 발사 등과 같은 도발행위를 하지 말도록 강하게 요구하였다"고 설명하였다. 또한 납치문제는 아베 정부에게 있어서 아주 중요한 과제로 빠른 시일 내 납치피해자의 귀국을 요구해 왔지만, 아직도 해결되고 있지 않고 있다고 언급하였다. 일본은 그동안 북한이 4번에 걸친 핵실험이나 장거리 탄도미사일 발사는 일본의 안전에 직접적이며 중대한 위협이 된다고 인식하고 있으며 북동아시아 국제사회의 평화와 안전에 현저한 손해를 끼치므로 결코 용인하지 못한다는 입장을 견지하고 있다.[55] 일본정부는 북한의 이러한 납치·핵실험·미사일 문제를 해결하기 위한 가장 유효한 수단이 자신들의 독자적인 제재조치라고 생각하였다. 일본정부는 구체적인 조치로 2월 10일 '일본정부가 선택한 독자적인 대북한 조치'[56]를 발표하였다. 그 내용을 보면 먼저, 인적 왕래에 관한 규제조치를 실시한다는 것이다. 북한국적자의 원칙적인 입국금지, 재일북한당국직원 및 해당 직원이 행하는 활동을 보좌하는 입장에 있는 자가 북한으로 도항한 사람은 원칙적인 재입국 금지(대상자를 종래보다 확대), 일본으로부터 북한으로 도항 자숙 요청, 일본의 국가공무원의 북한도항은 원칙적으로 보류, 북한국적 선박의 선원 등의 원칙적인 상륙금지, 대북한 무역금융조치에 위반하고 형이 확정된 외국인 선원의 상륙 및 그와 같은 형이 확정된 재일 외국인이 북한을 도항지로 한 경우 재입국의 원칙적인 금지, 재일 외국인의 핵미사일 기술자의 북한을 도항지로 한 재입국 금지 등을 구체적인 조치로 하였다. 둘째로, 북한을 도착지로 하는 지급수단 등의 휴대 수출신고의 하한 금액을 100만 엔 초과로부터 10만 엔 초과로 내리면서, 인적인 목적과 동시에 10만 엔 이하의 경우를 제외하고 북한으로 향하는 지불을 원칙적으로 금지한다. 셋째로 인도적 목적의 선박을 포함하여 모든 북한적의 선박의 입항을 금지하는 동시에 북한에 기항한 제3국적 선박의 입항을 금지한다. 마지막으로, 자산동결의 대상이 되는 관련 단체·개인을 확대한다. 이상 일본이 독자적으로 대북한에게 취한 조치는 아베 정부와 2015년 자민당이

55) 「拉致問題に関する四大臣会合」(2016년 2월 7일), http://www.kantei.go.jp/jp/97_abe/actions/201602/07kaigo.html(검색일: 2016년 4월 28일).

56) 「我が国独自の対北朝鮮措置について」(http://www.kantei.go.jp/jp/headline/northkorea201602/20160210_northkorea_sochi.html, 검색일: 2016년 4월 28일).

제언한 내용을 중심으로 이루어 진 것으로 유엔안보리 제재 결의를 반영한 것이라고 볼 수 있다. 그리고 일본의 이번 제재는 재입국 금지가 초점을 이루는 것이며, 자신들의 대북한 제제 의욕을 보인 것이다.

일본정부는 북한의 재조사 중지 발표에 냉정히 대응하면서 "북한에 대한 비난, 대화와 압력 등 일본정부의 입장은 변함이 없다. 북한이 재조사를 약속한 북일 간의 스톡홀름 합의를 파기할 생각이 없다"는 기본 방침을 정했다.[57] 일본정부는 2월 10일 독자적인 제재조치 문서에 '스톡홀름 합의에 기초하여'라는 문구를 넣었다. 이 의미는 일본정부가 합의를 파기하지 않고, 대화를 계속하겠다는 메시지를 북한에 전달한 것이다.

2016년 2월 12일 북한은 일본인 납치피해자에 관한 재조사를 중지를 일방적으로 발표하였다. 일본정부는 미국과 한국과 연계하여 핵실험이나 탄도미사일 발사를 진행한 북안에 압력을 가하는 하편, 재조사 계속을 향한 대화의 길을 모색하려는 입장이다.[58]

일본정부는 북한의 재조사 중지 발표에 대해 "예견된 행동이다"라고 받아들이면서 12일 밤 북한을 비판하고, 그리고 일본정부는 '대화와 압력' 정책에 변함이 없다. 그리고 북한이 재조사를 약속한 '스톡홀름 합의'는 파기할 생각이 없다는 기본방침을 밝혔다.

일본 정부고관은 2월 12일 밤 "일본은 교섭의 문을 닫고 있지 않지만, 북한이 그렇게 판단하면 방법이 없다"고 말하였다. 납치문제의 진전은 당분간 곤란하다고 보는 견해가 일본의 아베 정권 내에 널리 퍼지고 있는 상

---

[57] 『朝日新聞』(2016년 2월 14일), 3쪽.
[58] 『朝日新聞』(2016년 2월 14일), 3쪽.

황이다. 원래 북한에 의한 핵실험과 미사일 발사의 강행을 접한 일본정부가 2월 10일 독자 제재를 결정하였으므로, 총리 관저를 포함하여 정부 내에서 납치문제에 대한 영향은 피할 수 없다는 목소리가 나오고 있다. 다만 또 다른 정부 인사는 12일 밤 "북한이 정말로 조사위를 해체하든지 말든지 모르겠다. 일본으로부터 무엇인가를 끌어내기 위한 목적일지도 모른다. 일본정부는 끈질기게 대응하지 않으면 안 된다"[59]고 주장하여 향후 일본의 대응 방향은 '제재' 쪽이라는 것을 확인할 수 있었다.

유엔안보리는 북한제제 강화를 전원 일치로 결의하였다. 북한에 의한 4번째 핵실험과 장거리 미사일 발사를 접하고 국제사회는 2016년 3월 2일 북한에 대한 제재를 강화하는 결의를 채택하였다.[60] 북한의 광산물 수입 금지가 새롭게 추가되고 북한에 출입하는 화물의 검사, 금융제재의 강화, 물건·돈·사람의 흐름을 제한하는 내용의 제한을 실시하기로 함, 유엔안보리의 대북한 제재의 골자는, 북한의 항공연료 (로켓 연료를 포함하여) 수출금지 예외 있음, 북한으로부터 석탄과 광물자원의 수입금지, 북한으로 출입하는 화물 검사의 강화, 안보리 결의 위반이 의심되는 모든 선박의 기항금지, 금융제재를 강화, 도항금지 및 자산동결 대상이 되는 사람, 조직을 추가하였다.

유엔안보리 이사회의 북한제재결의 이행 상황을 조사하는 '전문가 그룹의 연차보고서'에서 유엔제재 효과에 심각한 의문이 생기고 있다고 지적하고, 북한이 일본제 레이더를 군사전용하고 있는 사례 외에 제제를 이행

---

59) 『朝日新聞』, 「政府高官粘り強く対応」(2016년 2월 13일).

60) 『朝日新聞』(2016년 3월 3일), 1쪽.

하는 유엔가맹국의 자세에도 문제가 있다고 지적하였다.[61] 그리고 제3국을 경유하여 들어갔을 가능성이 높은 레이더나 음파탐지기 등 해양전자기기를 북한에게 수출할 때 경계하도록 관계 국가에게 권고하였다.

2016년 3월 30일 중의원의 '북한에 의한 납치문제 등에 관한 특별위원회'에서 납치문제 담당 대신인 가토 카츠노부(加藤勝信)는 납치문제의 현상에 대하여 보고하면서,[62] 북한에 의한 납치문제는 일본의 주권과 국민의 생명 및 안전에 관한 중대한 문제이면서 동시에 인권적인 문제라고 설명하였다. 또한 그는 아베 내각은 대회와 압력, 행동대 행동의 원칙을 관철하고 납치자의 인정의 유무에도 불구하고 모든 납치피해자의 안전 확보와 즉시 귀국, 납치에 관한 진상규명, 납치실행범의 인도 실현을 위해 노력을 기울이고 있다고 설명하였다.

일본의 북한인식은 북한의 특별조사위원회 조사로부터 1년이 지났는데도 납치문제에 어떠한 진전이 없어 유감스러운 상태가 계속되고 있다고 보고 있다. 이러한 상황을 배경으로 일본정부는 납치, 핵, 미사일과 같은 여러 현안의 포괄적인 해결을 위하여 독자적인 제재조치를 결정하였다. 그리고 일본정부는 납치문제를 해결하기 위하여 대화를 계속하면서 모든 납치피해자를 하루빨리 귀국 시키는 데 노력할 것이다. 이러한 문제를 해결하기 위하여 국제사회와 연계하면서 진행할 것이라고 답하였다.

그리고 기시다(岸田) 외상은 최근 북한 상황을 보고하였다.[63] 북한에

---

[61] 『朝日新聞』(2016년 3월 2일), 13쪽.

[62] 加藤勝信, 第190回 國會 『北朝鮮による拉致問題等に関する特別委員会』(2016년 3월 30일).

의한 핵미사일 개발은 지역 및 국제사회의 평화와 안전을 현저하게 해치면서 동시에 평양선언이나 6자회담 공동성명 및 여러 번의 유엔안보리의 명백한 위반이라고 주장하였다.

또한 아베 정권은 일본인 납치문제의 해결을 최고 중요한 과제의 하나로 삼아 왔다고 강조하였다. 북한도 아베 정권과 합의에서만 납치 해결을 향한 일본의 여론의 동의를 얻을 수 있다고 판단하고 지금까지 교섭을 계속해 왔다고 설명하였다.

2016년 4월 9일 아베 총리는 국민대집회에서 북한 문제를 언급하면서, 북한은 납치 · 핵 · 미사일 문제를 포괄적으로 해결하려는 방향으로 독자적인 제재 조치를 결정하였다[64]고 설명하였다. 아베 총리는 대화와 압력이라는 방침 아래에서 북한을 움직이기 위하여 포괄적인 접근하면서 대화와 제재라는 정책을 동시에 추진하고 있음을 볼 수 있다.

아베 정부의 대북한 정책은 납치문제를 해결하는 것을 최우선으로 하고 있다. 그러나 한미일 공조가 진행되는 가운데 일본의 납치문제를 해결하기가 매우 어려운 상황이다. 일본만 북일 관계 정상화교섭을 진행한다면, 국제사회나 한미일 공조 자체가 문제되기 때문이다. 다른 한편으로 아베 정부는 대화를 계속 유지하면서 제재를 실시하고자 한다. 납치문제를 해결하기 위한 자신의 정책 공약이기 때문이다. 물론 아베 총리가 비공식적인 루트를 가동하여 북한과 계속 대화를 모색하겠지만, 일본의 납치문제

---

63) 岸田文雄, 第190回 國會 『北朝鮮による拉致問題等に関する特別委員会』(2016년 3월 30일).

64) 「最終決定は続けている制裁と国際連携で全員救出実現を! 国民大集会」(http://www.kantei.go.jp/jp/97_abe/actions/201604/09rachi.html, 검색일: 2016년 4월 9일).

를 해결은 국제적인 경제제재가 진행되는 가운데 그 해법을 찾기는 어려운 상황이다.

이상의 검토에서 확인할 수 있었던 것은, 첫째로 일본의 대북한 정책은 대화와 압력이라는 정책을 일관성 있게 실시하고 있다. 둘째로 아베 총리의 납치문제에 대한 인식은 제1차 내각 때처럼 변함없이 정책의 우선순위에 두고 있다는 것이다. 마지막으로 북한은 고이즈미 정부 이래 보수 자민당 정권과 대화를 하면서 야당보다는 여당 정부와 대화를 진행하고 있다.

종장

일본의 ‘우경화’와 포퓰리즘 향방

아베 정권의 무엇이 문제인가?

아베 정권은 구우파 자민당 정치인과 리버럴 정치인들을 넘어서 자신들 스스로가 새로운 우파정치인으로 거듭나면서, ‘개혁’이라는 이름 아래 신보수주의와 신자유주의를 융합하여 정책을 전개하고 있다.

아베 정권기 일본의 정치사회는 격차사회의 확대로 중산층의 존재가 점점 줄어들었다. 그동안 민주주의가 안정된 상태를 유지 할 수 있었던 것은 중산층이 두텁게 형성되었기 때문이다. 고이즈미 정권 이래 일본의 정치사회는 산업구조의 변화와 함께 사회적 분단이 점점 확대되어 승자와 패자로 나뉘어지는 양극 사회로 되었다. 이렇게 경제적 빈곤이 점점 확대되고, 격차 확대로 사회적으로 배제된 약자들은 민주주의 자체에 불신을 하면서 우익적인 성향을 가진 정당들의 포퓰리즘적인 정책들을 지지하게 된다. 바로 일본 정치사회에서 우파 정권인 아베 신조는 이러한 기초 아래 정권운영을 진행하였다.

한일 간의 문제에서도 아베 총리는 편향되고 왜곡된 과거사 인식을 하면서 양국관계 발전에 부정적인 영향을 미치고 있다. 그가 주장하는 역사인식은 우익 정치가로서의 인식이었다. 그는 1993년 중의원에 처음 당선한 이후 계속 자민당 내에서 역사왜곡의 중심인물들과 깊은 관계를 가지면서 우익적인 역사인식 교육을 받아오면서 정치인의 생활을 보냈다. 그 결과 그는 식민지 지배를 정당화하는 역사인식을 하게 되었고, 위안부 문제 등에 관한 범죄 사실을 부정하는 입장을 취했다.

이러한 아베 정권은 정권유지를 목적화하면서, 민주주의 발전을 저해하였다. 오로지 장기집권을 목표로 하였으며 일본의 정치사회의 발전에 필요한 장기적인 논의는 멀리하였다. 그러므로 아베 총리는 소비자 민주주의적인 상황 속에서 오로지 유권자들의 인기만 얻어 무리한 정치만 하였다.

둘째로, 정책면에서 깊이가 없었다는 지적도 있다. 새로운 정책들이 주장되지만 이러한 정책들은 효과만을 내기 위한 것으로 깊이가 없는 정책들이 많았다. 세 번째로 유권자의 의견 반영이 약하고 자민당 내부의 정치인들 사이에서도 토론이 사라지고 있다는 것이다. 유권자들과 어떻게 대화를 할 것인가에 대한 고민이 없다. 그리고 정치인들이 사회 속에서 어떠한 의견이 있는지를 청취하면서 그것이 현실 정책에 반영되어야 하는데 그렇지 못하였다.

이처럼 아베의 자민당은 여러 가지 문제점을 안고 정권을 운영하였다. 일본의 야당인 민주당을 비롯하여 다른 소수정당들의 약체화와 혼란이 계속되는 가운데, 아베 자민당이 우경화로 전환한 상태는 민주주의 발전을 저해하고 야당의 지지를 어렵게 만들어 결국 정권 교체를 어렵게 만든다.

'우경화'하는 자민당

자민당은 당의 지도부에 의해 우경화가 진행되었다. 그러므로 현재 자민당은 과거의 보수정치인들로 결집된 정당과는 다른 성격을 가지고 있다. 그리고 이러한 성격을 가진 정치인들이 자신들의 안정된 지지기반을 구축하면서 집권적인 정당 운영을 하고 있다. 이러한 의미에서 본다면 전후 일본의 정치사의 분위기와는 다른 분위기가 전개되고 있음을 확인 할 수 있었다.

자민당은 당의 기관지 등을 통하여 "새로운 정당으로 탄생하였다"고 설명하고 있듯이, 적극적으로 활동하고 있다. 문제는 우파적인 이념을 가지고 정당 활동을 하면서, 각종 선거에서 선거를 치르고 있다는 것이다. 물론 우파적인 이념으로 무장한 풀뿌리 보수들을 동원하기는 쉽지 않지만, 자민당은 인터넷을 통하여 새로운 노력을 하고 있다(中北, 256쪽). 그들이 만든 새로운 조직들은 아베 총리가 주장하는 헌법과 교육, 국가관 관련하여 계속 활동하였다. 그리고 그들 중 17명이 자민당 인터넷 지지 클럽 (J-NSC)을 만들었다. 그들의 활동은 우파적인 내용들로 보수 결집을 노리고 진행하고 있지만 2013년 6월 회원 수는 1만 7,000명 정도 등록하였다(中北, 256쪽, 2014)

자민당을 중심으로 한 보수는 정체성의 위기로부터 벗어나기 위해 노력하였다. 그동안 자민당은 일본의 보수주의를 대표하면서 이익유도정치를 전개하였다. 그들의 과정은 상황에 대응하기 위한 정책이 많다 보니 보수가 하여야 할 이념은 애매모호한 상태가 되었다.[1] 즉 자민당 보수주의의 우위라기보다는 '위기'라고 볼 수 있다.

일본이 성숙한 보수주의로 가기위해서는 그동안 일본이 중시한 전후 일본의 헌법질서나 제도와 관습들을 중심으로 그 속에 있는 자유의 논리를 중심으로 정치개혁이 진행되는 과정에서 이루어져야 한다. 그렇게 하려면 자민당은 전후 보수주의 정치인들뿐만 아니라 아베 총리는 과거를 반성하는 역사인식의 바탕 위해서 정치개혁을 진행하여야 한다. 다시 말해 일본의 정체성을 재구성하면서 이웃 국가들과 대화를 진행하여야 할 것이다. 그러나 '전후 체제의 극복'을 슬로건으로 내걸고 있는 아베 총리를 비롯한 우경화를 지향하는 자민당 우파 정치인들은 과거의 경험을 무시할 것이다.

자민당이 주장하는 우파의 이념과 일본의 여론 사이에는 간극이 존재하고 있다. 이러한 여론조사를 보면 자민당 정치인들이 우파적인 성향을 보이고 있음을 알 수 있다. 2014년 2월 실시된 아사히 신문의 조사를 보면, 먼저 아베 정권에 대한 지지율이 52%이고 자민당의 지지율은 38%였다. 둘째로, 헌법 9조를 개정하지 않는 쪽이 좋다가 64%, 개정하는 쪽이 좋다가 29%였다. 셋째로, 자위대를 국방군으로 하자는 의견에 대해 반대가 68%, 찬성이 25%였다. 넷째로, 일본의 역사교육이 자학적인가에 대한 질문에, 그렇지 않다고 생각한다가 53%를 차지하고, 그렇다는 의견이 37%였다. 마지막으로 아베 총리의 야스쿠니 참배에 대해, 좋지 않다는 의견이 47%이고 좋았다는 의견이 41%였다(中北, 257쪽, 2014).

앞으로 자민당의 장기집권이 계속될 수도 있다. 그러나 민주당이 계속 쇠퇴하고 우파적인 이념이 자민당을 지배한다면 조직적인 측면에서 자민당은 결속되지 않고 오히려 분열의 가능성도 존재하고 있다. 그리고 민

---

1) 宇野重規, 『保守主義とは何か』(中央公論社, 2016), 188~189쪽.

주당도 자신들의 정권의 실패 원인을 분석하여 야당의 분열 상태를 극복하여야 하는 책임이 있다(中北, 258쪽).

자민당의 포퓰리즘 전략

자민당은 고이즈미 이후 포퓰리즘 전략의 일환으로, 개혁이라는 이름으로 신보수주의와 신자유주의를 융합하여 구사함으로써 국내정치에서 우위를 차지하려고 하였다. 특히 고이즈미 정권에서는 선악 2원론의 입장에서 포퓰리즘 정치를 전개하면서 선거를 치르기도 하였다. 그리고 우정민영화를 실시하는 과정에서도 포퓰리즘적인 접근을 통하여 자민당 정치를 전개하였다. 고이즈미는 보통사람의 입장에서 개혁세력을 중요시하고 저항세력은 기득권층으로 규정하여 철저히 배제하는 전략을 전개하였다. 그리고 고이즈미는 선거를 치르면서 무당파층의 지지에 의존하면서 신자유주의적 개혁을 진행하였다.

반면에 아베 신조의 경우 고이즈미 준이치로와 달리 포퓰리스트라고 설명하기 어려운 점이 있다. 왜냐 하면 그는 민주당을 적으로 하고 있기 때문에, 그들이 일본의 기득권층을 대표한다고 볼 수 없기 때문이다. 아베는 유권자들의 지지를 얻는 과정에서도 저항세력을 만들어 나가는 것이 아니라, 민주당을 비판하면서 선거를 치렀다.

그러나 아베 총리는 자신의 정치이념이나 가치관을 보면 일본 우익단체들이 선호하는 행동을 하면서 그들과 함께하는 우파의 전형적인 포퓰리스트 정치를 전개하고 있다. 예를 들면 그는 복고적인 국가주의를 주장하면서 역사수정주의와 같은 역사인식에 공감을 표시하고 있다. 국제사회에서 일본의 역할도 국제협조주의를 주장하면서도 과거에 대한 반성도 없이 대국화를 지향하고 있다. 그리고 글로벌 시대에 아베는 국가주의를 주장하면서 신자유주의를 주장하고 있다. 이러한 모습은 과거 자신의 외조부 기시가 주장하던 국가주의를 답습하는 듯하다. 물론 아베는 안정된 지지기반을 구축하여 국정선거에서 승리하는 방법을 취하고 있지만, 지방조직을 강화하거나 지지단체와의 관계를 구축하는 과정을 보면 포퓰리즘적인 요소를 보이고 있다.

아베 정권은 우파전환을 통한 우경화하면서 여러 정책에서 내셔널리즘을 강조하는 입장을 보였다. 이러한 경향은 민주주의의 기초를 흔들어 의회정치가 정상적으로 작동하지 못하게 하여 결국 정치공동체가 불안정 상태에 직면하게 한다. 바로 이러한 움직임은 포퓰리즘과 연결되어 배외주의로 기울게 한다. 일본에서 발생하는 혐한 운동이나, 역사인식 문제에 있어서도 우익단체들과 우파 정치인들이 함께 등장하여 국가주의적인 운동을 벌이는 모습 역시 일본의 현재와 미래를 파괴하고 있다.

일본의 미래 정치사회

일본이라는 국가의 미래와 사회는 보수와 리버럴을 극복하여야한다. 그러나 아베 정부는 일본 정치사회에서 우경화를 촉진하면서 일본 내의 리버럴 세력은 물론 자민당 내부의 보수적인 리버럴 세력까지 모두 배제의 논리를 적용하고 있다. 이러한 모습은 미래 일본 정치사회에 부정적인 영향을 미칠 것이다. 오늘날 국제사회는 보수와 리버럴을 넘어 연대의식이 점점 강해지고 있다. 이러한 상황 아래서 우파들만의 세상을 만든다면 미래 일본의 정치사회는 매우 불투명한 사회가 될 것이다. 그리고 일본은 전후 일본에서 그 해답을 찾아야, 미래가 보일 것이다.

1. 저서

1) 국문 단행본

가네코 마사루·고다마 다쓰히코 저, 김준 역,『일본병: 장기쇠퇴의 다이내믹스』
(AK, 2016).

길윤형,『아베는 누구인가?』(돌베게, 2017).

김영호·이태진·와다 하루키·우쓰미 아이코,『한일 역사문제의 핵심을 어떻게 풀
것인가?』, 지식산업사, 2013.

김호섭·이면우 외,『일본우익 연구』(중심, 2000).

다카하시 테츠야,『역사인식 논쟁』(동북아역사재단, 2009).

동북아 역사재단,『일본 우익의 어제와 오늘』(동북아역사재단, 2008).

마스모토 켄이치 저·요시카와 나기 역,『일본우익사상의 기원과 종언』(문학과 지
성사, 2009).

박철희,『자민당 정권과 전후 체제의 변용』(서울대출판문화원, 2011).

이면우 편,『일본민주당 정권의 정책성향과 대외관계』(세종연구소, 2010).

이면우,『일본보수주의 분석: 아베 재등장의 배경과 일본정치의 향방』(세종연구소,
2018).

이채수,『일본우익의 활동과 사상연구』(고려대학교 출판부, 2008).

진창수·신정화 편,『일본민주당 정권의 탄생과 붕괴』(오름, 2014).

T. J. 펨펠 저 · 최은봉 역, 『현대일본의 체제 이행』(을유문화사, 2000).

진창수 · 신정화 편, 『일본민주당 정권의 탄생과 붕괴』(오름, 2014).
야마무로 신이치 저 · 박동성 역, 『헌법9조의 사상수맥』(동북아역사재단, 2010).
로버트 케이건 저 · 황성돈 역, 『돌아온 역사와 깨진 꿈』(아산정책연구원, 2015).
동북아역사재단 편, 『역사적 관점에서 본 동아시아의 아이덴티티와 다양성』(동북아
　　역사재단, 2010).
진창수, 「일본정치권의 변화와 아베정권의 역사인식」(도시환, 박진우 편, 『일본 아
　　베정권의 역사인식과 한일관계』, 동북아역사재단, 2013).
진창수 · 신정화 편, 『일본민주당정권의 탄생과 붕괴』(도서출판 오름, 2013).
정재정, 「한일의 역사갈등과 역사대화」(현대송 편, 『한국과 일본의 역사인식』, 2008).
정재호 편, 『중국을 고민하다』(삼성경제연구소, 2011).
조기숙, 『포퓰리즘의 정치학』(인간사랑, 2016).
조관자, 『일본 내셔널리즘의 사상사』(서울대학교출판문화원, 2018).
와다 하루키, 「동아시아 영토문제에 관한 일본의 정책」(현대송 편, 『한국과 일본의
　　역사인식』).
하종문, 「무라야마 담화의 의미와 아베정권」(도시환 · 박진우 편, 『일본 아베정권의
　　역사인식과 한일관계』, 동북아역사재단, 2013).
현대송 편, 『한국과 일본의 역사인식』(나남, 2008).
한중일3국공동역사편찬위원회 저, 『한중일이 함께 쓴 동아시아근현대사 I』(휴머니
　　스트, 2012).

2) 영문과 일문 단행본

Mudde, Cas and Cristobal Rovira Kaltwasser, *Populism in Europe and Americas:Threat or Corrective for Democracy?*(Cambridge Univ, 2012).

Mark Blyth, *Great Transformations: Economic Ideas and Institutional Change in the Twentieth Century*(Cambridge University Press, 1989).

Peter Hall(ed), *The Political Power of Economic Ideas*(Princeton University Press, 1989).

Ruth, Majid KhosravuNik and Brigitte, *Right-Wing Populsim in Europe: Politics and Discourse*(Buckingham: Open University Press, 2000).

Taggart Paul, *Populsim*(Buckingham: Open University Press, 2000).

Sheila A. Smith *Intimate rivals*(Columbia University Press, 2015).

Gilbert man edt, *U.S. Leadership, History, and Bilateral Relations in Northeast Asia*(Cambridge University, 2010).

Lind Jennifer, *Sorry States: Apologies in International Politics*(Cornell University Press, 2008).

Sheila A. Smith *Intimate rivals*(Columbia University Press, 2015).

靑木理, 『日本會議の正體』(平凡社, 2016).

宇野重規, 『保守主義とは何か』(中央公論社, 2016).

有馬晉作, 『劇場型ポピュウリズムの誕生』(ミネルヴァ書房, 2017).

五百旗頭 薫 編, 『戰後日本の歷史認識』(東京大學 出版部, 2018).

逢坂巖, 『日本政治とメデイア』(中央公論新社, 2014).

21世紀 構想懇談會, 『戰後70年談話の論點』, (日本經濟新聞社, 2018).

柿崎明二, 『檢證 安部イズム: 胎動する新國家主義』(岩波書店, 2015).

中野晃一, 『右傾化する日本政治』(岩波書店, 2015).

中野晃一, 『私物化する國家』(岩波書店, 2017).

大嶽秀夫, 『日本型ポピュウリズム: 政治への期待と幻滅』(中央公論新社, 2003).

大嶽秀夫, 『小泉純一郎ポピュウリズムの研究』(東洋経済新報社, 2006).

NHK放送文化研究所, 『現代日本人の意識構造』(第八版)(NHK出版, 2015).

佐伯啓思, 『従属国家論:日米戦後史の欺瞞』(PHP研究所, 2015).

砂原庸介, 『大阪: 大都市は国家を超えるか』(中央公論新社, 2013).

萱野稔人, 『国家とはなにか』(以文社, 2005).

萱野稔人, 『ナショナリズムは悪なのか』(NHK出版, 2011).

白井聡, 『戦後政治を終わらせる:永続敗戦の,その先へ』(NHK出版, 2016).

吉田徹, 『ポピュリズムを考える』(NHK出版, 2011).

中北浩爾, 『自民党政治の変容』(NHK出版, 2014).

中北浩爾, 『自民党』(中央公論新社, 2017).

内山融, 『小泉政権』(中央公論新社, 2007).

藤生明, 『ドキュメント 日本会議』(ちくま書房, 2017).

安倍晋三, 『美しい国へ』(文藝春秋, 2006).

安倍晋三, 『新しい国へ』(文藝春秋, 2013).

日本經濟新聞社 編, 『政權』(日本經濟新聞社, 2010).

日本再建イニシアテイブ, 『"戦後保守"は終わったのか:自民党政治の危機』(角川新
　　　　書, 2015).

木村幹, 『日韓歴史認識問題とは何か』(ミネルヴァ書房, 2014).

菅英輝 編著, 『東アジアの歴史摩擦と和解可能性』(劀風社, 2011).

西野瑠美子"河野談話の評価と課題"(『地歴・公民資料』76号, 実業出版社, 2013).

河野談話作成過程等に関する検討チーム, 『慰安婦問題を巡る日韓間のやりとりの
　　　　経緯: 河野談話作成からアジア女性基金まで』(2014.6.20).

藤生明, 『ドキュメント日本會議』(ちくま親書, 2017).

前田幸男・堤英敬, 『統治の條件』(千倉書房, 2015).

水島次郎, 『ポピュウリズムとは何にか』(中央公論社, 2016).

樂師寺克行編, 『村山冨市　回顧録』(岩波書店, 2012).

若宮啓文, 『和解とナショナリズム』(朝日新聞社, 2006).

若宮啓文, 『和解とナショナリズム: 新版・戦後保守のアジア観』(朝日新聞社, 2014).

渡辺治, 『日本の大国化とネオナショナリズムの形成』(桜井書店, 2001).

渡辺治, 『安倍政権論: 新自由主義から新保守主義へ』(旬報社, 2007).

渡辺治, 『安倍政権と日本政治の新段階』(旬報社, 2013).

渡辺治,『戰後史のなかの安倍政改憲』(新日本出版社, 2018).

2. 논문

동북아역사재단 편,『무라야마 전 총리와 함께 일본군 '위안부' 문제를 생각한다』
    (동북아역사재단, 2015).미야지마 히로시,「아베 담화에 나타난 일본의 역
    사인식과 그 비판」(『역사비평』, 2015.11).

석주희 · 최은봉「일본 무라야마 담화의 상징성과 내재화의 간극」(『日本硏究論叢』,
    vol.42, 2015).

신정화,「일본의 대북정책의 지속과 변화: 자민당정권에서 민주당정권으로」,『日本
    硏究論叢』제30호(현대일본학회, 2009).

세종대 독도종합연구소 편,「고노담화 검증결과 분석」(2014.7.4).

이면우,「아베 담화 평가와 향후 한일관계」(『세종논평』, No.302, 2015.8.18).

이면우,『일본정계의 '우익'성향 강화와 동북아』(세종연구소, 2014).

이영채,「아베담화의 분석과 전쟁법안 처리 이후의 일본 시민운동의 전망」(코리아
    연구원,『현안진단』제278호, 2015.9).

이종국,「일본의 대북한정권의 '변화': 중의원 납치문제특별위원회의 논의를 중심으
    로」,『日本硏究論叢』제27호(현대일본학회, 2008).

이종국,「한일간의 갈등과 신뢰구축을 위한 시론」,『일본학』제38권(동국대 일본학
    연구소 2014).

이종국,「일본정부의 역사인식의 '합의' 형성과 한계: 주요 '담화'를 소재로」,『한일
    군사문화연구』제21권(한일군사문화학회, 2016).

이종국,「일본 보수정치인들의 역사인식과 역사적 전개」,『동북아역사논총』제51권
    (동북아역사재단, 2016).

이종국,「일본의 아베정권의 대북한 정책: 대화, 압력 그리고 제재」,『북한학연구』
    제12권 1호(동국대북한한연구소, 2016).

이종국 · 다카하시 데츠야 교수 대담, 「한일관계의 현안진단과 개선을 위하여」, 『동북아역사재단 뉴스』(2013.11월호).

양기호, 「아베담화 이후, 한일관계는」(코리아 연구원, 『현안진단』 제276호, 2015).

양기호, 「한일갈등에서 국제쟁점으로: 위안부문제 확산과정의 분석과 함의」(『日本研究論叢』, vol.42, 2015).

Canovan, Margaret, 1999, "Trust the People! Populism and the Two Faces of Democracy", *Political Studies*, Vol.47, No.1, pp.2~16.

吉見義明, 「河野談話検証は何を検証したか」(『世界』 2014.9).

衆議院, 第189回 国会 '我が国及び国際社会の平和安全法制に関する特別委員会'(2015.7.3) 衆議院, 第190回 國會, 『北朝鮮による拉致問題等に関する特別委員会』(2016.3.30).

和田春樹, '安倍晋三氏の歴史認識を問う'(『世界』 2006.10).

3. 기타

『朝日新聞』.

『週刊朝日』.

『読売新聞』.

『産經新聞』.

필자가 본 주제를 연구하는 과정에서 각 학술지에 게재되었던 논문들을 주제에 맞게 일부를 재구성 및 수정·보완하였다. 제1부와 제3부는 아래와 같은 주제를 중심으로 발표된 내용들이다. 그리고 제2부는 본 주제에 맞게 연구되고 서술된 것이다.

〈제1부·제3부〉

이종국, 「일본의 대북한정권의 '변화': 중의원 납치문제특별위원회의 논의를 중심으로」, 『日本研究論叢』 제27호(현대일본학회, 2008).

이종국, 「한일 간의 갈등과 신뢰구축을 위한 시론」, 『일본학』 제38권(동국대 일본학연구소 2014).

이종국, 「일본정부의 역사인식의 '합의' 형성과 한계: 주요 '담화'를 소재로」, 『한일군사문화연구』 제21권(한일군사문화학회, 2016).

이종국, 「일본 보수정치인들의 역사인식과 역사적 전개」, 『동북아역사논총』 제51권(동북아역사재단, 2016).

이종국, 「일본의 아베정권의 대북한 정책: 대화, 압력 그리고 제재」, 『북한학연구』 제12권 1호(동국대 북한한연구소, 2016).

이종국

강원도 삼척시에서 태어나, 동해시에서 성장했다. 동국대학교 정치외교학과를 졸업하고, 일본 도쿄대학대학원 법학정치학연구과에서 석사, 법학박사(국제정치 전공) 학위를 받았다. 도쿄 호세이 대학(法政大學) 법학부에서 '동아시아 국제정치'를 가르치고, 게이오(慶應) 대학 방문학자, 도쿄대학 사회과학연구소 객원연구원, 동국대 겸임교수, 동북아역사재단 연구위원, 한국국제정치학회 부회장을 역임했다.

주요 저서(공저) 및 역서로는『21세기 일본의 국가전략』,『北朝鮮と人間の安全保障』,『지방자치외교』 등이 있고, 역서로는『모스크바와 김일성』,『북한·중국관계 60년』,『분단종식의 통일외교』,『20세기의 전쟁과 평화』,『역사가가 보는 현대세계』,『포퓰리즘이란 무엇인가』 등이 있다.